著作・創作にかかわる法律

©

これでおさえる勘どころ

弁護士 岡本健太郎

はじめに

２０２1年1月、約４万５５００年前に描かれたイノシシの壁画が発見されました。当時、発見された最古の壁画のようです。ただ、おそらく人類は、それ以前から壁画を描いていたはずですし、歌や踊りも存在していたと思われます。人類にとって、創作活動は生きる喜びであり、生きる糧でもあります。私たちは、イラスト、文章、音楽、写真、ダンス、動画などのコンテンツに日々触れ、楽しんでいます。

この本を手に取られた方は、なんらかの創作活動に関与されているのでしょうか。創作活動に関する法律の一つに著作権があります。

著作権の誕生は、18世紀初頭のイギリスで活版印刷術が普及し、書籍の海賊版が増加したことに起因するようです。日本でも著作権法の歴史は古く、旧法の施行は、明治32年（１８９９年）に遡ります。現行の著作権法は、昭和46年（１９７1年）に施行されましたが、改正も多く、とくに最近は約2年に1度のペースで改正が行われています。改正に伴い、条文や文字の数も増えています。明治32年当時の旧著作権法は約４２００字でしたが、現著作権法は、昭和46年の施行時点で2万８１４６字であり、平成16年（２００４年）に5万字を超えました。令和5年（２０２３年）の改正により、現在では約９万７０００字にまで増えています。

著作権の契機となった印刷技術から、コピー機、CDなどのデジタル技術、インターネット、AIなど、新技術の登場や発展に伴い、創作活動も変わっています。とくに近年、デジタル技術の発展やインターネットの普及により、創作活動が容易になっただけでなく、作品の発表も容易となり、工夫次第では、身の回りの人だけでなく、日本全国、そして世界各国への配信が可能となっています。実態はさておき、「1億総クリエイター時代」といった言葉も存在します。

その反面、創作活動に関連するトラブルも増えています。たとえば、デジタルコンテンツは、紙やレコードなどのアナログ・コンテンツよりもコピーや模倣が簡単です。また、ウェブサイト、SNSなどを通じて作品が多くの人の目に触れることとなった結果、本人や周囲の人が、作品を模倣された事実を認識しやすくなっていることも一因だと思われます。

また、創作活動に関する法律も徐々に複雑化しています。創作活動には、知的財産権法といわれる分野だけでも、著作権法のほか、商標法、意匠法、不正競争防止法などの法律があります。知的財産法のほか、民法、下請法など、さまざまな法律も関係します。その上、裁判例、ガイドラインその他の解釈指針、文献など、法律の条文以外もその解釈に影響します。さらには、肖像権、パブリシティ権など、法律のない権利もあります。

申し遅れましたが、私は、こうした創作活動に関わる弁護士です。美術、音楽、演劇、ダンスその他の舞台芸術、映像、出版、デザイン、ファッション、ゲームなどなど、個人、企業を問わず、クリエイターの方々のさまざまな創作活動を裏方としてお手伝いしています。美術、音楽、映画、舞台芸術、マンガなど、さまざまなアートやエンターテイメントを鑑賞するのが好きですし、自身でも細々とダンスを続けています。こうした創作活動に携わる弁護士であっても、これらの法律をすべて理解することは大変です。また、創作活動における法的な問題や課題は事案ごとに異なり、その結果として、法律に関する判断も事案ごとに異なります。

一方、創作活動に関する法律の基本部分を掴《つか》んでおけば、実務上の「勘どころ」となります。権利侵害の疑いがある場面では、立ち止まって考えることができ、場合によっては、周囲への相談も含め、取れる対応も広がります。「勘どころ」さえおさえておけば、多少トラブルや判断に迷うことがあっても、解決の道を探ることができるのです。

「勘どころ」を掴むことを目的に、本書は、①著作権をはじめとする知的財産権に関する基本的な考え方をおさえた上で（第1章、第2章、第3章）、②創作分野ごとに、法的解釈の特徴に触れつつ（第4章）、最後に、③実務上の対応に触れる（第5章、第6章）という流れになっています。

著作権をはじめとする創作活動に関する法律の基礎知識を身につけたい方は最初から、一通りの基礎知識はあるという方は、関わりの深い箇所や関心の高い箇所から読んでいただける構成にしています。身近に置いておき、必要なときに紐解くようなお守りのような存在と考えていただくのでも嬉しいです。

本書の執筆に際して、法律の内容や解釈を少しでもわかりやすくお伝えできるよう心がけました。その結果、他の法律書などと少し表現が異なる箇所があるかもしれませんが、筆者のものの見方だと受け取っていただければと思います。本書が、皆さんの創作活動の一助となれば幸いです。

2023年12月

岡本健太郎

本書に関する免責事項

この書籍は、著作権、商標権、意匠権などをはじめとする創作活動に関わる法律についての一般的な情報の提供を目的としています。特定の状況、具体的な事案等に関する見解その他の法的助言を提供するものではありません。

本書は、執筆時点の法令や裁判例に基づくよう努め、また、本書の内容や情報の正確性について最大限の努力を払っていますが、関連法令、裁判例なども常に変化しています。著作権法をはじめとする知的財産法は、国や地域によっても異なります。著者および出版社は、情報の正確性、完全性、有用性、特定の目的への適合性を含め、本書に関していかなる保証も行いません。また、著者および出版社は、直接または間接を問わず、本書に基づく読者の言動、判断等に起因または関連して生じる損害、損失等について、一切の責任を負いません。

読者の方は、ご自身の判断と責任において本書をご利用頂き、必要に応じて、専門家にご相談ください。

以上の免責事項を了承の上で、本書をお読みいただきますようお願いいたします。

■略称等について

本書では参照資料として裁判例等を紹介していますが、便宜上略称を使用している場合があります。

例）
東京地方裁判所判決 → 東京地判
東京高等裁判所判決 → 東京高判
最高裁判所判決 → 最判
知的財産高等裁判所判決 → 知財高判　など

もくじ

はじめに…2
本書に関する免責事項…6
略称等について…6

第1章 創作活動と関わりの深い権利…13

知的財産権…14
知的財産権とは…14
著作権の概要…18
著作権とは…18
著作物性…20
著作物性がないもの／否定されやすいもの…23
著作権とは…30
コラム 「利用」と「使用」…33
著作者人格権とは…34
著作権の発生と帰属…38
コラム ©マーク（著作権表示）や知的財産権にまつわるマーク…39
著作隣接権…42
著作隣接権とは…42
別の著作物を利用した著作物…47
二次的著作物…47
編集著作物…48
コラム データベースも著作物となる…49
その他の権利…50
著作権以外の権利…50
商標権…52
意匠権…64
コラム 制度の使い分け…71

不正競争防止法…73
プライバシー権…82
コラム 類似性の違い…78
肖像権…84
パブリシティ権…88
施設管理権…91
コラム 著作権も登録できる…92

第2章 創作に役立つ著作権等の基本…93

創作に役立つルール…94
権利制限規定…94
私的使用のための複製…96
写り込み／写し込み…99
引用…101
非営利上演…104
屋外設置美術…106
コラム アメリカの「フェアユース」と日本の「柔軟な権利制限規定」…108
コラム 国や地域で異なるルール…111
著作権の有効期間…113
著作権の保護期間…113
外国人を著作権者とする著作物（戦時加算）…117
パブリックドメイン…119
複数人が関わる著作物…121
職務として制作した著作物…121
コラム 業務の受託／コンペへの応募…125
共同著作物…126
映画の著作物…131

第3章 創作と著作物…137

オリジナル作品…138
オリジナル作品とは…138
類似と依拠…141
類似…141
コラム 類似性の判断手法…145
依拠…146
模写／トレース…150
パロディ／オマージュ…153
パロディ…153
オマージュ…160
著作物の利用…162
著作権者の承諾の要否…162
承諾を得るための手続き…166
権利者の特定…166
権利者の連絡先探し…167
権利者への連絡…168
権利者などが不明の場合の裁定制度…169
フリー素材の利用…171
提供者の確認…174
有料サービスの利用…175
クリエイティブ・コモンズ・ライセンス…176

第4章 コンテンツの種類別の考え方…179

文章…180
文章の著作物性…180
文章に関する著作権侵害…185
イラスト…190
イラストの著作物性…190

イラストに関する著作権侵害…190
二次創作…194
美術…200
美術の著作物性…200
美術に関する権利制限規定…206
音楽…211
音楽の著作物性…211
音楽に関する著作権侵害（類似性）…212
音楽にまつわる諸権利…214
音楽に関する権利処理…216
ダンス…222
ダンスの著作物性…222
ダンスに関する諸権利…224
ダンスに関する権利制限規定
（非営利上演）…228
プロダクト・デザイン…230
応用美術とは…230
プロダクト・デザインの著作物性…231
文字デザインの著作物性…235
ロゴマークの無断使用…238
空間デザイン／建築物…241
空間デザインの著作物性…241
空間デザインに関する権利制限規定
（建築物の利用）…244
空間デザインに関する諸権利…247
写真・動画…251
写真・動画の著作権法上の位置付け…251
写真・動画の著作物性…252
写真・動画の著作権者…256
写真・動画に関連する諸権利（被写体）…257
写真・動画に関連する諸権利
（実演家の権利とワンチャンス主義）…259
デジタルコンテンツ…266
リンク…266

メタバース／ゲーム…268
バーチャルユーチューバー（V-Tuber）／
アバター…277
コラム ゲーム実況動画…275
NFT（Non-Fungible Token）…281
AI…284

第5章 よい創作のために…295

契約条件の確認…296
契約書…296
契約の成立…297
創作活動に関わる主な契約…300
業務委託契約…303
利用許諾契約／ライセンス契約…308
著作権等の譲渡契約…311
作品の譲渡契約…314
下請法／フリーランス保護法…317
下請法…317
フリーランス保護法…321

第6章 トラブルが起きたら…323

他人による権利侵害…324
侵害の有無の検討…324
証拠の保全…327
救済措置…330
相手方への連絡…336
連絡先の選択は慎重に…338
コラム SNSの投稿にも要注意…340
プロバイダへ等の「削除要請」…341

発信者情報開示請求／
発信者情報開示命令の申立て…344
自身が権利侵害をしたら…349
権利侵害の警告…349
裁判…352
コラム ネットなどで炎上したら…356
コラム 専門家への相談…357
判例について知りたい方は…357
判例索引…358
主要参考文献…360

巻末付録…361

肖像権ガイドライン…362
著作権の権利制限規定…365
制作委託契約書…368
利用許諾契約書…370
著作権譲渡契約書…372
作品売買契約書…374

編集協力　石川智
沼田かおる
装丁・本文デザイン　澤田かおり（トシキ・ファーブル）
本文イラスト　西脇けい子

第1章

創作活動と関わりの深い権利

「この章では、創作活動に関連する権利について詳しく説明します。知的財産権、とくに著作権に焦点を当て、著作権の概要、著作物性、著作権の発生と帰属についてみていきます。著作隣接権や別の著作物を利用した著作物、その他の権利にも言及しています。」

知的財産権

◇知的財産権とは

著作権の話をする前に、その上位概念である「知的財産権」について触れておきます。

知的財産権とは、知的な創作活動によって生み出された成果を、創作者の財産として保護する権利です。知的財産として保護する対象は「モノ」ではなく、発明やアイデア、芸術作品、デザインなどの「財産的価値を有する情報」です。情報は、モノと比較してコピーや真似が容易です。また、モノは、通常一度に利用できる人数に限りがありますが、情報はモノと異なり、多くの人が同時に利用できます。知的財産権は、もともとは自由な情報の利用を、創作者の権利を保護するために、必要な範囲で制限する制度です。

創作者の「権利」といいましたが、権利にはさまざまな側面があり、その一つに、ある物事を他人に要求する資格や能力といった一面があります。たとえば身近な権利の一つに、所有権があります。「所有権」とは、所有物の使用、収益及び処分を行う権利です（民法２０６条）。所有権の対象は、固体、液体など、形のある有体物（モノ）です（同法85条）。絵画、ＤＶＤ、書籍などは有体物（モノ）であり、所有権の対象です。しかし、絵画、ＤＶＤ、書籍などの情報（コンテンツ）の部分には形はなく、所有権の対象ではありません。こうした形のない情報を保護する権利の総称が「知的財産権」です。

たとえば本の購入者は、通常その本の所有権を取得します。購入者は、所有権に基づき、その本を読むだけでなく、販売や貸与もできますし、廃棄もできます。しかし、基本的に、本を大勢に配布する、インターネットにアップロードするなど、本の内容を勝手に扱うことは制限されます。本の中身、つまり情報部分は、著者の知的財産権（著作権）で保護されていて、著作権者の承諾なく本のコピー、アップロード、配布などを行うと、著作権の侵害になるのです。

知的財産権には、著作権のほかに特許権、実用新案権、意匠権、商標権などがあります。これらは似ている部分も多く、混同されることも少なくありません。

知的財産権は、大きく、①特許権、著作権などの創作意欲の促進を目的とした「知的創造に関する権利」と、②商標権などの

知的財産権の主な種類

知的財産権は大きく2つに分かれる

知的創造物に関する権利	営業上の標識に関する権利
特許権、著作権など	商標権など

産業財産権	：上記も含め、知的財産権のうち以下の４つを「産業財産権」という
●特許権	：発明を保護する権利
●実用新案権	：物品の形状等の考案を保護する権利
●意匠権	：物品、建築物、内装、画像のデザインを保護する権利
●商標権	：商品やサービスに使用するマークを保護する権利

使用者の信用維持を目的とした「営業上の標識に関する権利」に分けられます。

　知的財産権と聞いて特許をイメージする方も多いでしょう。「特許権」は、発明を保護する権利です。「発明」とは、一般的な用語としては、新たに物事を考え出すことなどといわれますが、特許法で保護される発明は、自然法則を利用した技術的思想の創作のうち高度のものとされています（特許法2条1項）。特許権を取得するためには、特許庁に対して特許出願し、特許庁の審査を経た上、登録することが必要です。

　特許と似ているのが実用新案です。「実用新案権」も、自然法則を利用した技術的思想を保護する権利

商標権、特許権、意匠権、実用新案権の対象（イメージ）

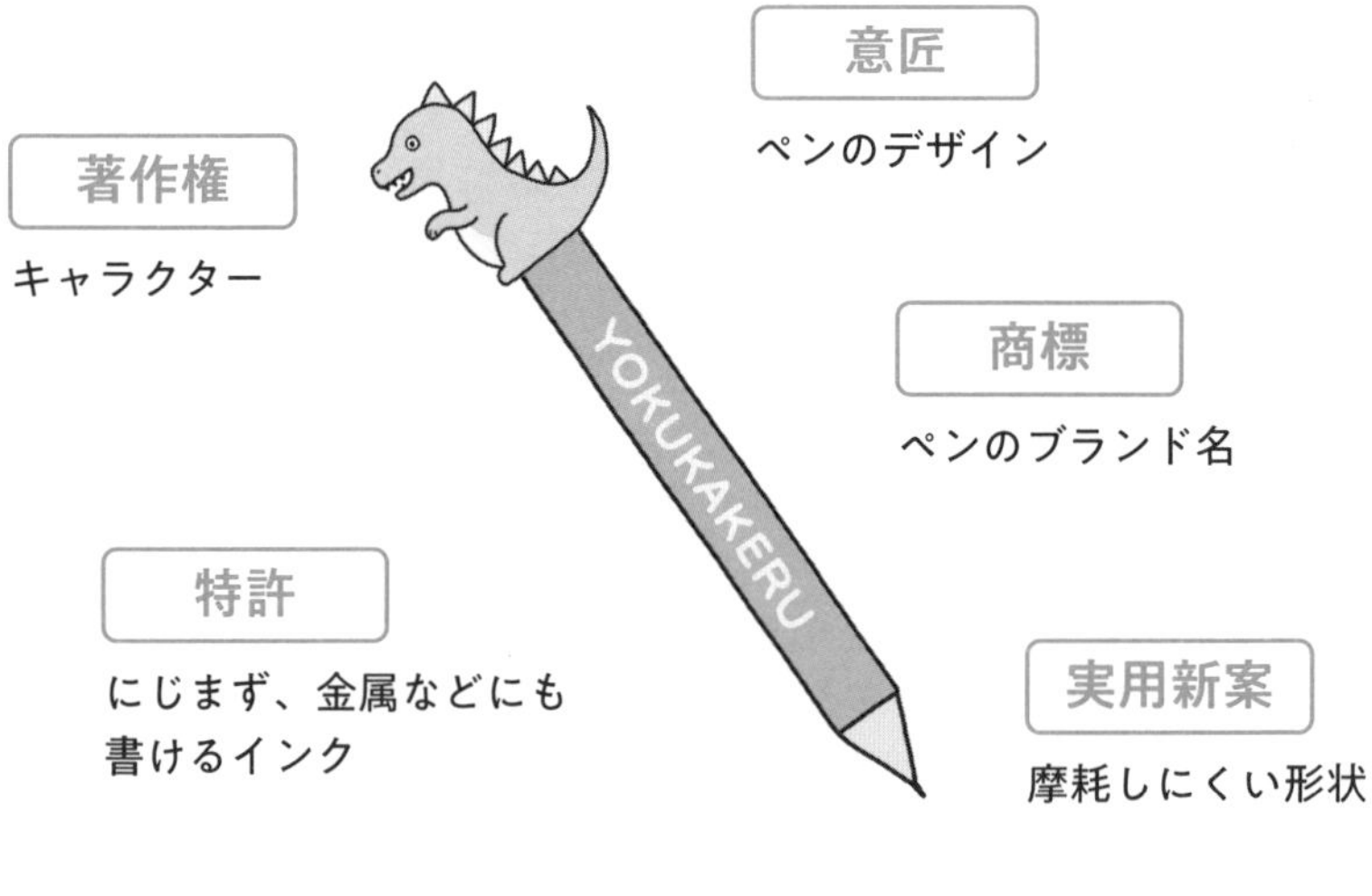

です（実用新案法2条1項）。ただ、特許権と異なり、高度である必要はありません。物品の形状、構造または組み合わせに係る「考案」が実用新案権の保護の対象です。「ちょっとした発明」ともいえます。なお、実用新案権を取得するには、特許権と同様に出願が必要ですが、実質的に無審査で取得できるため、早期の権利化が可能です。

なお、クリエイターに関わりの深い知的財産権には、このほかに、著作権、商標権、意匠権などがあります。一つの商品について、特許権、実用新案権、意匠権、商標権、著作権などの知的財産権が複数発生することもあります。

勘どころ

- **「知的財産権」とは、発明やアイデア、芸術作品、デザインなどを創作者の財産として保護する権利。**
- **知的財産権には、「著作権」「商標権」「意匠権」「特許権」などがある。**
- **保護する対象は、モノそのものではなく、情報。たとえば本なら、本そのものではなく、本に書かれている内容。**
- **知的財産権で保護されているものを権利者の承諾なく用いると、権利の侵害となる可能性がある。**

著作権の概要

◇著作権とは

では、これから創作活動に関わる知的財産権について詳しく触れていきましょう。まず、「著作権」です。著作権は、著作物について発生する権利です。著作物を創作した人に自然にもたらされ、特許権などと違って出願も必要ありません。

著作権は、他人による著作物の利用を制限できる「排他的権利」です。他の知的財産権にも同様の性質がありますが、排他的権利とは、著作権者は、他人による自己の著作物の利用を制限できるという意味です。つまり、著作権者が、第三者に対して、自身の著作物の利用を禁止でき、その反面、特定の第三者に対して自己の著作物の利用を許諾することもできます。

著作権者は、無断で自己の著作物を利用された場合には、その相手方に対して、著作物の利用を差し止める、損害賠償を請求するといった民事的な対応ができますし、場合によっては刑事告訴を行うといった刑事的な対応もできます。

また、著作権には、

①著作物の利用に関する財産的な側面（著作権）

②クリエイターの尊厳を保護する人格的な側面（著作者人格権）

があります。この①と②のそれぞれが、さらに細かい権利に分かれます（支分権：31頁、著作者人格権：34頁)。たとえば、①には、著作物のコピーに関する複製権、インターネットへのアップロードに関する公衆送信権、変更に関する翻案権などがあります。ちなみに、こうした権利の一部分のみを譲渡や利用許諾の対象にすることもできます。

ここで注意が必要なのは、著作権に基づく利用制限は絶対的ではないということです。一定の利用行為については、著作権者の承諾がなくても可能です（権利制限規定：94頁)。たとえば、少人数の家族や友達の範囲での利用に関する「私的使用のための複製」、書籍などへの「引用」などです。

また、著作権は永久に存在するわけではありません。著作権には、「著作者の死後の翌年から70年」までといった保護期間があり、保護期間の経過後は、基本的に誰でもその著作物を自由に利用できます（113頁)。たとえば、「星の王子さま」の保護期間の満了後、その新訳本がいくつか登場していますし、「くまのプーさん」の保護期間の満了後、そのホラー映画も登場しているようです。

勘どころ

- ▶「著作権」は自然に発生する排他的な権利。
- ▶他人による利用を禁止したり、許諾したりできる。
- ▶著作権は譲渡することも可能。
- ▶著作権はいろいろな権利に分かれる。
- ▶一定の条件下では、著作物の利用に関して著作権者の承諾は不要。
- ▶著作権は保護される期間が法律で決まっている。

◇著作物性

著作権は、著作物について発生する権利です。ここで著作物とは何かを確認しておきます。「著作物」とは、思想または感情を創作的に表現したものであって、文芸、学術、美術または音楽の範囲に属するものです（著作権法2条1項1号）。ただ、作品のすべてが著作物として保護されるかというとそうではありません。

著作物となるには、

①「思想または感情」の表現であること
②「創作的」であること
③「表現」であること

の3つが必要です。順にみていきます。

まず、①の「思想または感情」とは、人の考えや気持ちを意味します。著作物となるには、その作品が、人の考えや気持ちに基づく必要があるのです。ただ、必ずしも学問的、哲学的または文化的といった高度なものである必要はなく、人の精神的な活動に基づけば足りるとされています。

たとえば、単なる事実は、人の精神的活動に基づかないため、著作物ではありません。つまり、株価や気温などのデータは、集めるのが大変であっても著作物ではないのです。また、現在の考え方では、人の関与が少なく、ＡＩがほぼ自律的に創作した作品も、人の考えや気持ちに基づくものでないため、著作物ではありません。

次に、②の「創作的」とは、オリジナリティがあることをいいます。創作性ともいわれます。ただ、高い独創性までは不要であり、創作者の個性があれば足りるとされています。学術性や芸術性の高さも問題にはなりません。程度が低く、俗っぽい作品であっても、創作者の個性があれば創作的となり得るのです。一方、他人の著作物を単に真似しただけの作品は、オリジナリティに欠け、創作性がないため著作物にはなりません。

また、短い表現、平凡な表現、ありふれた表現などは創作性が乏しく、著作物性が否定されやすい傾向にあります。

最後の③の「表現」に関連して、著作権法では、思想や感情それ自体は保護されません。著作物として保護されるには、思想や感情が、外部に具体的に表現される必要があるのです。表現に至らないアイデアも著作物にはなりません。学説、画風、書風、手法、着想などもアイデアに含まれます。これらは、著作物としては保護されないのです。

なお、未完成の作品も、思想または感情が創作的に表現されていれば、著作物として保護される可能性があります。また、著作物として保護されるために、表現が物に固定される必要もありません（映画の著作物は例外）。「物への固定」とは、記録媒体などに情報を印刷、録音、録画などして留めておくことを意味します。つまり、即興での作曲や振付で、録音、録画などの記録がなくても、著作物となり得るのです。

著作権法には、著作物の種類が例示されています（10条1項各号）。

著作権法に示された著作物の種類

言語の著作物：論文、小説、脚本、詩歌、俳句、講演その他の言語の著作物
音楽の著作物：楽曲、楽曲を伴う歌詞
舞踊または無言劇の著作物：日本舞踊、バレエ、ダンスなどの舞踊
パントマイムの振付
美術の著作物：絵画、版画、彫刻、マンガ、書、舞台装置、
その他の美術（美術工芸品も含む）
建築の著作物：芸術的な建造物
地図・図形の著作物：地図、学術的な性質を有する図面、図表、
模型その他の図形
映画の著作物：劇場用映画やテレビドラマ、ネット配信動画、ゲームソフト、
コマーシャルフィルムなど
写真の著作物：写真、グラビアなど
プログラムの著作物：コンピュータ・プログラム

● 以下のようなものも著作物になり得る

二次的著作物：原著作物を翻訳、編曲、変形その他翻案して創作したもの
編集著作物：百科事典、辞書、新聞、雑誌、詩集など
データベースの著作物：編集著作物のうち、コンピュータで検索できるもの

※なお、次にあげるものは著作物であっても、著作権はない。

1 憲法そのほかの法令（地方公共団体の条例、規則も含む）
2 国や地方公共団体又は独立行政法人の告示、訓令、通達など
3 裁判所の判決、決定、命令など
4 1～3の翻訳物や編集物で国や地方公共団体又は独立行政法人の作成するもの

勘どころ

▶ 著作権は、「著作物」について発生する権利。
▶ 著作物とは、「思想または感情」を「創作的」に「表現」したものであって、文芸、学術、美術、音楽の範囲に属するもの。
▶「思想または感情」は人の考えや気持ち、「創作的」とはオリジナリティを意味する。また、「表現」とは、外部に具体的に表されることを意味し、アイデアは表現とは区別される。

◇著作物性がないもの／否定されやすいもの

ある作品が「思想または感情」「創作的」「表現」の３つの要件を満たして著作物となる場合、「著作物性がある」などといいます。この著作物性について、もう少し詳しくご紹介します。著作物性がないもの、または否定されやすいものには、次のようなものがあります。

事実・データ

前述のとおり、事実やデータは著作物にはなりません。たとえば「新型コロナウイルスの感染者数が○○人」といったデータは、人の精神的な活動に基づかない客観的な事実です。仮に、収集が大変であったとしても、データ自体は「思想または感情」に基づかないため著作物にはなりません。

同様に、「２０２1年に東京オリンピック・パラリンピック２０２０が開催された」といった歴史的事実も著作物ではありません。事実の伝達に過ぎない報道も、同様に著作物にはなりません（著作権法10条2項）。さらに、独自取材に基づく新聞記事その他の報道であっても、「○月○日に○○が○○をした」といった客観的な事実の部分は著作物ではありません。

一方、新聞記事その他の報道の多くは、事件の選択、情勢分析、表現上の工夫等があるため、著作物になり得ます。このため、新聞記事から事実だけを抜き出して、自分の表現で文章化することは著作権侵害にはなりませんが、新聞記事の表現まで利用すると著作権侵害になり得ます。

自然法則・ルール

万有引力の法則、エネルギー保存の法則など、世の中にはさまざまな自然法則があります。これらは人類の英知の積み重ねによるものです。自然法則に関する解説、考察や意見を述べた論文、講演など、表現されたものは著作物になりますが、こうした自然法則自体は「思想または感情」に基づかないため著作物にはなりません。

また、スポーツやゲームのルールも著作物ではありません。ある種の機械的な取り決めであって「思想または感情」に基づかないためです。同様に、体操の「伸身トカチェフ」やフィギュアスケートの「イナバウアー」などのスポーツの「技」も、高度な技術を要しますが、著作物ではありません。

ただ、フィギュアスケートもそうですが、スポーツには、新体操、アーティスティックスイミングなど芸術性が要求されるものがあります。こうしたアーティスティックなスポーツについては、一連の演技について著作物性を肯定する考え方もあります。似たものにダンスの振り付けがありますが、こちらは222頁でも触れます。

ありふれた表現

ありふれた表現や短い文章など、誰が書いても同じ、または似たような表現となるものは「創作性」がなく著作物ではありません。

一つの表現をする場合に、ほかにも選択肢が多く残されていれば創作性があり、選択肢が乏しければ創作性がないといった考え方もあります。

ありふれた表現の実例を挙げるのはなかなか難しいのですが、たとえば、夏目漱石が「I LOVE YOU」を「月が綺麗ですね」と訳したという逸話があります。この発想はとても独創的ですが、「月が綺麗ですね」という表現自体はありふれたものといえそうです。

過去の裁判例では、裁判の傍聴ブログについて、聞いたとおり、または要約してもありふれた方法で記述したもので、創作性は認められないなどとして著作物性を否定したものがあります（知財高判平成20年7月17日）。また、雑誌休刊に寄せたメッセージで、次の①は著作物性が認められた一方、②は著作物性が否定されました（東京地判平成7年12月18日）。ある程度の長さがあっても、よくある表現は、著作物とはならないのです。

①「昨今の日本経済の下でギアマガジンは、新しい編集コンセプトで再出発を余儀なくされました。皆様のアンケートでも新しいコンセプトの商品情報誌をというご意見をたくさんいただいております。ギアマガジンが再び店頭に並ぶことをご期待いただき、今号が最終号になります。（以下略）」

②「昭和五十七年十二月号創刊以来、三年三か月にわたって発行してまいりました小誌は、この二月号をもっていったん休刊し、近々、誌名・内容を刷新して再発行いたします。長い間ご愛読いただき、まことにありがとうございました。（以下略）」

短い表現

ギャグ、キャッチフレーズ、効果音など、世の中には短い表現が多くあります。こうした短い表現はありふれたものが多く、また、独自性があっても創作性が乏しいことから、著作物性は限定的です。「ぴえん」「しか勝たん」などのネットミームも同様です。

ギャグもいろいろですが、たとえば志村けんさんのギャグに、手を添えてあごを突き出す「アイーン」があります。これは短くシンプルな言葉と動きが中心ですので、著作物にはなり難いでしょう。一方「変なおじさん」は、言葉はほぼ「変なおじさん」と「だっふんだ」のみとシンプルですが、歌や踊りまでありますので、全体として著作物になるかもしれません。

現X（旧ツイッター）の投稿は、もともとは140字が上限でしたが、この程度の長さがあれば著作物性が認められる可能性もあります（知財高判令和5年4月13日など）。

アイデア

アイデアに留まり、外部に表現されていないものは著作物にはなりません。前述のとおり、アイデアには、学説、画風、書風、手法、着想等が含まれます。ただ、実際には、現代美術などの分野を中心に、保護される「表現」と保護されない「アイデア」との線引きが難しい場合もあります。

以下の「設定」「キャラクター」「文体・画風」もアイデアの範疇《はんちゅう》です。

設定

小説、映画、ゲームなどには、背景、時代、場面、登場人物等の設定があります。こうした設定は、アイデアと位置付けられ、著作物にはなりません。程度問題ではありますが、簡単なストーリー展開を記したプロットも、具体的な表現とはいえない水準であれば、アイデアであって、著作物にはなりません。

過去の裁判例では、次のような設定がアイデアなどであり、著作物ではないとされました。

①亡国の少年王子が、ペガサス、ドラゴン、魔道士等も登場するファンタジーな世界を背景とし、架空の大陸における架空の小王国、小公国、小領主国間の戦乱を舞台として、戦闘等を行って仲間を増やし、成長させ、敵側を制圧するといったゲームのあらすじ（東京高判平成16年11月24日）。

②ドラマや映画などの映像表現における、（a）村人が侍を雇って武士と戦うストーリー、（b）怪しい男性が実は女性と判明する場面、侍の腕試しの場面、野盗との戦闘の場面といった各場面設定、（c）登場人物の設定等（知財高判平成17年6月14日）。

③ＲＰＧゲームについて、歴史上の武将を美少女化した放置系ゲームであること、武将のうち「主将」については「筋力」「知力」または「敏捷《びんしょう》」から主な能力を選択することなど（知財高判令和3年9月29日）。

キャラクター

キャラクターには、
①「人物像としてのキャラクター」
②「イラストとしてのキャラクター」
の2つの側面があります。

　人物像としてのキャラクターは、人物の生年月日、出身地、性別、性格といった抽象的な人物像です。設定と同様にアイデアであって著作物ではありません。一方、イラストとしてのキャラクターは、キャラクター像がイラストとして具体的に表現されたものです。このためアイデアではなく、そのイラストに創作性があれば著作物になります。

　ウィキペディアによると、世界で最も有名なネズミのキャラクターは、1928年11月18日（日曜日）生まれ、ニューヨーク出身、身長約96・5cm、体重約10・4kgの白ハツカネズミ。正義感が強くシャイでいたずらっ子

キャラクターは著作物？

人物像としてのキャラクター

年齢や性別、性格など
設定・アイデアに留まるので著作物ではない

● キャラクターの設定

イラストとしてのキャラクター

絵として具体的に表現されているので、
創作性があれば著作物

● 具体的に表現されたイラスト

なところもあるが、礼儀正しくジェントルマンといった性格のようです。こうしたキャラクター設定は、アイデアであって著作物ではありません。仮に、似たような設定で別のネズミのキャラクターのイラストを作成しても、顔、体系、服装等の表現が大きく異なれば、そのイラストは著作権侵害ではありません。

逆に、キャラクター設定が違っていても、似ているイラストを利用すると著作権侵害になり得るため要注意です。また、「ネズミが嫌いな猫型ロボット」といった一つのキャラクターの人物像のみが似ている場合はともかく、「何をしても冴えないメガネの少年」「短気で音痴なガキ大将」「お金持ちでイヤミなガキ大将の腰巾着」などの複数のキャラクターの人物像まで似ている場合には著作権侵害となるといった見解もあります。

文体・画風

一見して有名な作者を想起させる特徴的な文体、画風がありますね。また、ネットを中心に「〇〇構文」などの呼び方で、特定の文体を表すこともあります。しかし、文体自体は著作物ではありません。このため文体のみを似せても、それだけでは著作権侵害にはなりません。たとえば「村上春樹風の文体」（敬称略）でオリジナルの小説を作成しても、テーマ、登場人物、ストーリー展開など具体的な表現が既存の作品と異なれば、著作権侵害にはなりません。

また、画風も同様に著作物ではありません。このため理論的には似たような画風でオリジナルのキャラクターを描いても著作権侵害にはなりません。とはいえ現実に描いてみて、たとえば「藤子不二雄風の画風」（敬称略）で描かれたオリジナルのキャラクターが、藤子不二雄の既存の絵と似ていた場合は著作権侵害となる可能性があります。文体の模倣に比べて、画風の模倣の方が著作権侵害になりやすい印象もあります。

◇著作権とは

前述のとおり、著作権には、

①著作物の利用に関する財産的な側面（著作権）
②クリエイターの尊厳を保護する人格権的な側面（著作者人格権）

があります。

この①と②をまとめて「著作権」ということもあれば、①のみを「著作権」ということもあります。また、①と②を合わせたものを「広義の著作権」、①のみを「著作財産権」、「狭義の著作権」などといったりもします。とくに断りがない場合には、本書では「著作権」は①のみを指します。

著作財産権は、他人に譲渡できますが、著作者人格権は他人に譲渡できません。

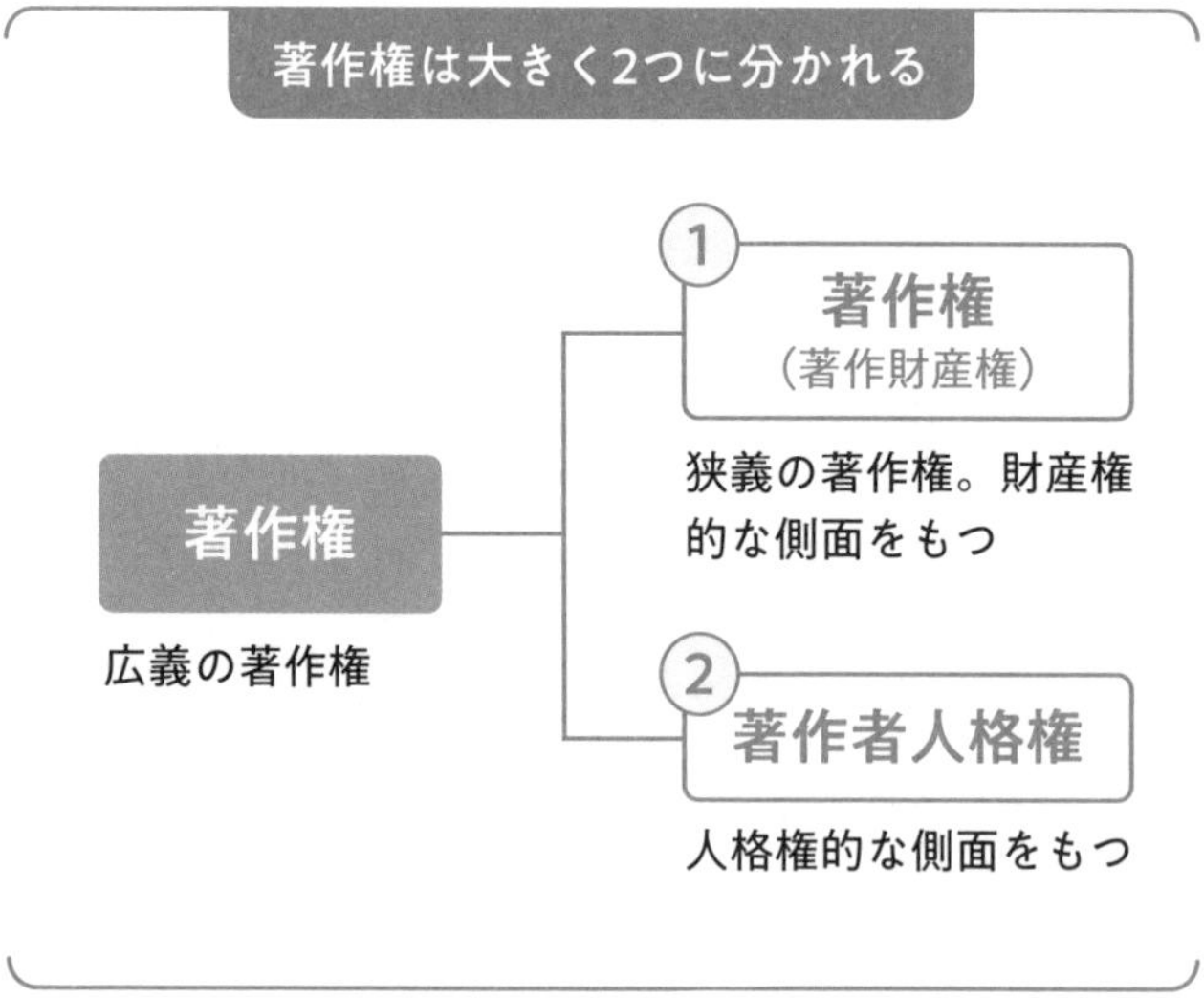

著作権に含まれる権利の種類

著作権法は、著作物のすべての利用行為について、著作権者に排他的な利用を認めているわけではありません。たとえば著作物の利用方法には、読む、見る、鑑賞する、聞く、触るなどがありますが、これらは著作権の対象ではなく、著作権者の承諾なく行うことが可能です。

一方、著作権者の承諾が必要な行為があり、「支分権」などといわれます（著作権法21条〜28条）。著作権者の承諾が必要な著作物の利用行為は、大きく以下の３つに分けられます。

①著作物を複製または変更する行為（複製権、翻訳権・翻案権）
②著作物を流通させる行為（頒布権、譲渡権、貸与権）
③著作物を公に伝達する行為（上演権・演奏権、上映権、公衆送信権、口述権、展示権）

また、自分の著作物が翻訳、映画などの二次的著作物となった場合にも、同様の権利が及びます（著作権法28条）。

著作権は、こうしたさまざまな権利の集まりですので、「権利の束《たば》」ともいわれます。少し補足すると、たとえば「読む」という行為は著作権の対象ではありません。このためマンガを読むだけであれば、著作権者の承諾は不要です。一方、マンガのコピー、撮影、スキャンなどは「複製」にあたります。「私的使用のための複製」（96頁）などの例外に該当しなければ、著作権者の承諾が必要です。また、マンガをＳＮＳ、ブログなどのインターネット上に投稿することは、「公衆送信」となり、著作権者の承諾が必要です。

著作権に含まれるさまざまな権利（支分権）

著作権
（著作財産権）

▼著作物を複製・変更する行為

複製権（21条）
著作物を印刷、写真、複写、録音、録画などの方法で再製する権利

翻訳権・翻案権（27条）
著作物を翻訳、編曲、変形、翻案等する権利

▼著作物を流通させる行為

頒布権（26条）
映画の著作物の複製物を譲渡、貸与等する権利

譲渡権（26条の2）
映画以外の著作物を公衆へ譲渡する権利

貸与権（26条の3）
映画以外の著作物を公衆へ貸与する権利

▼著作物を公に伝達する行為

上演権・演奏権（22条）
著作物を公に上演、演奏する権利

上映権（22条の２）
著作物を公に上映する権利

公衆送信権（23条）
著作物を放送、有線放送又はインターネットへのアップロードによって公に送信する権利

口述権（24条）
著作物を朗読などの形で公に口述する権利

展示権（25条）
著作物（「美術の著作物」と未発行の「写真の著作物」が対象）の原作品を公に展示する権利

コラム

「利用」と「使用」

著作権などには、「利用」と「使用」という単語が出てきます。似た言葉ですが、実は使い分けがあります。

従来は、著作権の支分権に該当する行為を「利用」とし、支分権に該当しない行為を「使用」としていました。この考え方では、複製、公衆送信、演奏、上演、展示、貸与などは「利用」となりますが、本を読む、音楽を聴く、映画を見る、プログラムを実行するといった行為は「使用」となります。

ただ現在では、有体物（モノ）のみの利用が想定される場合を「使用」とし、モノに限らず、無体物としての利用も想定される場合は「利用」とされる傾向があります（文化庁「著作権法の一部を改正する法律（平成30年改正）について（解説）」34頁参照）。ただ、書籍を読む、CDを聴くといった有体物としての利用は、従来どおり「使用」ですが、電子書籍、デジタル音源などの有体物と同様の利用も「使用」の範疇です。

「利用」と「使用」を区別しなくても意味は通じますが、使い分けると通っぽいです。ちなみに、商標については「使用」、意匠については「実施」が一般的な用語です。

ただし本書では、読みやすさの観点から、とくに区別しないで使っている場合もあります。

◇著作者人格権とは

「著作者人格権」は、著作者の作品に関する人格的利益を対象とした権利です。創作者の尊厳を保護する権利で、公表、クレジット、改変の可否といった事項に限られますが、これらに関する著作者のこだわりを保護する権利ともいえます。

著作者人格権は、主に、①公表権、②氏名表示権、③同一性保持権の3つです（著作権法18条〜20条）。

公表権

まず、公表権については、そもそもどういった行為が「公表」に該当するか否かが重要です。「公表」については、著作物の内容を踏まえた規定があり（同法4条）、かなり細かい規定ですが、端的には、発行、上演、演奏、上映、公衆送信（放送、ネット配信、アップロードなど）、展示などを意味します。ちなみに、３００部以上配布された文集への掲載や、不特定者が申し込み可能な定員86名向けの講演も公表となり得ます（東京地判平成12年2月29日、東京地判平成28年12月15日）。

いったん公表された著作物については、公表権に基づき再度の公表を制限することはできません（前掲・東京地判平成12年2月29日参照）。また、未公表著作物の著作権を譲渡した場合は、著作権の行使の一環として公衆への提供や提示に同意したとみなされます。加えて、未公表の美術の著作物または写真の著作物の原作品を譲渡した場合も、原作品による展示等に同意したとみなされます（同法18条2項各号）。

氏名表示権

次に、氏名表示権については、単に名前の記載があるだけでなく、著作者としての表示が必要です（東京地判平成19年1月18日、知財高判平成27年10月6日）。著作物に自分の氏名の表示がない場合だけでなく、著作者以外の氏名が表示されることも、氏名表示権の侵害となり得ます（知財高判平成18年2月27日参照）。氏名表示権については、著作物の利用促進の観点から、いくつかの例外規定があります。

まず、著作者が以前、原作品やその複製物に氏名を表示していた場合には、それと同様の方法で氏名を表示しておけば、基本的には侵害にはなりません（同法19条2項）。また、①著作物の利用の目的及び態様に照らし、著作者が創作者であることを

著作者人格権

著作者人格権

- **公表権（18条）**
  未公表の自己の著作物を公表するか否か、公表する場合の時期、方法等を決定する権利
- **氏名表示権（19条）**
  自己の著作物を公表する際に、著作者名を表示するか否か、表示する場合の氏名（実名、変名<ペンネーム>）を決定する権利
- **同一性保持権（20条）**
  自己の著作物の内容又は題号について、自分の意に反して勝手に変更、切除その他の改変をされない権利
- **名誉声望保持権（113条6項）**
  著作者の名誉、声望を害する方法により著作物を利用することを禁止する権利

主張する利益を害するおそれがなく、②公正な慣行に反しないようであれば著作者名の省略も可能です（同法19条3項）。たとえば、写真広告については撮影者名を表示しないといった慣行があれば、同じような場面では著作者名の表示を省略できますし（大阪地判平成17年1月17日）、イラストごとに著作者を明示せず、冒頭や末尾にまとめて記載する慣行があれば、その慣行に従って著作者名をまとめて記載することもできます（知財高判平成28年6月29日）。そのほか、BGMとして楽曲を利用する際には、作曲者名をアナウンスしないといった慣行もあるかもしれません。

同一性保持権

また、同一性保持権については、作品だけでなく、題号（タイトル）の変更、切除その他の改変も対象となります（同法20条1項）。たとえば、観音像の仏像の頭のすげ替え（知財高判平成22年3月25日）、ゲームのパラメーターを変更し、その結果としてストーリーの改変となるようなメモリーカードの使用（最判平成13年2月13日）なども同一性保持権の侵害とされました。

文章に関する裁判例には、研究論文の送り仮名や句読点（東京高判平成3年12月19日）、短歌の読点（東京高判平成10年5月28日）、ゲームシナリオの平仮名表記やアラビア数字（大阪地判平成13年8月30日）などがあります。こうした形式面の修正も同一性保持権の侵害とされ得る一方、転職情報における平仮名や文体（です、ます）の修正について同一性保持権の侵害を否定したものもあります（東京地判平成15年10月22日）。修正の内容や頻度だけでなく、作品の内容や性質によっても侵害の有無が異なる可能性があるのです。

また、建築物の増改築、修繕または模様替えによる改変のほか、建築物以外についても著作物の性質、利用の目的及び態様に照らしてやむを得ないと認められる場合には、著作物の改変も可能です（同法20条２項各号）。

たとえば、写真や映像の一部を意図的にカット（トリミング）すると、違法な改変となり得ますが（東京地判平成11年３月26日）、技術的な制約から、元の絵画、音楽、映像を忠実に再現できない場合のトリミングのほか（東京高判平成10年７月13日）、演奏に伴い、編曲に至らない程度のアレンジが生じることは、やむを得ない改変などとして許容される可能性があります。

名誉声望保持権

そのほか、著作者人格権には、「名誉声望保持権」もあります（同法１１３条11項）。声望とは、名声や人望のことですが、この権利の侵害とされた事例は多くはありませんが、たとえば、

①芸術作品である裸体画を、ヌード劇場の立て看板に使う
②自己の作品を悪い作品の例として利用する

といった場合が挙げられます。

そのほか、観音像の仏頭部分をすげ替えた事例（前掲・知財高判平成22年３月25日）、他人の楽曲を特定の商品のサウンドロゴと連続して用いた事例（東京地判平成14年11月21日）などでは、名誉声望保持権の侵害とされました。

◇著作権の発生と帰属

著作権は、著作物の創作により自動的に発生します。特許権などと異なり、特許庁への登録は不要です。

また、著作権は、著作物の創作者に帰属するのが原則です。ただ、複数の人が創作に関わった場合には、著作権者が複数人となることがあります（共同著作物）。また、会社の従業員が業務の一環として著作物を創作したような場合には、会社が著作権者となることもあります（職務著作）。共同著作物、職務著作については、第2章で詳しく説明します。

映画については、脚本家、監督、演出家、撮影カメラマン、美術家など、多くの人が関わります。ただ、そのそれぞれが映画の著作物の著作権者となるのではなく、プロデューサーなどの映画全体の制作に寄与した人が著作権者となります（著作権法16条）。

コラム

©マーク（著作権表示）や知的財産権にまつわるマーク

作品に、©マークが表示されることがあります。この本にも、巻末の奥付に©マークがあります。これは、著作権者を表示するマークで、「マルシーマーク」などといわれます。©のCは、コピーライト（Copyright）のCです。多くの©マークは、「©Kentaro Okamoto 2024」などのように、©、著作権者名、年で構成されます。

©マークは、広く利用されていますが、著作権の発生には、©マークの表示は不要です。ただ、©マークを表示することにより、著作権者の名称だけでなく、著作権に配慮していることを対外的に示唆できます。たとえば、ある作品のそばに©マークを見つけた人が、「著作権者がこの作品を大切に思っており、無断で利用した場合には著作権者からクレームを受ける可能性がある」（≒その利用に際して、著作権者の承諾が必要である）と認識し、その結果、軽々しい無断利用を差し控えることが期待されます。

また、アメリカでも、かつては著作権の発生に©マークの表示が必要でしたが、１９８９年３月１日以降は不要となっています。ただ、©マークを表示しておくことにより、無断利用者による「著作権侵害とは知らなかった」という抗弁（≒言い訳。米国著作権法５０４条（c）（２））を排除でき（同法４０１条（d））、その結果として、無断利用者による損害賠償額の減額を防止する効果があります。

このように、現在では©マークの法的効果は限定的ではありますが、表示しておくメリットはあります。
なお、著作物を公衆に提供または提示する際に、著作者名を記載した場合には、著作者と推定されます（著作権法14条）。これは「著作者」の推定であって、©マークのような「著作権者」の推定とは異なります。ただ、©マークとして著作権者の名称を表示しておくことによって、事実上、これと似たような効果が生じることもあり得ます。

©マークは著作権表示ですが、このほかにも、®、TM、SMなど、知的財産権に関わるマークはいくつかあります。

まず、「®」（アールマーク）は、Registered（レジスタード）の頭文字で、商標登録済みであることを示します。「Windows®」のように、登録商標の右上に表示することが一般的です。

たとえばアメリカでは、®の表示は義務ではありませんが、自社の商標について第三者が侵

著作権	商標		
©	®	TM	SM
Cマーク	Rマーク	TMマーク	SMマーク
著作権表示。Copyrightを意味する。著作権者名とともに表記する。	登録商標に使用できる。Registedの頭文字。日本では「商標登録第○○○○○号」などと表記することが推奨されている。	出願中または出願予定の商品の商標に使用する。Trademarkの略。使用にあたって商標登録や出願は必要ない。	出願中または出願予定の役務の商標に使用する。Service Markの略。使用にあたって商標登録や出願は必要ない。

害行為を行ったとしても、このマーク等を表示していなければ原則として損害賠償を請求できません（ランハム法1111条）。

一方、日本の商標法では、このような法的効果はありません。日本の商標法でも、商品、パッケージなどに登録商標を表示する際には、商標登録表示の表示が推奨されています（商標法73条）。ただ「商標登録表示」とは、「登録商標第1234567号」などの登録番号であって「Ⓡ」ではないですし、そもそも表示は義務ではありません。

とはいえ、日本においても、商標にⓇを付すことにより、登録商標であることをアピールし、第三者による無断使用を牽制《けんせい》する効果はありますし、セロテープやホッチキスのように登録商標が普通名称化して誰でも使用できるようになることを防ぐ効果もあります。

次に、TMは、Trademark（トレードマーク）の略称で、（サービスではなく）商品についての商標であることを示します。これに似たマークが、Service Mark（サービスマーク）の略称SMです。（商品ではなく）サービスについての商標であることを示します。TMとSMは、出願や登録の有無にかかわらず使用可能です。

Ⓡや商標登録表示は、商標登録のない商標には使用できず、使用すると虚偽表示の罪（商標法80条）となり得ます。一方、TMやSMについてはその心配はありません。TMやSMは、①出願中の商標、②将来、商標出願を行う予定の商標、③単に業務で使用している商標などに用います。

著作隣接権

◇著作隣接権とは

著作物を創作した創作者は著作権を有しますが、著作物の伝達に重要な役割を果たした者も、「著作隣接権」という権利を有します。著作権法では、著作物の伝達に重要な役割を果たした者、すなわち著作隣接権を取得する主体として、実演家、レコード製作者、放送事業者および有線放送事業者を想定しています。

たとえば、作詞家や作曲家はそれぞれ歌詞と楽曲の著作権者となりますが、歌詞や楽曲のままでは利用する人は限られます。人々に歌詞や楽曲を届けるには、歌手や演奏家がその著作物を歌い、演奏することが必要です。また、レコード会社などが人手や資金をかけて、歌や演奏などの実演を録音し、ＣＤやデジタルの音源として提供することで、より多くの人がその歌や演奏（及び歌詞や楽曲）を聴くことができます。また、放送番組には、歌手や演奏家のほか、俳優、タレントなどの実演家が出演しますが、放送事業者も資金をかけて番組を制作し、人々に実演や著作物を届けています。著作隣接権は、こうした著作物の伝達に重要な役割を果たしている人や企業に認められる権利です。

著作権法では、「実演」とは、著作物の演劇的な実演、舞踏、演奏、歌唱、講演、朗詠などを行うこととされ、これらに似た芸能的な性質を有する行為を含みます（2条1項3号）。

著作者隣接権は、このような人に認められる

実演家

著作物等を実演した人。歌手、演奏家、俳優、舞踏家、指揮者、演出家など。実演家の権利としては、録音権・録画権、放送権・有線放送権、送信可能化権などがある。

商業用レコードに関しては、放送の二次使用料を受ける権利、貸レコードについて報酬を受ける権利などがある。

人格権としては、著作者と同様、氏名表示権と同一性保持権があるが、公表権はない。

レコード製作者

音などを固定（録音など）した者。レコード会社などが典型。複製権、送信可能化権などのほか、商業用レコードに関しては、放送の二次使用料を受ける権利、貸レコードについて報酬を受ける権利などがある。人格権はない。

放送事業者・有線放送事業者

テレビ局、ラジオ局、ケーブルテレビ、有線音楽放送事業者などの放送事業者。複製権、再放送権、送信可能化権などがあるが、人格権はない。

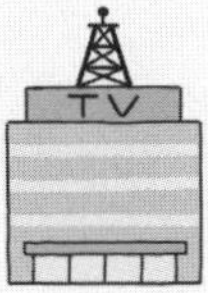

「芸能的な性質を有する行為」には、たとえば、手品、曲芸、腹話術、物まね、猿回し、アクロバット、アイス・ショーなどがあります。

また、「実演家」は、前述のような実演を行う者のほか、実演の指揮や演出を行う者もいいます（同4号）。こうした定義に伴い、歌手、演奏家、俳優、舞踏家のほか、演出家や指揮者も実演家に含まれますし、手品師や曲芸師も実演家になります。場合によっては、ファッションショーのモデルも実演家となるかもしれませんし（否定例として知財高判平成26年8月28日）、フィギュアスケート、新体操、アーティスティックスイミングなどの芸術的なスポーツとその選手についても、実演や実演家と捉える考え方もあります。

次に「レコード製作者」とは、レコードに収録されている音を最初に固定した者をいいます（同法2条1項6号）。レコードといっても、あの黒い円盤に限らず、CDなどのデジタルディスク、カセットテープ、ROM、メモリーカードなどのほか、オルゴールなども含みます（同項5号）。ちなみに、「音」は、音楽の演奏に限らず、効果音、虫の声などの自然音まで含む一方、映画やDVDなどの映像中心のメディアは「レコード」には含まれません。また、レコードレーベルが「レコード製作者」の典型ですが、法人に限らず、個人であっても、自己の費用と責任で最初に音を固定すれば、レコード製作者になり得ます。

また「放送事業者」や「有線放送事業者」は、テレビ局、ラジオ局、ケーブルテレビ、有線音楽放送事業者などをいいます（同法2条1項9号、9号の2、9号の3）。

ネット配信は「放送」とは区別されており（同法2条1項8号、9号の4）、Netflix（ネッ

さまざまな著作者隣接権

	著作隣接権	権利者	
複製に関する権利	録音権・録画権	実演家	自分の実演を録音・録画する権利
	複製権	レコード製作者 放送事業者	レコードを複製する権利 放送及び有線放送を録音・録画及び写真的方法により複製する権利
放送、配信に関する権利	放送権・有線放送権	実演家	自分の実演を放送・有線放送する権利
	再放送権・有線放送権	放送事業者	放送及び有線放送を受信して再放送・有線放送・再有線放送する権利
	送信可能化権	実演家 レコード製作者 放送事業者	自分の実演、レコード、放送・有線放送を端末からのアクセスに応じ、自動的に公衆に送信し得る状態に置く権利
利用に関する権利	譲渡権	実演家 レコード製作者	自分の実演の録音物または録画物、レコードの複製物を公衆に譲渡する権利
	貸与権		商業用レコードを貸与する権利 (販売から1年間)
	貸レコードについて報酬を受ける権利		1年を経過した商業用レコードが貸与された場合に、貸レコード業者から報酬を受ける権利
	放送の二次使用料を受ける権利		商業用レコードが放送や有線放送で使用された場合の使用料を、放送事業者や有線放送事業者から受ける権利
	テレビジョン放送の伝達権	放送事業者	テレビジョン放送を受信して画面を拡大する特別装置で、公に伝達する権利

トフリックス）などのネット配信事業者は、放送事業者や有線放送事業者ではありません。

「放送」も「公衆送信」の一部ですが、同じ時間帯に同一のテレビ番組が放送されるように「公衆によって同一内容の送信が、同時に受信される」ものが放送とされ、ユーザーが希望の番組を指定するように「公衆からの求めに応じて自動的に行われるもの」が自動公衆送信（＝ネット配信）とされています。

勘どころ

- **著作物を伝達する役割の実演家、レコード製作者、放送事業者、有線放送事業者などにも一定の権利がある。それが「著作隣接権」。**
- **「実演家」とは、たとえば、歌手、演奏家、俳優、舞踏家など。そのほか、指揮者や演出家、手品師なども実演家。**
- **「放送事業者」や「有線放送事業者」は、テレビ局、ラジオ局、ケーブルテレビ、有線音楽放送事業者など。ただし、ネット配信事業者は、含まれない。**

放送
同一内容の送信が、
同時に受信される

自動公衆送信
公衆からの求めに応じて
自動的に行われる

別の著作物を利用した著作物

◇二次的著作物

著作物といっても、すべてが完全なオリジナルではありません。別の著作物を利用して創作活動を行うことも少なくありません。

小説を漫画化し、また、漫画をアニメ化するなど、既存の著作物を利用して創作された別の著作物は「二次的著作物」となります。いわゆる「二次創作」による作品も二次的著作物です。二次的著作物に利用された著作物は「原著作物」などといわれます。

二次的著作物の創作者は、二次的著作物に関する著作権を保有しますが、二次的著作物の利用には原著作物の著作者の権利が及びます（著作権法28条）。このため、二次的著作物の利用に際しては、多くの場合、二次的著作物の著作権者と原著作物の著作権者の双方の承諾が必要です。

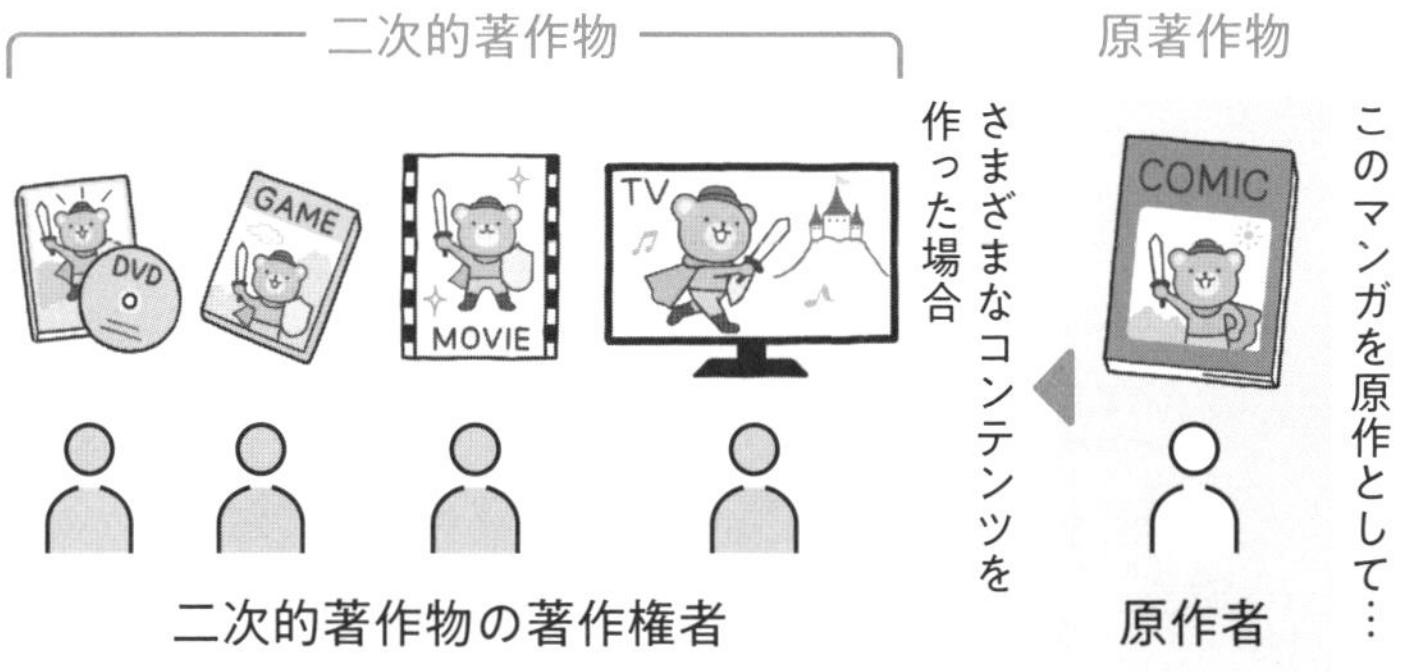

既存の著作物を利用して創作された別の著作物は「二次的著作物」となり、その創作者は二次的著作物の著作権を有する

たとえば、ある漫画を原作としてアニメを制作した場合には、アニメーションの制作だけでなく、放送、ＤＶＤ化、レンタル、インターネット配信等の各利用について、漫画原作者の承諾が必要です。さらにそのアニメ作品を利用してゲームを制作する際には、漫画原作者とアニメ制作者の双方の承諾が必要となります。

◇編集著作物

既存の作品などを利用して、新たな著作物を創作する類型には、二次的著作物のほかにも「編集著作物」があります。

「編集著作物」とは、素材の選択または配列に創作性のある著作物をいいます（著作権法12条1項）。百科事典、辞書、新聞、雑誌などがその例です。ほかにも論文集、全集、音楽アルバム、電話帳なども編集著作物となり得ます。

編集著作物となるには、利用する情報（素材）が著作物である必要はありませんが、情報（素材）の選択や、並べ方（配列）に工夫があることが必要です。編集著作物については、編集方針を創作した編集者、編者などが著作権者となります。

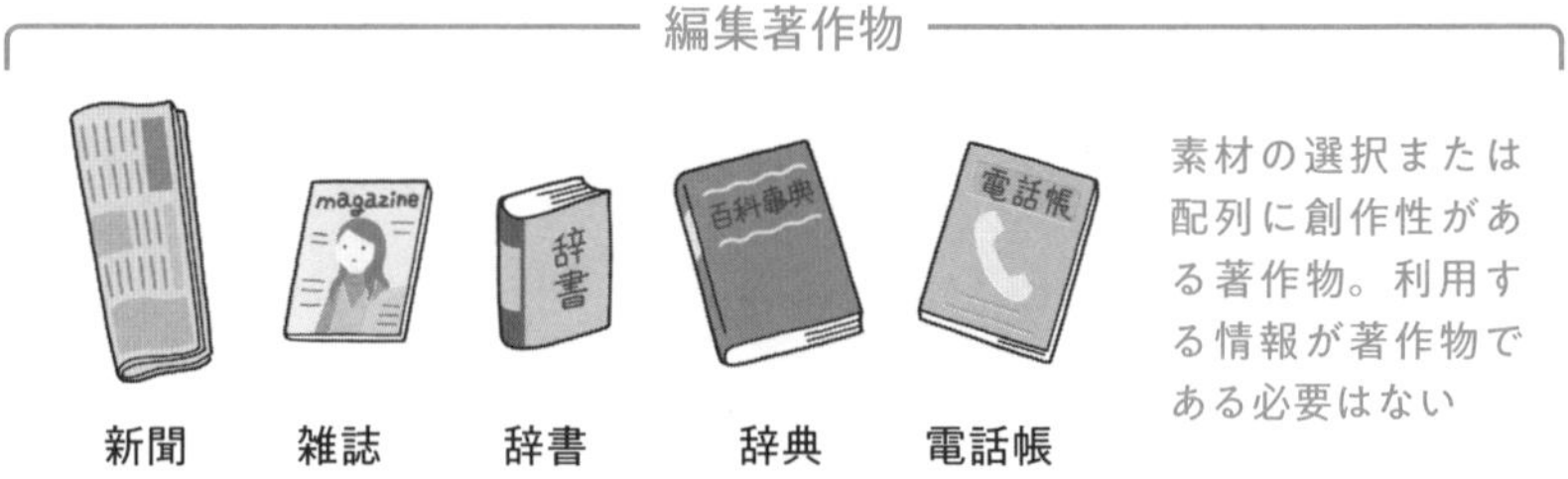

コラム

データベースも著作物となる

データベースも、ものによっては著作物となります。著作権法上、「データベースの著作物」とは、論文、数値、図形その他の情報の集合物で、それらの情報をコンピュータで検索できるように体系的に構成したものとされています（2条1項10号の3）。個々の情報は創作的である必要はありませんが、単に情報の集積ではなく、コンピュータで検索可能であることが必要です。データベースの著作物は、多くの情報の集積である点で編集著作物と共通しますが、検索システムを含む点で編集著作物とは異なります。こうした特徴を踏まえ、編集著作物については、「素材の選択または配列」に創作性が必要とされる一方、データベースの著作物については「情報の選択または体系的な構成」に創作性が必要とされています（同法12条1項 12条の2第1項）。

たとえば、データを単に50音順や時系列に並べただけのデータベースは、創作性がなく、著作物とはなりません。しかし、データベース化に際して、どの範囲の情報を選択し、また、その情報をコンピュータで効率的に検索できるように体系的に整理する点に創意工夫があれば、著作物となり得ます。最近では、さまざまな情報が自動的に取得され、ビッグデータとして利用されています。データが自動的に収集される過程における、「情報の選択」には、人の関与が乏しいように思われます。ただ、収集したデータの構成（例：テーブルカテゴリーの内容、フィールド項目、各テーブル間の関連付け）に工夫があれば、そのデータベースは著作物となる可能性があるのです。

その他の権利

◇著作権以外の権利

創作活動に際して、著作権に配慮することは重要ですが、著作権のほかにも配慮したい権利や法令がいくつかあります。なかには著作権と混同されやすいものもありますが、それぞれ権利の性質が異なりますので、ここで整理しておきます。

創作活動に関する知的財産権や法律としては、たとえば次のものがあります。

①企業、商品、サービスなどの名称、マーク、ブランド等を保護する「商標権」
②デザインを保護する「意匠権」
③よく知られた名称やマークなどを保護する「不正競争防止法」

また、他人への配慮に関わる権利として、たとえば次のものがあります。

④個人のプライバシーを保護する「プライバシー権」
⑤被写体などの個人の肖像を保護する「肖像権」
⑥有名人の肖像、氏名などの利用に関わる「パブリシティ権」
⑦施設内への立ち入り、施設内の行為等に関する「施設管理権」

創作活動に際しては、フォント、ソフトウェアなど、第三者のサービス等を利用する場合があります。こうした場合には、

⑧サービス提供者の利用規約等

にも配慮が必要です。

さらには、契約条件の設定、代金の支払い等に関連して、

⑨下請法（下請代金支払遅延等防止法）

⑩フリーランス保護法（特定受託事業者に係る取引の適正化等に関する法律）

も、知っておくと有益です。これらについては、それぞれ第5章「よい創作のために」で触れていきます。

本書では触れませんが、創作活動に関する法令は、ほかにも個人情報に関する「個人情報保護法」、広告や表示に関する「景品表示法」、契約全般にも関わる「民法」、消費者保護に関わる「消費者契約法」など、多種多様です。

◇商標権

まずは商標権です。「商標権」は、企業、商品、サービス等の名称、マーク等を保護する権利です。商標の典型例として、企業名や商品名のほか、これらのロゴが挙げられます。商標権は、ブランドを保護する権利ともいわれます。有名ブランドのロゴ付グッズを勝手に作って販売してはいけないことは、ご存じですよね。

商標権を取得するには、特許庁に出願し、特許庁の審査を経た上で、登録することが必要です。一方、自社の社名、商品名、ロゴ等を使用するには、商標登録は必須ではありませんが、商標登録があると次のような利点があります。

まず、商品やサービスを展開する際に、その名称やロゴを商標登録しておくことで、他社が同一または類似の名称やロゴを使用することを防げます。無断使用者に対して、商標権に基づく損害賠償請求や使用の差止請求などを行うのです。しかし商標登録がなければ、第三者が自社と似た名称やロゴなどを使用しても、これを制限する手段は限られます。

また、名称やロゴを商標出願した後、無事に商標登録に至れば、特許庁がその名称やロゴについて、似たものが先に商標登録されていないと判断したことにもなります。それ以降、自社の名称やロゴを比較的安心して使用できます。逆に、商標出願は、基本的に早い者勝ちです。ほかの人が先に商標登録してしまうと、自社がその商標を使用できなくなるおそれもあります。

商標の種類

登録できる商標には、さまざまな種類があります。商標の典型例は、文字、図形、記号等のほか、これらの組み合わせからなる商標です。後述の立体商標と区別するため、「平面商標」ともいわれます。

商標が登録されるには、特許庁に出願し、審査を経る必要があります。審査の基準は細かく決められていて、主なものには、

① 先に、同一または類似の商標が登録されていないか
② 自己と他人の商品・役務（サービス）とを区別できるか
③ 公共機関の標章（マーク）に似ているなど、公益に反していないか
④ 他人のよく知られた商標と紛らわしくないか

などがあります。

出願中または登録された商標は、独立行政法人工業所有権情報・研修館による特許情報プラットフォーム※で検索できます。イメージを把握するため、いくつか登録商標をご紹介します。好きなブランド等があれば、ご自身で検索されてみるのも楽しいですよ。残念ながら印刷の都合上、色その他の情報をお伝えしきれないものもあります。詳しく知りたい場合も、こちらの検索フォームをご利用になるとよいでしょう。

少し補足すると、文字商標には、「標準文字商標」といわれるデザインの指定のない文字（例：「ＪＩＭＩ　ＨＥＮＤＲＩＸ」という単なる欧文表記）のほか、ロゴなどのデザイン性の

※特許情報プラットフォームJ-PlatPat：https://www.j-platpat.inpit.go.jp/

平面商標の例

文字・ロゴ
（文字・ロゴからなる商標）

第5129573号

JIMI HENDRIX

JIMI HENDRIX
エクスペリエンス　ヘンドリックス，エル．エル．シー．

第3342890号

ウオークマン
ソニーグループ株式会社

第1625340号

ドラえもん
株式会社小学館集英社プロダクション

図形・記号
（図形または記号からなる商標）

第1929898号

ナイキ　イノヴェイト
シーヴィー

第5627003号

任天堂株式会社

第5387805号

（ゆるキャラ くまモン）
熊本県

組み合わせ
（文字と図形の組み合わせからなる商標）

第2689084号

スターバックス・
コーポレイション

第3135324号

新日本プロレスリング
株式会社

第5851037号

株式会社アカツキ

第5341974号

今治タオル工業組合

ある文字もあります。また、図形商標は多様であり、マーク、キャラクターなどのほか、文字との組み合わせもあります。

立体商標について、もう少し掘り下げます。立体商標は、平面商標よりも登録要件が厳格で、

①商品の形態自体に自他商品識別力（自己の商品を他人の商品と区別する効力）がある

②商品が当然に備える立体的形状のみでない

といった要件も必要です（商標法3条1項3号・2項、4条1項18号）。通常の人が、その立体的形状を見ただけで、ブランドや商品がわかる状態である必要がある上、その立体的形状が、機能として不可欠でないことが必要なのです。

たとえば、ヤクルトの容器については、容器を見ただけで多くの人が「ヤクルトの容器だ」とわかりますし、持ちやすさに配慮した実用的な形状ではありますが、この形状以外の形状も選択肢として数多くあるはずです。なお、立体的形状を見ただけで、ブランドや商品がわかる状態というのはなかなか厳しい要件ですが、ファミリーマートの店舗の例のように、立体商標中にロゴマークを付けると、この要件は満たしやすくなります。

その他の平面商標以外の商標も、立体商標と同様に、登録要件は平面商標よりも厳格になっています。とくに「色彩のみからなる商標」はかなり厳格な要件及び運用です。２０２３年12月の時点で、登録例はまだ一桁です。

平面商標以外の例①

平面商標以外に、立体的形状、動き、ホログラム、色彩、音、位置なども商標登録できる。

立体

商品、包装、建物等の立体的形状を対象とする商標

【商品など】

第4365296号

大阪名物／くいだおれ／道頓堀
株式会社くいだおれ

第5674666号

本田技研工業株式会社

第4455887号

株式会社ひよ子

【容器・包装】

第5384525号

株式会社ヤクルト本社

第4173111号

赤福
株式会社濱田総業

第6580278号

公益財団法人塩事業センター

【建物など】

第4195115号

株式会社ファミリーマート

第5302381号

株式会社TOKYO TOWER

第5916693号

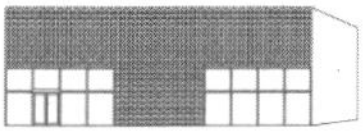

カルチュア・コンビニエンス・クラブ株式会社　他

動き

文字や図形等が時間の経過に伴って変化する商標
（例：テレビ、コンピュータ画面等に映し出される、変化する文字や図形）

第5804313号

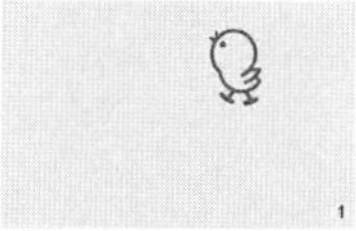

空気をかえよう／エステー
エステー株式会社

第5825499号

ウルトラ／Q
株式会社円谷プロダクション

ホログラム

文字、図形等がホログラフィーその他の方法により変化する商標
（例：見る角度によって変化して見える文字や図形）

第5804315号

三井住友カード株式会社

第5908592号

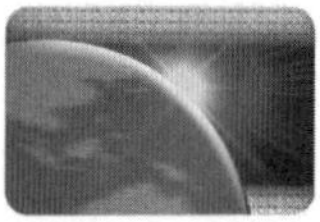

株式会社ジェーシービー

平面商標以外の例②

色彩

単色または複数の色彩の組み合わせのみからなる商標
（例：商品の包装紙、広告用の看板に使用される色彩）

第5930334号

青白黒などの消しゴムの色合い

株式会社トンボ鉛筆

第6078470号

茶色、黒などの鉛筆の色合い

三菱鉛筆株式会社

音

音楽、音声、自然音等からなる商標であって、聴覚で認識される商標
（例：CMなどに使われるサウンドロゴ、パソコンの起動音）

第5871389号

はかたのしお
伯方塩業株式会社

第5985746号

大幸薬品株式会社

位置

文字、図形等の標章を商品等に付す位置が特定される商標

第6183484号

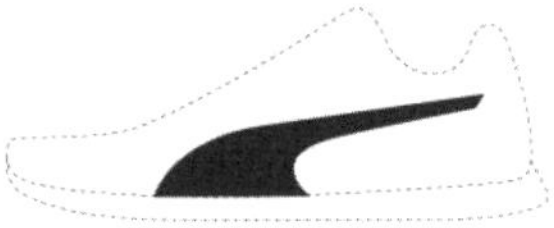

プーマ　エスイー

第6080187号

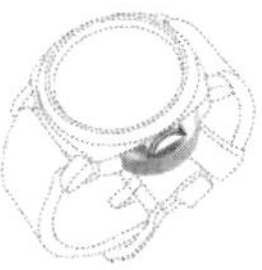

オフィチーネ　パネライ
アクチェンゲゼルシャフト

商標の類似性

類似する別の登録商標があることは、不登録事由とされています（商標法3条1項11号）。商標登録されるには、「出願商標について、先行する同一または類似の登録商標がないこと」が必要であり、似た商標がすでに登録されている場合には、商標登録できません。また、登録されている第三者の商標と同一または類似の商標を使用した場合には、商標権侵害となってしまいます。

商標が他の商標と類似するか否かは、商標の登録だけでなく、商標を使用する場面でも問題となるのです。同一か否かはともかく、類似か否かについては、判断が分かれることもあります。商標が類似するか否か、すなわち「商標の類似性」は、

① 商標自体の類似性と
② 対象となる商品・サービスの類似性

で判断されます。商標の世界では、サービスは「役務」といわれます。

まず、①「商標自体の類似性」は、商標の「外観」（見た目）、「称呼」（読み方）、「観念」（意味）などの総合考慮によって判断されます。たとえば「ＳＨＯＯＰ」と「ＣＨＯＯＰ」、「海藻」と「海陽」など、ある要素（この例では称呼）が同一または類似でも、他の要素（この例では外観及び観念）が異なっていれば、非類似とされることもあります。

裁判例を中心に、商標自体の過去の類似・非類似の事例をいくつかご紹介します（59～60頁）。

商標の類似性①

外観の類似例

第4327531号

第4364496号

似ている

東京高判平成13年10月24日

第2580800号

第4391309号

似ている

知財高判平成18年5月31日

第0409366号

第4313719号

似ている

東京高判平成14年6月18日

外観の非類似例

第4235214号

第4908374号

似ていない

東京高判平成16年2月25日

第1560711号

第4171470号

似ていない

東京高判平成15年3月20日

商標の類似性②

称呼の類似例

「ファミリー」　「FAMILIAR」　似ている

最判昭和43年10月29日

第4639518号

「マジカルクエスト」　「マジカルウエスト」　似ている

知財高判平成18年5月10日

称呼の非類似例

第2402674号

「コルゲン」　「カルゲン」　似ていない

東京高判平成12年9月27日

概念の類似例

第3238398号

「ウォークバルーン」　「Walking Balloon」「ウォーキングバルーン」　似ている

大阪地判平成18年12月21日

第4471795号

エンゼルスィーツ
Angel Sweets

第5151440号

「天使のスィーツ」　似ている

知財高判平成21年7月2日

第770378号

第2580221号

ぴよちゃん
PIYOCHAN

似ている

東京高判平成12年2月29日

次に、②「商品・サービスの類似性」に関連する例です。特許庁は、商標登録の対象となる商品・サービスを46区分にジャンル分けした上、さらに細かく分類して5桁の番号（類似群コード、例：26A01）を設定しています。同じ類似群に属している商品やサービスは類似と判断されやすくなります。

一般論としては、たとえばiPhoneやMacなどでおなじみの「Apple（アップル）」は、コンピュータの関連分野を中心に商標登録されていますが、別の企業も、見た目を変えつつ、自動車の分野で同じ単語の商標を登録しています。このように、商標自体は同一または類似であっても、商品やサービスが異なれば、商標登録に至る可能性があり、また、先行商標との関係で商標権侵害にもなりません。

商標の使用

商標出願を行い、特許庁が登録要件を満たすと判断した場合には、商標登録が可能となります。商標登録の期間は10年が基本ですが、何回でも更新可能です。保護期間が切れると保護されなくなる著作権と違って、商標権は、更新し続ければずっと権利を保つことができるのです。

第三者が自己の登録商標と同一または類似の商標を使用していた場合には、その第三者に対して、商標の使用の差止請求や損害賠償請求などが可能となります。商標の使用方法の典型例は、商品やサービスそれ自体のほか、包装、ポスター、チラシ、CMなどに商標を表示することです。ただ、ほかにもさまざまな商標の使用方法があり、そのすべてが商標権侵害になるわけではありません。
商標権侵害となるのは、自他商品識別機能（＝自己の商品・サービスと他人の商品・サービスとを区別する機能）を有する態様で、他人の商標を無断で使用する場合が典型です。こうした場合は「商標的使用」などといわれます。逆にいうと、仮に他人の登録商標を無断で使用しても、商標的使用に該当しなければ、商標権侵害とはなりません（商標法26条1項6号）。

商標的使用でない例として、事案ごとの判断とはなりますが、たとえば次の3つの場合があります。

①単に商品・役務の属性、内容、由来などの説明のために付されている場合
②商品・役務の装飾やデザインとして表示されている場合
③専ら商品・役務の宣伝のためのキャッチフレーズや宣伝文句として付されている場合

書籍、映像ソフトなどのタイトルに他人の登録商標を使用することも、商標的使用の否定例とされています。ただしシ

登録商標を使用しても、商標的使用でなければ商標権侵害とはならない

リーズものや、中身とタイトルとの関連性が乏しいような場合には、商標的使用とされる可能性があり、その結果として、商標権侵害を理由に、使用の差止請求、損害賠償請求などを受ける可能性があります。

そのほか、インターネット上での使用については、他社の登録商標をドメイン名（大阪地判平成23年6月30日）、メタタグ（大阪地判平成29年1月19日）、ハッシュタグ（大阪地判令和3年9月27日）などに使用すると、商標権侵害になり得ます。メタタグについて少し補足しておくと、右記の裁判例では、検索結果として表示されるメタタグ（[※1]ディスクリプションメタタグや[※2]タイトルタグ）での使用が商標権侵害とされた一方、検索結果として表示されないメタタグ（[※3]キーワードメタタグ）での使用については商標権侵害が否定されました。

勘どころ

- **「商標」とは、社名、商品名、これらのロゴなどのことで、その権利である「商標権」は、企業、商品、サービスなどを保護する権利。ブランドを保護する権利ともいわれる。**
- **商標は、特許庁に商標登録することで権利化する。登録期間は10年が基本だが、何度でも更新可能。**
- **商標登録しておくと、その保有者は、無断使用者に対して、商標権に基づく権利主張ができる。**

※１ 検索結果として表示されるウェブページの説明文
※２ 検索結果として表示されるウェブページのタイトル
※３ HTML内に記載するページの概要。以前は検索用に用いられていたが、現在は使用されなくなった

◇意匠権

「意匠」とは、デザインを意味し、意匠法では、製品（物品）については形状、模様、色彩またはこれらの結合で、視覚を通じて美感を起こさせるものとされています（意匠法2条1項）。

「意匠権」は、主に製品のデザインを保護する権利です。そのほかに、内装、建築物、画像などのデザインも意匠権による保護の対象です。

技術的なアイデアを保護する特許権に対して、意匠権は、外観のデザインを保護します。見た目を保護する点で商標権と似ている部分はありますが、商標権は、主にブランドを保護する権利であるのに対して、意匠権は、主にデザインを保護する権利です。

意匠の対象

意匠権の主な対象は工業デザインです。携帯電話、ノートパソコン、自動車、家電製品など、身の回りの多くの工業製品だけでなく、部品や建築構造材、産業機械なども対象となります。

意匠権によってデザインを保護するには、商標権と同様に、特許庁への登録が必要です。登録された意匠権の存続期間は、意匠登録出願の日から最長25年です（同法21条1項）。

特許庁の審査のポイントはいくつかありますが、とくに

①「新規性」（今までにない新しい意匠であること）

②「創作非容易性」（公然と知られた意匠から、簡単に思いつくものでないこと）

の2つが重要です。

意匠分類とその例

A～Nは日本意匠分類グループ名

A 製造食品等
即席麺
第1352447号

B 衣服、身の回り品
指輪
第1550944号

C 生活用品
衛生マスク
第1325221号

D 住宅設備用品
取付け用便器
第1481397号

E 趣味・運動用品
電気チェロ
第1043005-001号

F 事務・販売用品
ステープラー
第1496319号

G 運輸・運搬機械
乗用自動車
第1521541号

H 電子・通信機器
電子計算機
第1574793号

J 一般機器
ロボット
第1610882号

K 産業用機械
コンバイン
第1440563号

L 建築物、土木建築用品
消波ブロック
第1393309号

M 基礎製品
細巾レース地
第1542310号
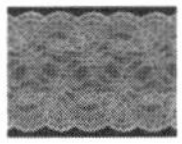

N 他グループに属さない物品
音量調整用画像
第1687282号
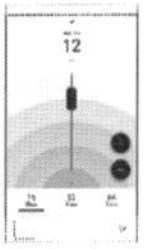

https://www.jpo.go.jp/system/design/gaiyo/seidogaiyo/torokugaiyo/index.html
特許庁HPを参考に作成

意匠権の対象は、従来はモノ（物品）でしたが、徐々に登録対象が拡大し、２０２０年の意匠法改正もあり、現在では、①画像、②建築物、③内装も意匠登録の対象となっています。

とはいっても、画像については、そのすべてが意匠登録の対象というわけではありません。アイコン、タッチスクリーンなどの操作のための画像（操作画像）と、操作などの結果として表示される画像（表示画像）が対象です。

一方、たとえば、映画、ゲームなどのコンテンツ、デスクトップの壁紙等の画像は、意匠権の対象ではなく、主に著作権の守備範囲です。

ご参考までに、登録意匠をいくつか挙げておきます。

登録意匠例

建築物

第1671773号

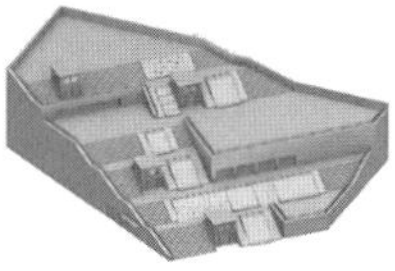

ユニクロPARK 横浜ベイサイド店

第1671774号

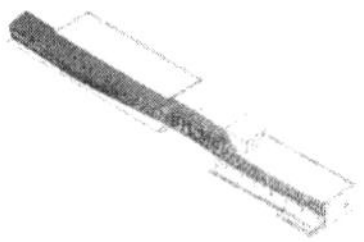

上野駅公園口駅舎

内装

第1671152号

蔦屋書店

第1671153号

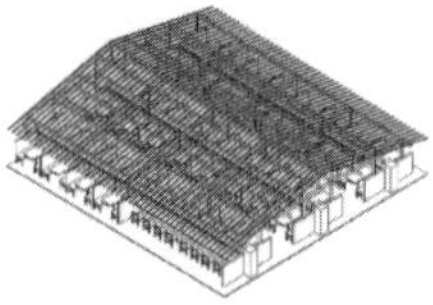

くら寿司浅草ROX店

画像

第1735315号

万博キャラクターアイコン
(操作画像)

第1672383号

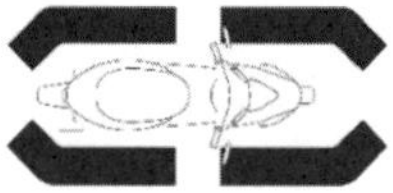

車両情報表示用画像
(表示画像)

2020年の意匠法改正により、建築物や内装も意匠登録できるようになり、また、意匠登録できる画像の範囲が広がった

意匠の類似性

商標登録と同様に、特許庁に対して意匠の登録出願をしても、先に同一または類似の意匠が登録されていた場合には登録が認められません。また、使用したデザインが、第三者の登録意匠と同一または類似の場合には、意匠権侵害となります。このように、意匠の登録と使用の各場面において、同一または類似の意匠が存在するか否かが問題となります。

意匠が類似している程度を「意匠の類似性」などといいます。こうした点も商標と似ていますが、意匠の類似性は、商標の類似性とは別の考え方で判断されます。

意匠の類似性は、需要者に起こさせる美観が共通することをいいます（同法24条2項）。大雑把にいうと、

①　物品の類似性

②　形状等の類似性

の観点から判断されます。

まず、①物品の類似性に関連し、意匠登録に際しては、65頁で紹介したような意匠の対象となる物品や用途（意匠分類：衣服、家具など、ジャンルごとに細分化されたもの）が指定されます。

物品の類似性は、この意匠分類が基準となり、物品が非類似である場合には、仮にデザインが似ていても各意匠は非類似とされます。たとえば、ボールペンとシャープペンシルは「書く」という用途が共通するため、類似の物品とされますが、衣服と家具のように物品が異なれ

ば、似たようなデザインであっても意匠法上は非類似と考えられます。

形状の類似性については、物品の性質、用途、使用態様、新規の創作部分の存否などを考慮して、最も注意をひかれる部分（要部）を把握し、各デザインの共通点や相違点を総合的に観察し、意匠の要部において構成態様が共通しているか否かが観察されます（知財高判平成23年3月28日など）。

構成態様は、意匠を大つかみに把握した「基本的構成態様」と意匠を詳しく観察した「具体的構成態様」に分けられます。

たとえば、下のスピーカーについては、中央部の半円＋正三角柱状の本体で構成される全体図が基本的構

裁判例でみる意匠の構成態様

第1276011号

増幅器付スピーカー

東京地判平成19年4月18日

基本的構成態様

▶意匠を大つかみに把握したもの

このスピーカーでは、中央部の半円＋正三角柱状の本体で構成される全体図

具体的構成態様

▶意匠を詳しく観察したもの

このスピーカーでは、スピーカー用の穴、端子などの各部分の位置や形状

成態様となり、スピーカー用の穴、端子などの各部分の位置や形状が具体的構成態様となります（東京地判平成19年４月18日）。

要部に関する具体例として、たとえば、長靴の事例では、左側の長靴につき、絞りが５つであること、絞りの間にこぶ状のふくらみが多くあること等を要部とした上、右側の長靴とは要部が異なるとして、非類似とされました。

また、美観に関する具体例として、たとえば、右側のスマートフォンは、湾曲し、柔らかな印象を与えるのに対して、左側のスマートフォンは全体的にシャープかつフラットな印象を与えるとして、非類似とされました。

意匠の類似性判断

▼要部（最も注意をひかれる部分）が異なるとして、非類似とされた例

第1339016号

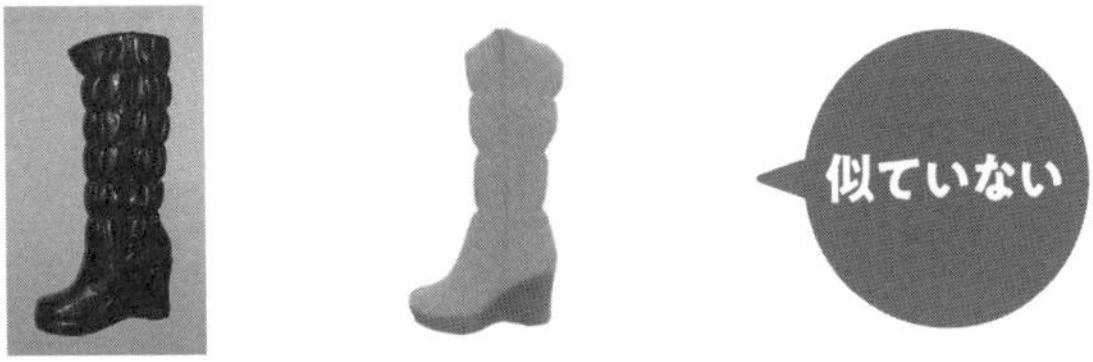

大阪地判平成21年11月5日

▼美観が異なるとして、非類似とされた例

第1507516号

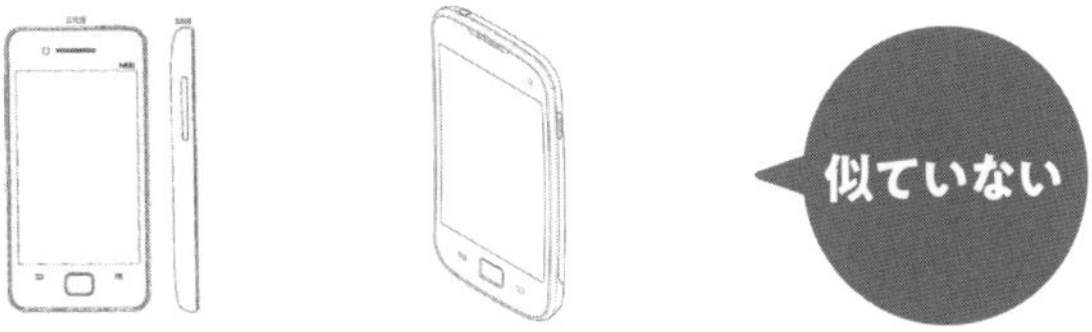

知財高判平成26年3月27日

そのほか、登録意匠と類似する意匠が、意匠の一部に使用されている場合も、意匠権侵害となり得ます（大阪地判昭和46年12月22日）。

そのほかの具体例は、80頁でも紹介しています。

勘どころ

- ▶ 意匠とは、デザインのこと。意匠権の主な対象は工業デザイン。パソコン、自動車、家電製品のような身の回りにある多くの工業製品だけでなく、小さな部品や建築構造材、産業機械なども意匠権の対象。
- ▶ 意匠権によってデザインを保護するには、特許庁への登録が必要。
- ▶ 登録された意匠権の存続期間は、出願の日から最長25年。

コラム

制度の使分け

コンテンツの保護に関する制度には、著作権、商標権、意匠権などがあります。保護の対象によって利用できる制度は異なりますが、なかには複数の制度による保護が可能な場合もあります。利用する制度を選択する際は、各制度の特徴を理解しておくとよいでしょう。

まず「著作権」です。保護の対象は**著作物**（**作品**）です。著作物の創作時点で権利が発生し、原則として**著作者の死後の翌年の70年**まで保護されます。保護期間はかなり長期間です。また、登録は不要で権利化に費用はかかりません。その反面「創作的な表現」でなければ著作物とならず、その作品が著作物として保護されるか否か不明確な場合もあります。複数人が作品作りに関与した場合など、誰が著作権者かといった著作権の帰属先が不明確なこともあります。

次が「商標権」です。**名称やマーク**が主な保護の対象ですが、商品、建築物などの立体物も対象となり得ます。特許庁への登録によって権利が発生し、登録期間は**10年**が基本ですが、何度でも**更新可能**です。権利化及び権利の維持に費用はかかりますが、くり返し更新することにより、半永久的に権利を保持することも可能です。基本的に商標登録があれば商標権として保護されるため、権利の存否は明確ですし、商標権者も明らかです。新規な名称やマークでなくても商標登録できますので、例外はありますが、第三者が先に商標の出願や登録をしていなければ、既に第三者が使用している名称やマークであっても商標登録が可能です。

最後が「意匠権」です。商品、建築物、内装などの**デザイン**を保護する権利で、画像のデザインも一部保護されます。登録によって権利が発生します。現状では、存続期間は意匠登録出願の日から**最長25年**で比較的長いものの、更新はできません。権利化に費用はかかりますが、基本的に、意匠登録があれば意匠権として保護されるため権利の存否は明確ですし、意匠権者も明らかです。ただ、登録要件の一つに新規性があるため、既に世に出ているデザインについては、自分のデザインでも意匠登録できない場合もあります。

著作権、商標権及び意匠権は、保護の対象は、それぞれ著作物、ブランド、デザインなどであり、保護の対象は異なります。ただ、創作性のあるロゴマークやキャラクターの画像などは、著作権のほか、商標登録や意匠登録を行うことで、商標権、意匠権（画像意匠）などでも保護を図ることもできます。

そのほか、ある立体デザインの保護を図る際、当初は意匠権で保護し、有名になった段階で商標登録を行い、半永久的に保護を図るといった戦略も考えられます。Yチェアは、立体商標（第5446392号）でデザインの保護を図っている実例の一つです。加えて、そのデザインが創作的であれば、著作権で保護される可能性もあります。各制度や権利の特徴を踏まえつつ、いくつかの権利を駆使して保護を図ることも可能です。

◇不正競争防止法

「不正競争防止法」は、同一または類似の表示の使用、商品形態の模倣、営業秘密の侵害、データやドメインの不正取得などの行為を「不正競争」と位置付け、制限を図る法律です。不正競争には、本書で取り上げる混同惹起《じゃっき》、著名表示冒用《ぼうよう》（無断使用）、形態模倣などのほか、技術的制限手段を無効化する装置（例：コピーガードのキャンセラー、無効化チップ）の提供、商品・サービスの原産地・品質等の誤認表示、信用棄損行為などもあります。

以下では、身近な分、注意が必要な、同一または類似の表示の使用と商品形態の模倣について取り上げます。

同一または類似の表示の使用

不正競争防止法は、他人の表示と同一または類似の表示を無断で使用することを制限しています。ただ、規制の対象は、すべての表示ではありません。他人の商品や営業に関する「商品等表示」である必要がありますし、周知または著名といえるほど、よく知られている必要もあります。端的にいえば、他人の商品の名称、ロゴ、パッケージ等のうち、よく知られたものを無断で使用すると、不正競争となる可能性があるのです。

「商品等表示」には、氏名、商号、商標、標章のほか、商品の容器や包装、商品の形態等が含まれます（不正競争防止法2条1項1号）。商標登録のない商標も商品等表示となり、このうち、よく知られているものは、下図のように不正競争防止法によって保護される可能性があります。

　商品の容器や包装は、本来、商品の出所（メーカー等）を表示するものではありませんが、特定の企業の商品に継続的に使用されたり、短期間でも強力に宣伝広告されたりすると、その容器や包装を見ただけで、特定の企業や商品をイメージできることがあります。細かい考え方は異なりますが、商品の形態や店舗の外観なども、こうした場合に、商品等表示として不正競争防止法で保護されることがあります。

　他社が類似商品などを販売した場合に、「商品等表示」にあたると

「商品等表示」にあたる例

商品の容器・包装	**長崎タンメン** 東京高判昭和45 年4月28日 	**「黒烏龍茶」のパッケージ** 東京地判 平成20年12月26日 
商品の形態	**無印良品のシェルフ** 知財高判平成30年3月29日 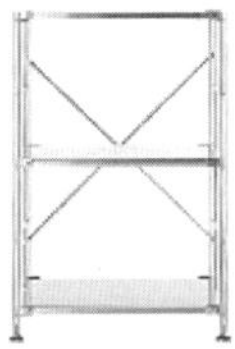	**ISSEY MIYAKEのバッグ** 東京地判令和元年6月18日 
店舗のデザイン（外装や内装）	**「珈琲所コメダ珈琲店」の店舗デザイン** 東京地判平成28年12月19日	

して、他社による類似商品などの販売の制限が認められた事案に、たとえば前頁のような例があります。

先ほど述べたように、「商品等表示」はよく知られている場合に保護の対象となりますが、その商品等表示が「周知」（≒広く知られている）か「著名」（≒全国的によく知られている）かによって、保護に必要な要件が異なります。

全国的に知られていなくても、特定の地域や業種において広く知られていれば、「周知」にあたる可能性もあります。「周知」に留まる場合には、第三者が自己の商品等表示として使用し、かつ、他人の商品・営業との混同を生じさせる場合に不正競争となりますが（同法2条1項1号：混同惹起）、「著名」な商品等表示に該当すれば、第三者が自己の商品・営業の表示として使用するだけで、不正競争となり得ます（同法2条1項2号：著名表示冒用）。周知と著名の例として、たとえば以下があります。

また、「混同」には、

周知と著名の例

周知（広く知られている）の例

VOGUE、SHIPS、Levi'sジーンズの弓形刺繍・赤いタブ・501、ファイアーエムブレム、堂島ロール、マイクロダイエット、花柳流、Shibuya Girls Collectionなどの商品名やブランド名

著名（全国的によく知られている）の例

シャネル、ルイ・ヴィトン、三菱スリーダイヤ、JAL（赤い鶴）、PETER RABBIT、MARIO KART、Budweiser、菊正宗、青山学院、セイロガン糖衣Ⓐなどの商品名やブランド名

経済産業省　知的財産政策室『不正競争防止法』より

① 競争関係の存在を前提に、同一の営業主体であるかのような、営業主体の混同を生じさせる行為（**狭義の混同**）のほか、

② 緊密な営業上の関係、同一の表示の商品化事業を営むグループに属する関係などがあると誤信させる行為（**広義の混同**）

も含みます。営業主体が同一であるかのような、表示の使用主体について誤解させる場合（狭義の混同）だけでなく、同一の営業主体ではないものの、ライセンス関係を含め、何らかの事業上の関係があると誤解させる場合（広義の混同）も制限の対象となるのです。

形態模倣

不正競争防止法は、他人の商品を真似することも制限しています。他人の商品の形態を模倣した商品を販売、貸与等した場合には、不正競争となります（同法2条1項3号）。

保護の対象は、商品等に関する表示（商品等表示）ではなく、商品の形態です。「商品の形態」とは、商品の外部や内部の形状のほか、模様、色、光沢及び質感などを意味します（同法2条4項）。商品の内部の形状や構造も一応保護の対象となりますが、外部から認識できることが必要です。

この形態模倣は、商品のデザインを保護する制度ですが、意匠権と異なり、登録は不要ですし、新規性や創作非容易性も不要です。ただ、その分、保護期間は、日本国内で最初に販売された日から3年間と短く設定されています（同法19条1項5号イ）。

また、規制の対象である「模倣」とは、他人の商品の形態に依拠して、これと実質的に同一

の形態の商品を作り出すこととされています（同法2条5項）。ほぼ同じといえるような形態のみが、規制対象となっています。ちなみに、「依拠」とは「拠り所にする」「参考にする」といった意味の言葉で、著作権侵害に関する場面では、他人の著作物に接して、自己の作品に用いるという意味でよく使われます。

　下図は形態模倣に関する過去の裁判例です。ほかの商品に関する裁判ももちろんありますが、今回は、同じジャンルだと比較しやすいと思い、ファッション関連を中心に取り上げてみました。

形態模倣の裁判例

模倣とされた例

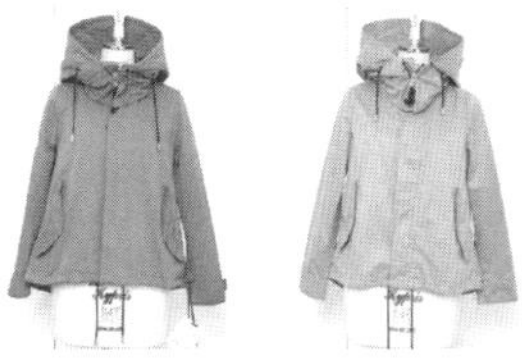

原告　被告

東京地判平成30年8月30日

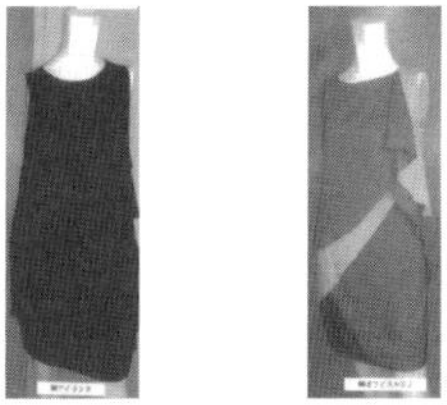

原告　被告

東京地判平成30年4月26日

模倣が否定された例

原告　被告

東京地判令和3年10月29日

原告　被告

東京地判平成30年7月30日

コラム

類似性の違い

著作権、商標権及び意匠権は、それぞれ著作物、マーク、デザインなどの独占的な利用や使用を認める権利です。その反面、同じまたは似たものを用いた第三者は、これらの権利の侵害となることがあります。このように各権利とも、侵害／非侵害を分ける重要なポイントの一つとして、類似か否か（類似性があるかどうか）がありますが、権利によって、類似性の判断基準や結論が異なります。

まず、著作物の類似性の判断基準は、「原著作物の表現上の本質的な特徴を直接感得できるか否か」です。判断方法はいくつかあり、基本的には見た目に着目します。第4章では具体例をいくつか記載しています。

一方、商標権の類似性の判断基準は、「商標自体の類似性」×「商品・サービスの類似性」です。このうち「商標自体の類似性」は、商標の「外観」（見た目）、「称呼」（読み方）、「観念」（意味）などの総合考慮によって判断されます。具体的な考え方は商標審査基準（商標法第4条第1項第11号の欄）で示されていますので、ご興味のある方は特許庁のウェブサイトをご覧ください。商標では、著作権と異なり、見た目だけでなく読み方や意味も考慮します。

最後に、意匠権の類似性の判断基準は、「デザインの類似性」×「物品の類似性」です。デザインを保護する権利ですので、形状が重視されています。

このように、類似性の判断基準は著作権、商標権、意匠権とで異なり、その結果、類似／非類似の判断結果も異なります。いくつか具体例を見てみましょう。

たとえば、商標権につき、「PUMA」商標に似たような「KUMA」商標と「SHI-SA」商標があります。「KUMA」商標は、「PUMA」商標と類似とされましたが、「SHI-SA」商標は、「PUMA」商標と非類似とされました。

「SHI-SA」商標は、「PUMA」商標と全体的な構成は動物のポーズは似ていますが、読み方やモチーフが違うことが非類似とされた一因です。ちなみに、シーサーの絵柄のみの商標は、PUMAの絵柄のみの商標とは類似とされました（同日の別判例）。

一方で、次頁の2つの商標については、見た目はかなり異なりますが、「みやび」の音が同じである上、フォントの雰囲気も似ているなどとして、類似と判断されました。

商標権に関する類似性が争われた例①

第3324304号など

第4994944号

知財高判平成25年6月27日

似ている

第5040036号

知財高判平成31年3月26日

似ていない

また、意匠権に関する類似性が争われた例として、次頁上の各フェイスマスクは一見似ていますが、各部分の形状や全体的な印象が異なるため、非類似とされました。各部分の大きさや配置が似ているのは、人の顔に付けるフェイスマスクの機能からするとある意味当然と思えます。

一方、次頁下の体重計（体組成計）の例も一見すると非常に似ていますが、各部分の配置や形状を検討し、右のデザイン（被告）との関係で、左上のデザイン（原告1）は非類似とされた一方、左下のデザイン（原告2）は類似とされました。

このように、とくに意匠権については、一見微妙なデザイン上の差異であ

商標権に関する類似性が争われた例②

第4252261号

知財高判平成30年1月25日

似ている

っても、類似／非類似の判断に影響し得るのです。

これらの各事例でも、著作権など見た目を中心に判断する場合は、異なる結論となる可能性もあります。しかし商標権は、見た目に加えて読み方や意味を考慮し、また意匠権は機能に由来したデザインや全体的な印象なども考慮します。こうした結果、各権利の類似性について異なる結論ともなり得るのです。

意匠権に関する類似性が争われた例

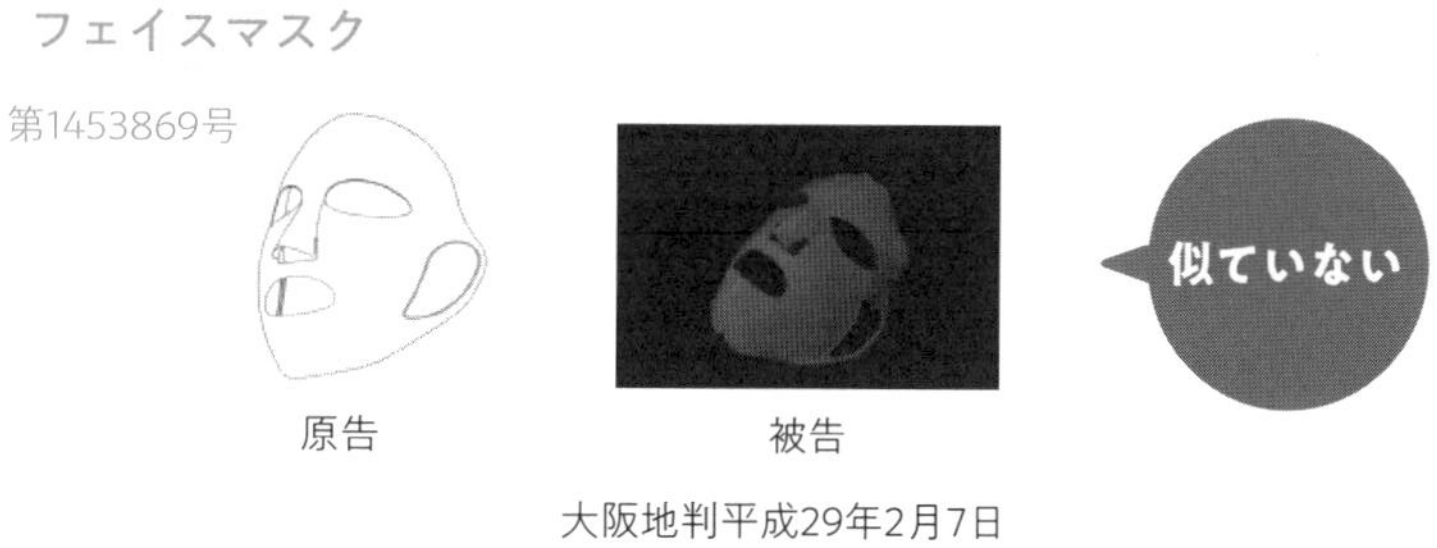

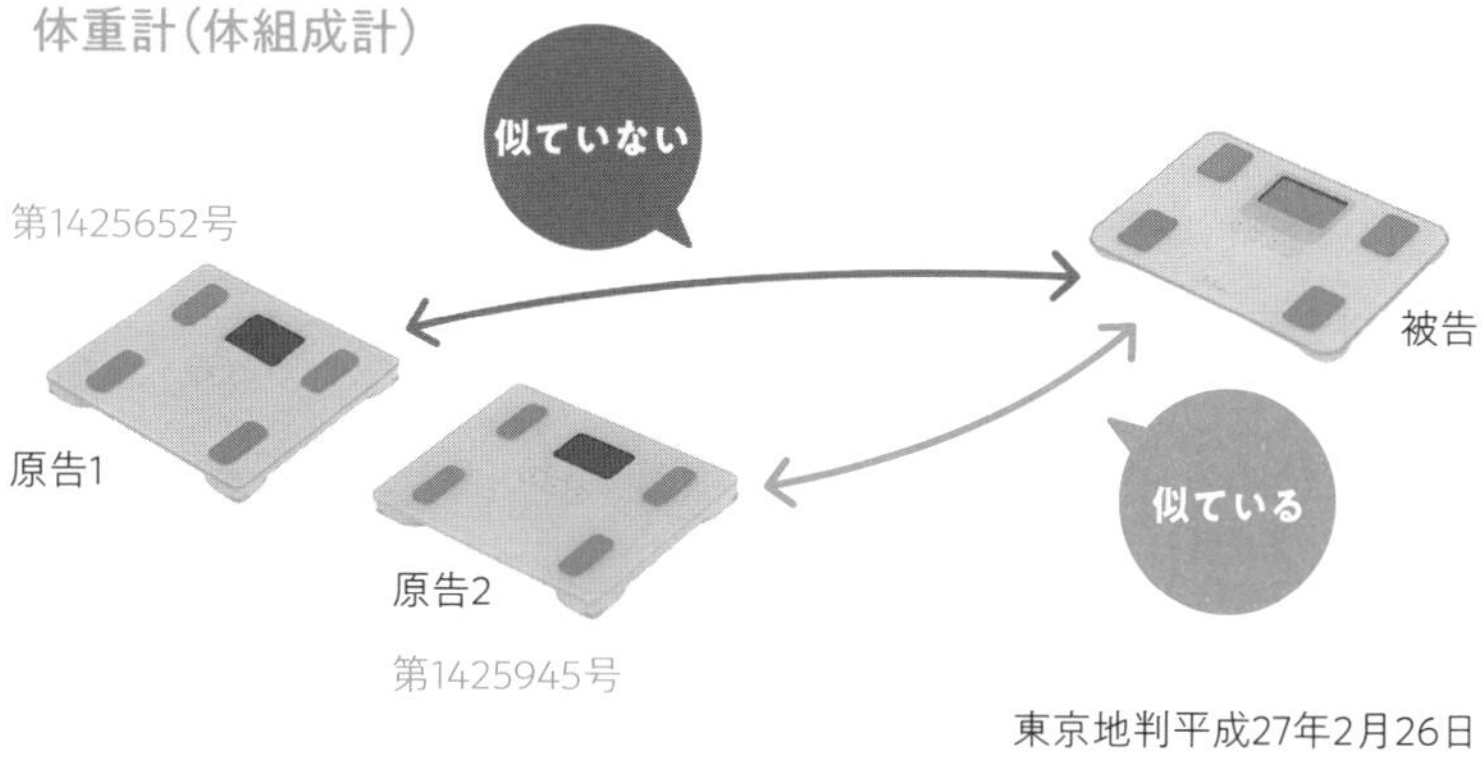

◇プライバシー権

ここまで著作権、商標権、意匠権などの創作物に関する権利を見てきましたが、創作活動に際しては、創作物だけでなく、題材にも配慮が必要です。題材に関する権利には、プライバシー権、肖像権、パブリシティ権などがあります。

「プライバシー権」は、日常的にもなじみのある言葉ですが、私生活をみだりに公開されない法的な権利のことです。個人の人格的利益を保護する権利である「人格権」の一つです。

たとえば、他人の私生活を題材とした記事、小説、舞台、映画などを制作または公開すると、プライバシー権の侵害となる可能性があります。ＳＮＳへの投稿についても、本人が知られたくないような情報を投稿すると、プライバシー権の侵害となることがあります。

プライバシー権として法的に保護されるには、公開された内容が、

①私生活上の事実または事実らしく受け取られるおそれのある事柄であること

②一般人の感受性を基準に、その人の立場に立った場合には、公開を欲しないと認められる事柄であること

③一般の人々にまだ知られていない事柄であること

の3つを満たす必要があると考えられています。氏名、住所、電話番号などの個人情報も、本人が開示されたくないと考えるような場合には、プライバシーに係る情報として保護される可能性があります（最判平成15年9月12日）。

さらには、あまり詳しくは取り上げませんが、人前で事実を示して、他人の社会的評価を低下させたような場合には、「名誉毀損《きそん》（罪）」として損害賠償や刑事罰の対象となることもあります。事実に基づくちょっとした悪口であっても、社会的評価を害するような場合には名誉毀損となる可能性があるのです。ただ、これでは自由な議論の妨げとなる可能性もありますので、示した事実が

①公共の利害に関するものであり、

②専ら公益を図る目的であって、

③重要な部分において真実であることを証明した場合

あるいは、

③事実を真実と信じることについて相当の理由がある場合

は名誉毀損にはならないとされています。

なお、名誉毀損は、示した事実が真実でも虚偽でも成立しますが、大ざっぱにいうと、虚偽の事実を示した結果、社会的な信用が毀損された場合には「信用毀損（罪）」となり、また、事実を示さずに社会的評価を毀損したような場合には「侮辱（罪）」となります。

勘どころ

- ▶「プライバシー権」は、私生活をみだりに公開されない法的な権利。
- ▶他人の私生活を題材とした記事、小説、舞台、映画などは、プライバシー侵害となる可能性がある。SNSへの投稿も同様。
- ▶社会的評価を害するような行為は、名誉毀損罪などの刑法上の罪になることもある。

◇肖像権

「肖像権」は、みだりに自己の容貌、姿態等を撮影されない権利です。プライバシー権と同様に、人格に由来する人格権の一つです。

ちなみに、自己の氏名を正確に呼称される権利として、「氏名権」もあります（最判昭和63年2月16日）。肖像権は、人物の肖像に着目した権利ですが、氏名権は、人物の氏名に着目した権利です。

創作活動においては、肖像権は、被写体として第三者を写す場合、イラストやCGで他人を描く場合など、作品に他人を登場させる場合などに問題となります。他人を無断で撮影する、撮った写真をSNSに投稿するといった行為は、少し躊躇されます。ただ、こうした行為のすべてが肖像権侵害となるわけではなく、一定の場合には許容されます。たとえば次のような点を考慮して侵害かどうかを判断します。

①撮影される人の社会的地位
②撮影される人の活動内容
③撮影場所
④撮影の目的
⑤撮影の態様
⑥撮影の必要性

これらの点を総合的に考慮して、撮影された人の人格的利益の侵害が社会生活上の受忍限度を超えるような場合に肖像権侵害となり、その肖像を撮影し、また、写真を公表することなどが違法となります（最判平成17年11月10日）。

死者の肖像権

故人にも肖像権はあるのでしょうか。亡くなっている方の肖像を無断で使用することが、肖像権侵害となるか否かといった議論があります。肖像権は、人格的な権利ですので、本人の死亡によって消滅するようにも思えますが、本人の死亡後、無制限にその肖像の使用を認めるのも弊害があり、難しい問題です。

過去には、死者の肖像権は否定しつつも、遺族の敬愛追慕の情に基づき一定の保護を認めた裁判例もあります（大阪地判平成元年12月27日。否定例として津地四日市支判平成27年10月28日）。

肖像権ガイドライン

肖像権は、著作権のように法律で明文化された権利ではなく、裁判で認められた権利です。右記の裁判例により、肖像権侵害か否かの判断要素は明確になりましたが、実際に、どういった場合に肖像権侵害になるのか明確ではありません。

デジタルアーカイブ学会は、デジタル技術を用いた知的資源のアーカイブを構築すること、そのための法制度を検討すること等を目的とした、有識者や実務家の団体です。この学会は、所蔵写真をインターネット等に公開する際に、公開の可否を判断する指針として「肖像権ガイドライン」を作成しました。このガイドラインの想定は、非営利目的のデジタルアーカイブ機関による公開の場面です。クリエイターが作品中に他人の肖像を使用し、また、その作品を公開するような場面とは異なりますが、こうした場面についても、ガイドラインの考え方は参考になります。

本書巻末に肖像権ガイドラインを掲載しました。

このガイドラインでは、

①被写体を判別できない場合、または

②被写体の同意がある場合

には、その写真は公開に適するとしています。一方、このいずれにも該当しない場合には、先述の裁判例の考慮要素と同様に、

①被撮影者の社会的地位（公人（＋）、著名人（＋）、未成年者（－）、有罪確定者（＋））

②被撮影者の活動内容（歴史的事件（＋）、私生活（－））

③撮影の場所（公共の場（＋）、自宅内（－））

④撮影の態様（撮影に同意（＋）、撮影拒否（－））

⑤写真の出典（刊行物（＋））

⑥撮影の時期（時間の経過に伴い、加点増加）

などの観点から、加点・減点方式で採点し、合計点が０点以上であれば、公開に適するとしています。

たとえば、未成年の一般人の自宅内での私生活を、隠し撮りしたような場合には、０点未満となるでしょう。ただ、合計点が０点未満であっても、一律で公開不可とはならず、点数によっては、公開場所の限定、人物を特定できないように隠すといったマスキング処理等により公開が可能となります。

勘どころ

- **「肖像権」は、自分の容貌、姿などを撮影及び利用されない権利。**
- **肖像権侵害になる場面か否かについては、デジタルアーカイブ学会が作成した「肖像権ガイドライン」が参考になる。**

◇パブリシティ権

プライバシー権や肖像権に比べると聞き慣れないかもしれませんが、創作活動においては、パブリシティ権にも配慮が必要です。「パブリシティ権」は、著名人の氏名や肖像に関する顧客吸引力を排他的に利用する権利です。法律上の定義はありませんが、近年になって徐々に認められるようになりました。

タレント、歌手等の芸能人、スポーツ選手などの有名人の氏名や肖像には、顧客を惹《ひ》きつける力（顧客吸引力）があります。有名人の氏名や肖像は、商品やサービスに付けることにより、商品やサービスの認知度やイメージが向上し、売上増などに繋がる期待があるため、経済的価値があると考えられます。パブリシティ権は、こうした著名人の氏名や肖像の無断使用を制限する権利です。

第三者が、その経済的価値を利用するために、著名人の氏名や名前を無断で使うとパブリシティ権の侵害となります。

パブリシティ権の侵害となり得る行為として、最高裁は次頁のような3つの典型例を示しました（最判平成24年2月2日）。

パブリシティ権は、プライバシー権のほか、氏名権や肖像権と同様に、人格に由来する人格権の一つです。ただ、氏名権や肖像権は、氏名や肖像の精神的価値に着目する権利である一方、パブリシティ権は、氏名や肖像が有する経済的価値に着目する権利です。

また、パブリシティ権の保有者は人に限られます。いくら著名であっても、パンダや自動車などの動物やモノにはパブリシティ権は生じません。競走馬の名称も同様です（最判平成16年2月13日）。

また、プライバシー権や肖像権は、人であれば誰でも保有し得る権利です。政治家、タレント、芸能人なども同様です。

これに対してパブリシティ権は、基本的には、顧客吸引力を有する著名人のみが保有する権利です。

ちなみに、肖像権やパブリシティ権は、その本人が保有するのが通常ですが、タレント、スポーツ選手等については、実務上、所属事務所のほか、球団、リーグ等の所属組織が管理することもあります。

パブリシティ権の侵害となり得る行為

①肖像等それ自体を独立して鑑賞の対象となる商品等として使用する場合	例：ブロマイド、ポスター、ステッカー、シール、写真集、配信画像
②商品等の差別化を図る目的で肖像等を商品等に付す場合	例：キャラクターグッズ（Tシャツ、マグカップ、タオル、カレンダー、スポーツ用品など）、キャラクターゲーム
③肖像等を商品等の広告として使用する場合	例：広告としての使用

著名人の氏名や肖像の顧客吸引力の無断使用は制限される

パブリシティ権の譲渡／相続

　パブリシティ権は、譲渡できないという考え方が一般的ですが（知財高判令和４年12月26日など）、譲渡の余地を認める考え方もあります（東京地判令和４年12月８日など）。
　また、本人の死後、パブリシティ権が存続するか否かについても議論があります。パブリシティ権が人格的な権利だけでなく、経済的な権利の側面があることからすれば、本人の死後も一定の範囲で存続することもあり得るでしょう。

勘どころ

- 「パブリシティ権」は、著名人の氏名や肖像が有する経済的価値に着目した権利。
- パブリシティ権は、著名人の氏名や肖像の無断使用を制限する。
- パブリシティ権は、通常、本人が保有するが、タレントやスポーツ選手などについては、所属事務所、球団、リーグなどの所属組織が管理することもある。

◇施設管理権

敷地や施設の管理者には、「施設管理権」があります。これは、敷地や施設の所有権などに由来する権利です。施設の管理者は、敷地や施設内に立ち入ることができる人物や、敷地や施設内で可能な行為を決定できます。個人の住居について、居住者が、住居内に立入りできる人物や、住居内で可能な行為（例：喫煙の可否）などを決められるのと同様です。

施設管理者の意思に反してその敷地や施設に立ち入った場合には、施設管理権の侵害となる可能性があります。

たとえば、入店に際してマスク着用を義務付け、マスクを着用しない方の入店を拒否することも、施設管理権に基づくのかもしれません。また、レストランの運営者が、レストラン内での顧客による料理の写真撮影を禁止する際、著作権に基づき「私の料理の写真を撮らないで」といっても、ありふれた盛り付けでは著作権に基づく主張は困難です。撮影禁止の法的根拠は、施設管理権に基づく方が整理しやすいように思われます。

とはいえ、施設管理権があるからといって、施設内におけるすべての言動を制限できるわけではありません。不合理な制限はできませんし、訪問者が施設管理権に基づく制限（たとえば撮影禁止など）を知りつつ施設に立ち入ったといった事情がなければ、施設管理権に基づく制限が及ばない可能性もあります。

コラム

著作権も登録できる

商標権や意匠権のように著作権にも登録制度があります。文化庁の「著作権登録制度」です。著作者の実名、第一発行年月日、著作権等の移転登録などについて、文化庁に登録申請を行い、所定の要件を満たせば登録できます。

ただ、何度か触れているように、著作権は創作行為によって自動的に発生するため、取得のための登録は不要です。著作権登録制度は「著作権関係の法律事実を公にする」「権利が移転した際に、二重譲渡などを防止する」といった場合に利用されます。

第2章

創作に役立つ著作権等の基本

「この章では、創作に役立つ著作権等の基本として、権利制限規定（私的使用のための複製、引用、写り込み／写し込み、非営利上演、屋外設置美術など）について事例とともにみていきます。著作権の保護期間のほか、共同著作物などの複数人が関わる著作物などもみていきます。」

◇権利制限規定

ここでは改めて、著作権についてもう少し掘り下げます。

著作権は、作品に著作物性があれば創作と同時に発生するため、取得のための別段の手続は不要です。一方、著作者が長生きである場合、著作者が若い頃の作品は、著作権は創作から優に100年以上も存続することもあります。その間、第三者は似たような著作物の創作や利用を制限されるなど、著作権は、かなり強力な権利でもあります。

著作権法は、著作者の権利の保護を図り、文化の発展に寄与することを目的としていますが(同法1条)、著作物の利用の都度、著作権者に承諾を得なければならないとすると、著作物の利用が滞り、文化の発展にも支障が生じる懸念があります。

こうしたことから、著作権法ではいくつかの類型(利用方法)について著作権等を制限し、著作権者等の承諾を不要としています。これが「権利制限規定」です。

権利制限規定の目的や対象は、

①教育その他の公益
②身体障碍者等の保護
③表現の自由、学問の自由などの他の基本的権利との調整

④ 著作権者と利用者との調整
⑤ 所有権との調整
⑥ 慣行

など多岐に渡ります。

また、権利者に与える不利益も考慮して、

(a) 著作物の本来的な利用ではなく、権利者の利益を害さないと評価できる類型（第1層）
(b) 著作物の本来的な利用ではなく、かつ、権利者に与える利益が軽微な類型（第2層）
(c) 権利者の市場と衝突する場合であるものの、公益的な政策実現等のために、著作物の利用が期待される類型（第3層）

にも区分されます。

権利制限規定は、デジタル技術の普及など、時代に合わせて徐々に追加され、現時点で約30種類あります。

本書ではこのうち、クリエイターの方々にとくに関係するものとして、①私的使用、②引用、③写り込み、④非営利上演、⑤屋外設置の美術・建築物等を取り上げます。

そのほかの権利制限規定については、巻末付録をご参照ください。

◇私的使用のための複製

まずはじめが「私的使用のための複製」です。

使用者は、個人的にまたは家庭内その他これに準ずる限られた範囲内における使用を目的とするときは、一定の例外を除き、著作物の複製が可能です(著作権法30条1項)。

典型例は、個人的に楽しむ目的で、テレビ番組を録画する、書籍をコピーする、インターネットから画像や動画をダウンロードする、といった行為です。これらは「私的利用のための複製」の範囲内です。

ここで注意が必要なのは、インターネットからのダウンロードは「複製」ですが、SNSなどのインターネットへのアップロードは「公衆送信」ですので、「私的使用のための複製」の範囲外です。

また、本人や同居している家族はこの規定の範囲内です。家族間で録画番組を観るような場合はOKです。共有する人数についての明確な基準はありま

勘どころ

- 著作権には、著作物の一定の利用方法において、著作権者の承諾を不要とする「権利制限規定」がある。
- 権利制限規定は、徐々に追加されており、現時点で約30類型ある。
- そのなかで、創作活動に関係するものとしては、①私的使用、②引用、③写り込み、④非営利上演、⑤屋外設置の美術・建築物などがある。

せんが、結び付きが強い数人の仲間うちであれば、同好会、サークルなども含まれます。一方、業務目的での使用は対象外と考えられています。たとえば、企業内で回覧する目的で書籍や新聞記事をコピーすると、私的使用ではないため、著作権侵害となり得ます。

加えて、著作物の複製行為は、私的使用をする本人が行う必要があります。親が子供のために行う複製行為は許容の範囲内と思われますが、たとえば、自炊代行業者による書籍などの複製は、依頼人にとっては私的な目的であっても私的使用ではありません（知財高判平成26年10月22日）。

私的使用には、以下の例外があります。

①公衆による使用を目的として提供されている自動複製機器（同法30条1項1号）

典型例は、公民館や図書館、コンビニなどでのコピー機を利用した複製です。ただ、専ら文書や図画の複製を行うための自動複製機器については、当分の間は適用除外とされており、著作権者の承諾は不要です。

②技術的保護手段の回避による複製（同法30条1項2号）

「技術的保護手段」とは、電子的・磁気的などの技術的方法により、著作権等の侵害行為を防止または抑止する手段です。暗号型、非暗号型などの細かい区分はありますが、ＣＤやＤＶＤなどのコピーガードが典型です。こうした技術的保護手段が施された著作物を、なんらかの方法で回避して複製すると、いくら私的な目的であっても著作権侵害となり得ます。

③違法サイトからのダウンロード（同法30条1項3号、４号）

違法にアップロードされたコンテンツを、違法にアップロードされたと知りながらダウンロードすることは私的使用にはならず、著作権侵害となり得ます。2020年までは、音楽と映像の著作物のデジタル複製（録音・録画）のみが私的使用の対象外でしたが（3号）、2021年1月からは、要件は少し厳格ですが、音楽や映像に限らず、文書、画像（マンガを含みます）などを含め、すべてのコンテンツのダウンロードが私的使用の対象外とされています（4号）。

対象となるコンテンツが有償で提供されていた場合には、損害賠償などの民事上の責任のほか、逮捕、起訴などの刑事罰の対象にもなります（同法119条3項1号・2号、5項）。

勘どころ

- 私的使用のための複製は、著作権侵害にならない。
- 私的使用とは、たとえば、個人的に楽しむ目的でテレビ番組を録画したり、書籍をコピーしたりすること。
- 個人で視聴する目的でのインターネットからの画像や動画の正規ダウンロードも「私的使用のための複製」の範囲内であるが、SNSに、他人の画像や動画をアップロードすると著作権侵害に。

◇写り込み／写し込み

写真を撮影する際、意図していた被写体だけでなく、ポスターや看板、絵画、映像などの著作物が写り込むことがあります。また、動画の撮影でも、その場所で流れていた音楽などが録音されることもあります。

こうした著作物について、個別に著作権者の承諾を必要とすると、手続きがかなり煩雑となります。このため、写真の撮影、録音、録画、放送など、事物の映像や音を複製し、または複製を伴うことなく伝達するにあたり、対象とする事物や音に付随する著作物は、正当な範囲内であれば、方法を問わず、利用可能とされています（同法30条の2）。

写り込み・写し込み

つまりは、他の行為に伴って付随的に生じる著作物の利用に際しては、著作権者の承諾は不要とされています。写真の撮影、録音、録画などの創作的な複製行為のほか、防犯カメラやドローンでの撮影、生配信、スクリーンショットなど、創作的ではない行為に伴う著作物の利用も対象となります。また、正当な範囲か否かについては、

①付随する著作物の利用により利益を得る目的の有無
②付随する著作物の分離の困難性の程度
③付随する著作物の果たす役割

などが考慮されます。

この規定により、意図せず生じた「写り込み」だけでなく、意図的な「写し込み」も可能となりました。

たとえば、背景の一部に著作物である絵画や小物を意図的に置いたとしても、著作権者の承諾は不要となり得るのです。ただ、絵画や小物が目立ったり、作品の印象に大きく影響を与えたりするような場合には、適法な写し込みにはなりません。一例として、人物の写真や動画を撮影する

勘どころ

- **その場にあったポスターや看板、絵画などの著作物が写真に写り込むことや、その場所で流れていた音楽などが動画に録音されることがある。一定の場合、それらについては著作権者の承諾は不要。**
- **ただし、写り込んだものが人物の場合は、別途、プライバシー権、肖像権などへの配慮が必要。**

際に、その人物が人気キャラクターのぬいぐるみを持っているような場合には、適法な写し込みにはならないかもしれません。

また、この権利制限規定は、著作物の利用に関わるものです。被写体が著作物ではなく、人物であるような場合には、プライバシー権、肖像権等への配慮が別途必要となります。

◇引用

公表された著作物は引用して利用できます。ただ、その態様は、公正な慣行に合致し、かつ、報道、批評、研究その他の引用の目的上、正当な範囲内でなければなりません（同法32条1項）。

「引用」とは、辞書的な意味も加味すると、他人の作品を自己の表現に用いることです。自分の文章に他人の文章の一部を記載するなど、文章（言語の著作物）の利用が典型です。ただ、引用の対象は、文章に限らず、イラスト、絵画、写真、映像なども含まれます。

かつては、適法な引用と認められる要件として、

①自己の著作物と引用して利用する他人の著作物が明瞭に区別されていること（明瞭区別性）

②自己の著作物が主（メイン）であって、引用して利用する他人の著作物が従（サブ）であること（主従関係）

が挙げられていました（最判昭和55年3月28日）。

この要件（右記①）に従って他人の文章を引用するには、引用する他人の文章を、かぎ括弧

（「」）、ダブルクオーテーションマーク（“”）、段落下げ、フォントサイズの変更などにより表記し、自己の文章と区別する必要があります。

また、自分の文章が主であるというためには、多くの場合、利用する他人の文章よりも、自分の文章の方が長い必要があります。なお、長い文章はまるまる掲載できませんが、短歌や俳句などの短い文、写真や絵画などの部分的な利用になじまないものは、全体を掲載できることもあります。

さらに最近では、これらの要件に代えて、またはこれらに加えて、

（a）他人の著作物を利用する目的
（b）利用の方法や態様（質的・量的）
（c）利用される著作物の種類や性質
（d）著作権者に及ぼす影響の有無や程度

などが総合的に考慮されることもあります

引用の例

文章の中にほかの著作物を引用する際は、該当部分が明瞭に区別されていることが必要です。 ― 自分の文章

引用部分はかぎ括弧（「　」）、ダブルクオーテーションマーク（“　”）、段落下げ、フォントサイズの変更などで自己の文章と明瞭に区別して記載します。 ― 引用部分

出典　○○○○　○○○ ― 引用元

上記は文字のサイズとフォントを変更することで区別した例です

（知財高判平成22年10月13日など）。

なお、引用は公表済みの著作物のみが対象です。未公表の作品は引用できず、個人宛に送った手紙やメールも引用できません（同法4条参照）。

また、引用に際して、他人の著作物を翻訳することも可能です（同法47条の6第1項2号）。ただ、引用に際して、他人の著作物を要約できるか否かについては、考え方が分かれています。

ちなみに、X（旧ツイッター）で他人のツイートを参照する際は、リツイートすることが通常の方法ですが、そのツイートのスクショを投稿する方法も、適法な引用となる可能性があります（知財高判令和4年11月2日、知財高判令和5年4月13日など）。

勘どころ

▶「引用」とは、他人の公表済みの著作物の全部または一部を自分の著作物などに載せること。引用に該当し、著作権者の承認が不要となるかどうかは、
(a) 他人の著作物を利用する目的
(b) 利用の方法や態様（質的・量的）
(c) 利用される著作物の種類や性質
(d) 著作権者に及ぼす影響の有無や程度
などを総合的に考慮して判断される。

◇非営利上演

教育その他の非営利活動であっても、演奏、上演などの支分権に該当する行為については、原則として、著作権者の承諾が必要となります。ただ、この考え方を徹底すると、学校などにおける非営利活動に支障が生じてしまいます。

このため、公表された著作物については、

①営利を目的とせず
②聴衆や観衆から料金の支払いを受けず
③出演者その他の実演家も無報酬

であれば著作権者の承諾なく、上演、演奏、上映または口述が可能とされています（同法38条1項）。このような上演を「非営利上演」といいます。学校の文化祭、非営利団体による無償イベントなどが典型例です。一方、企業などが宣伝目的で行う映画の無料試写会などは、少なくとも間接的な営利目的がありますので、非営利（右記①）ではありません。

また、料金（右記②）については、入場料、会場費、会費などの名義は問いません。このため、募金の徴収が伴うチャリティイベント、会費を事前に支払った会員のみが参加可能なイベントなどは、この権利制限規定の対象外です。著作物の利用に際して、著作権者の承諾が必要となります。

一方、出演者の報酬（右記③）については、ギャラなどの出演料は無償である必要がありますが、交通費等は相当額であれば支払い可能とされています。

なお、この規定で可能な行為は、上演、演奏、上映または口述です。ネット配信などの公衆送信は対象外です。このため、文化祭、非営利団体の無償イベントなどは、イベントの開催自体には著作権者の承諾が不要でも、ネット配信には、著作権者の承諾が必要となり得ます。

そのほかに、以下のような場合も、著作権者の承諾なく著作物を利用できます。

①放送番組の非営利・無料の伝達（例：公民館のロビー、学校などでのTV上映。同法38条3項）

②家庭用受信装置を用いた放送番組の伝達（営利・有料も可）（例：飲食店、ホテルのロビーなどでのTV上映。同法38条3項2文）

③非営利・無料での映画以外の貸与（例：図書館などでの書籍の貸出。同法38条4項）

④非営利・無料での映画の貸与（特定の施設に限

勘どころ

▶ **すでに公表されている著作物は、営利目的でなく、観衆から入場料などの支払いを受けず、出演者も無報酬であれば、著作権者の承諾なく、上演、演奏、上映、口述（朗読など）ができる。例としては、学校の文化祭、非営利団体による無償イベントなど。ただし、ネット配信となると、著作権者の承諾が必要。**

▶ **企業などが宣伝目的で行う映画の無料試写会などは、間接的な営利目的があれば、著作権者の承諾が必要。**

定）（例：公共図書館などでの映画の貸出。同法38条5項）

なお、右記①及び②は、放送番組をそのまま見せる想定です。録画を見せる場合は対象外です。

◇屋外設置美術

公園やビルの敷地などの屋外に、パブリックアートなどの美術作品が展示されていることがあります。著作権法46条によると、「建築の著作物」のほか、このような屋外に恒常的に設置されている「美術の著作物の原作品」も権利制限規定の対象となり、以下の４つの例外を除き、自由に利用できます。

① 彫刻のレプリカを作成し、またはそのレプリカを譲渡により公衆に提供する場合

② 建築の著作物を模倣して建築し、またはその複製物の譲渡により公衆に提供する場合

屋外に、ある程度の長期間、不特定多数の人が見られる状態で設置された美術作品の原作品は、基本的に自由に利用できる

③街路、公園その他一般公衆に開放されている屋外の場所に、恒常的に設置するために複製する場合
④複製絵画、絵葉書など、専ら美術の著作物の複製物の販売を目的として複製し、または、その複製物を販売する場合

たとえば屋外に長期間設置されたパブリックアートは、その写真を販売するような目的でなければ写真撮影し、さまざまな方法で利用できます。

ちなみに、「恒常的な設置」といっても、土地などの不動産に半永久的に固定されている必要はありません。ある程度の長期間、不特定多数の人が見られる状態であれば、路線バスの車体に描かれた絵なども「恒常的な設置」となり得ます（東京地判平成13年7月25日）。

また、建築物は風景の一環であるため、写真や動画、ゲームなどの映像に利用することも少なくありません。こうした利用についても、この権利制限規定により、著作権者の承諾は不要となり得ます。

勘どころ

- **屋外設置美術の典型は、公園やビルの敷地などに設置されているパブリックアート。これらを写真や動画などに写す際には、基本的に著作権者の承諾は不要。**
- **ただし、絵葉書にして販売したり、彫刻のレプリカを作成して譲渡したりするには、著作権者の承諾が必要となり得る。**

コラム

アメリカの「フェアユース」と日本の「柔軟な権利制限規定」

前述のように、日本の著作権法にはさまざまな権利制限規定があり、それぞれに要件が細かく規定されています。これに対して、米国著作権法の「フェアユース」は包括的な規定です（107条）。

この規定は、概要、批評、解説、ニュース報道、教授、研究、調査等を目的とする著作物の公正な利用（フェアユース）は、著作権の侵害とならないというもので、以下の考慮要素が挙げられています。あわせて、判断の傾向を補足しておきます。

①利用の目的及び性質（商業性、非営利的な教育目的か否かを含む）

商業利用や営利利用は、フェアユースを否定する方向に影響する。一方で、非営利利用や商用利用であってもトランスフォーマティブな利用であれば、フェアユースを肯定する方向に影響する。

「トランスフォーマティブ」とは、原著作物の表現を利用しつつも、原著作物の表現に別の意味付けを与える利用方法です。たとえば、報道、研究、批判・批評などのほか、パロディや検索サービスを目的とした原著作物の利用がトランスフォーマティブな利用となり得ます。

②著作物の性質

原著作物が芸術的又は娯楽的な著作物である場合には、フェアユースを否定する方向に影響する。一方、原著作物が科学的、事実的または歴史的な著作物である場合には、フェアユースを肯定する方向に影響する。

③利用された著作物の部分の量及び実質性

利用目的からして、必要な量を超えて原著作物を利用し、または不必要に原著作物の重要部分を利用した場合には、フェアユースを否定する方向に影響する。一方、原著作物の利用部分が少なく、かつ、著作物の核心的部分に及ばない場合には、フェアユースを肯定する方向に影響する。

④著作物の潜在的市場または価値への影響

作品の販売、価値等の低下に繋がる利用は、フェアユースを否定する方向に影響する。特に、トランスフォーマティブでない、商用目的での単なる原著作物の複製については、フェアユースの成立が否定されやすい。一方、原著作物の既存又は潜在的な市場を奪うものでなければ、フェアユースを肯定する方向に影響する。

たまに誤解されますが、米国著作権法の権利制限規定は、フェアユースだけではありません。フェアユースの他にも、①図書館や文書資料館における複製、②特定のコピーやレコードの移転、③非営利の教育機関などによる実演や展示、④有線による放送番組の二次送信といった個別の権利制限規定があり（１０８条から１２２条）、日本と同等またはそれ以上に要件が細かく規定されています。ただ、アメリカには、フェアユースという包括的な権利制限規定があるため、個別の権利制限規定に該当しない利用態様についても、著作権者の承諾なく著作物を利用できる場合があるのです。

一方、日本の著作権法には柔軟な権利制限規定が一切ないかというと、そうではありません。アメリカのフェアユースに比べれば適用場面が限定されますが、

①AI開発その他の非享受利用（著作物に表現された思想または感情の享受を目的としない利用。同法30条の4）

②キャッシュなどのコンピュータ上の著作物の付随的利用（電子計算機における著作物の利用に付随する利用。同法47条の4）

③著作物の所在検索サービス、情報分析サービスなどに伴う軽微利用（電子計算機による情報処理の結果の提供の際に著作物の一部を軽微な形で提供する行為。同法47条の5）

などの規定には、柔軟な解釈ができる部分もあります。

こうした類型については、著作物が大量に利用されることもある一方、著作権者の承諾なく著作物を利用したとしても、著作権者の不利益は限定的と思われます。また、新たな技術や著作物の利用方法が次々と生まれてくるため、その都度、具体的な権利制限規定を作っていては技術促進を阻害してしまいます。柔軟な権利制限規定は、著作権の保護と産業の発展とのバランスに配慮しつつ、技術発展を阻害しない観点から、柔軟な解釈の余地を残したものと思われます。

コラム

国や地域で異なるルール

海外の絵画、音楽、映画などを日本国内で利用するなど、著作物は、国を跨《また》いで利用されることもよくあります。世界各国は、条約を締結し、互いに著作権等を保護し合っています。国際条約は、著作権については「万国著作権条約」「ベルヌ条約」「ＷＩＰＯ著作権条約」「ＴＲＩＰＳ協定」などがあり、著作隣接権については「実演家等保護条約（ローマ条約）」「ＷＩＰＯ実演・レコード保護条約」などがあります。

とはいえ、ある程度は各国共通の考え方があるものの、著作権法の具体的な内容は国ごとに異なります。

たとえば、先に述べたように、アメリカのフェアユースは日本の権利制限規定とは異なります。このため、サンプリングという技法（既存のイメージや音を抽出して再利用するもの。クリスチャン・マークレーなどのアーティストが用いています）による作品は、アメリカではフェアユースによって適法であったとしても、日本では著作権侵害となることもあります。

また、イギリスやフランスの著作権法には、パロディを適法とする規定がありますが、日本の著作権法には、パロディを正面から認める規定がありません。このため、あるパロディ作品を創作した場合には、イギリスやフランスでは適法であったとしても、日本では著作権侵害とされることもあります。

なお、適用される法律を「準拠法」などといいますが、準拠法の決定に際しては、対象となる著作物の発生国、著作権者の居住国、利用行為や侵害行為が行われた国、侵害が発生した国など、さまざまな基準や要素が関わります。

勘どころ

- アメリカには、フェアユースという権利制限規定がある。
- フェアユースは、概要、批評、解説、ニュース報道、教授、研究、調査などを目的とする著作物の公正な利用は、著作権の侵害とならないという制度。
- 著作権は、国をまたいで利用されることもある。
- ただし、著作物の創作、帰属、利用などは、それぞれの国の著作権法によって異なる。

著作権の有効期間

◇著作権の保護期間

1章でも触れましたが、著作権は永久の権利ではありません。著作権の存続期間は一定期間に限られ、この期間は「保護期間」などといわれます。著作権の保護期間は、原則として「創作時から、著作者の死後70年が経過するまで」です（著作権法51条1項、2項）。厳密には、計算を簡単にするために、保護期間は、死亡、公表、創作などの基準日の翌年の1月1日から起算されます（同法57条）。

保護期間は、著作権者ではなく、著作者が基準となります。著作権が譲渡されると、著作者と著作権者が異なりますが、この場合も、保護期間の基準は「著作者」です。著作者の死後70年が経過すれば、著作権の譲渡を受けた著作権者が存命であっても、著作権は消滅し、著作権者も著作権を失います。保護期間についてはいくつかの例外があります。

まず、

①無名または変名の著作物
②法人その他の団体名義の著作物
③映画の著作物

については、保護期間は「創作時から、公表後70年が経過するまで」です（同法52条～54条）。

原則的な取扱いでは「著作者の死亡」が基準でしたが、右記①～③については「著作物の公表」が基準となります。ちなみに「無名または変名」とは、匿名やペンネームを意味します。

そのほか、著作物の類型ごとに、著作権の終期を中心にいくつか細かい規定があります（116頁）。

なお、著作権の保護期間は、TPP（「環太平洋パートナーシップ協定の締結及び環太平洋パートナーシップに関する包括的及び先進的な協定の締結に伴う関係法律の整備に関する法律」）に伴い、2018年12月30日に「著作者の死後50年」などから「著作者の死後70年」などに延長されました。

著作権保護期間①

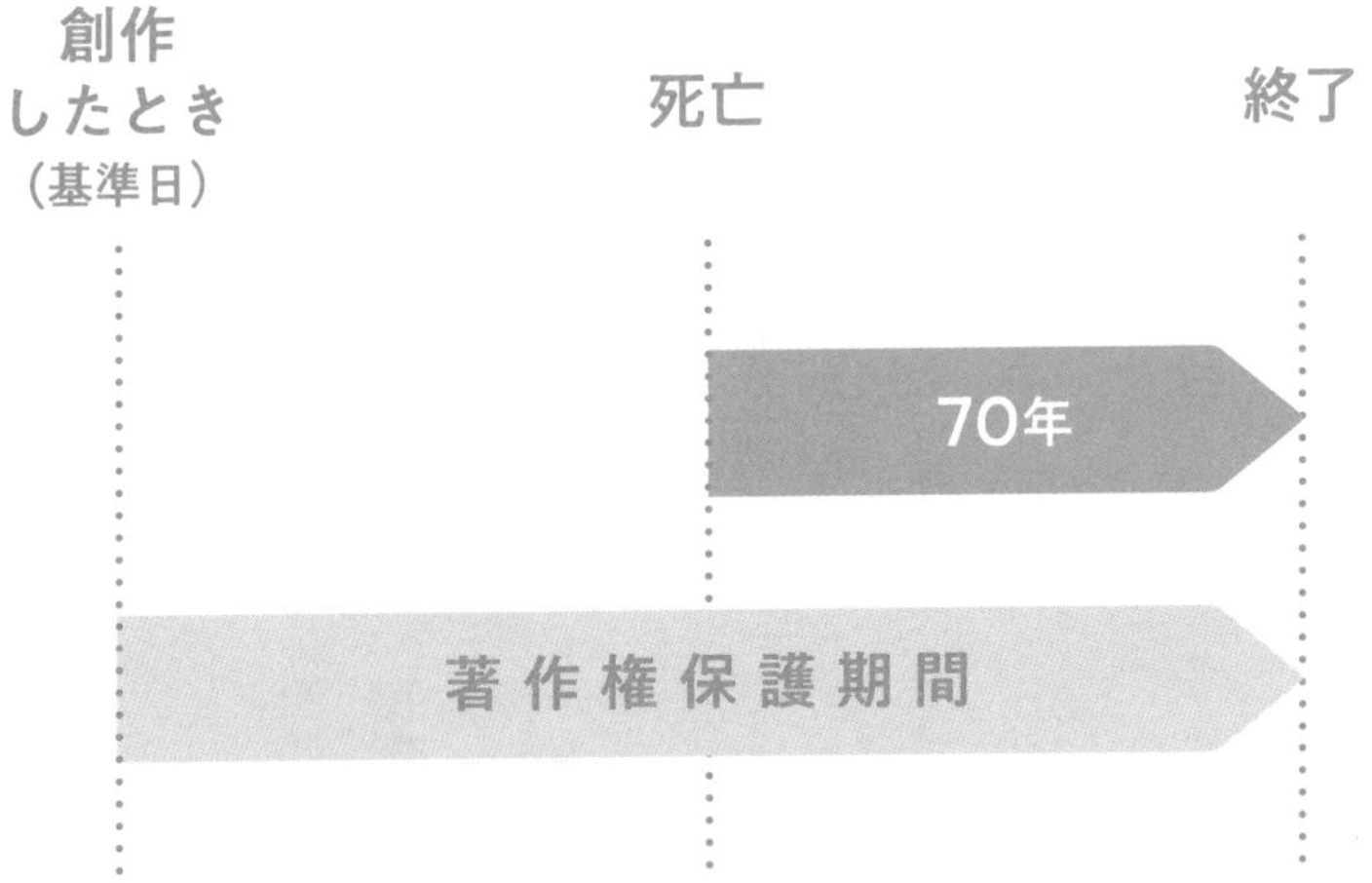

保護期間終了後は著作権が消滅し、著作物はパブリックドメインとなる

文化庁ウェブサイトを参考に作成

たとえば、画家の藤田嗣治《つぐはる》（レオナール・フジタ）氏は、１９６８年に亡くなりましたので、保護期間の起算日は翌１９６９年１月１日です。保護期間は、延長前は、その50年後の２０１８年12月31日まででしたが、その前日に延長されたことにより、２０３８年12月31日までとなりました。

ちなみに、２０１８年12月29日までに著作権が消滅済みの著作物は、著作権は復活せず、保護期間も延長されません。

著作権保護期間②

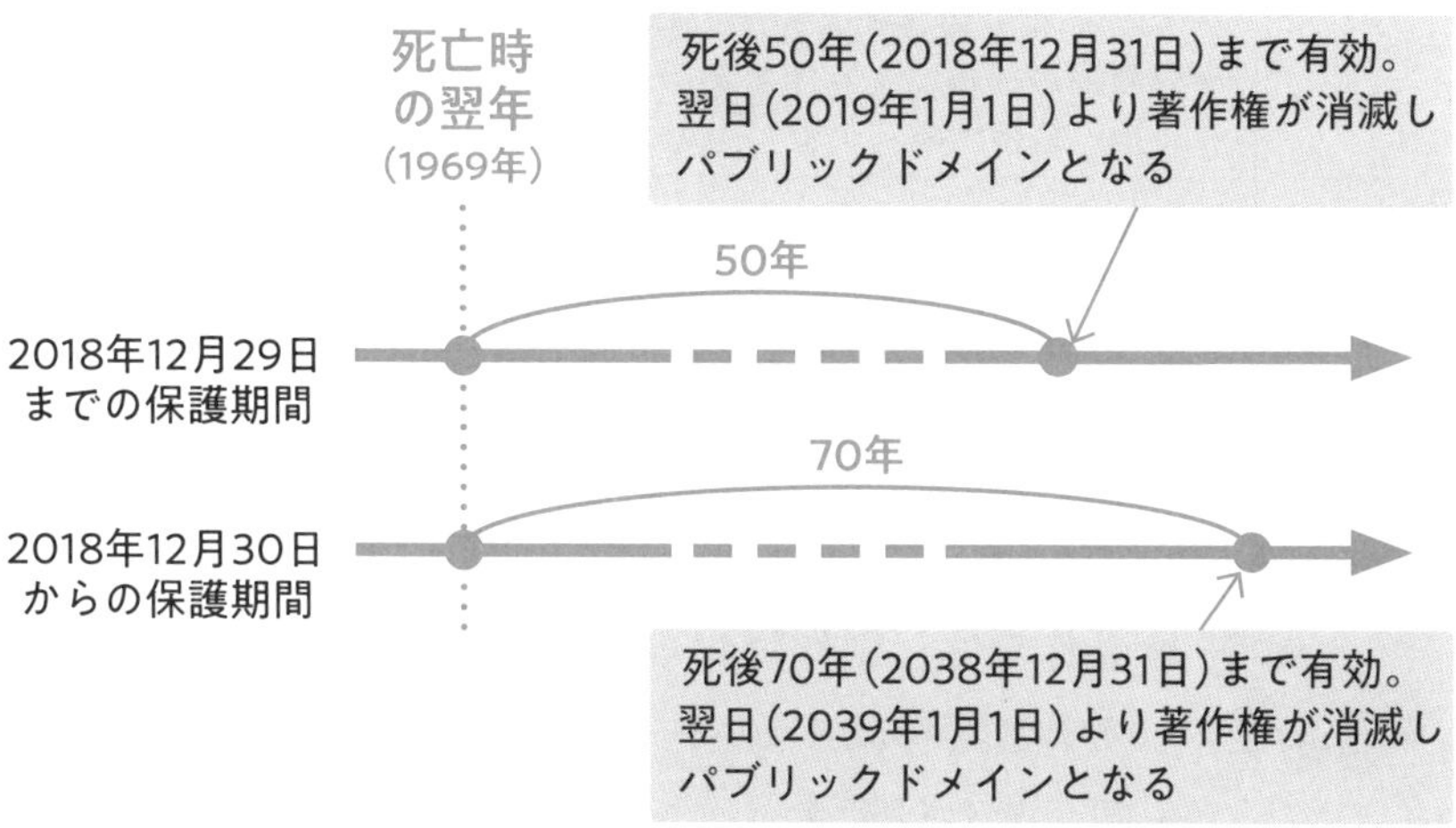
死亡時の翌年
（1969年）
死後50年（2018年12月31日）まで有効。
翌日（2019年1月1日）より著作権が消滅し
パブリックドメインとなる
50年
2018年12月29日
までの保護期間
70年
2018年12月30日
からの保護期間
死後70年（2038年12月31日）まで有効。
翌日（2039年1月1日）より著作権が消滅し
パブリックドメインとなる

1968年に亡くなった画家の藤田嗣治氏の作品は、2018年末でパブリックドメイン化する見込みだったが、TPP協定の発効日が2018年12月30日であったことから、保護期間が20年延長されることになった

文化庁ウェブサイトを参考に作成

著作権の保護期間

共同著作物	最後に死亡した著作者の死後70年が経過するまで（著作権法51条２項括弧書）
無名または変名の著作物	公表後70年が経過するまで。但し、以下の場合は、原則に戻って、著作者の死後70年が経過するまで（同法52条２項１号、52条１項但書、52条２項３号） ① 周知の変名 例：手塚治虫、ビートたけし ② 公表後70年の経過前に「著作者の死後70年が経過していること」が判明した場合 ③ 公表後70年の経過前に、実名や周知の変名を表示して著作物を公表した場合
団体名義の著作物	公表後70年が経過するまで。但し、著作物の公表後70年を経過する前に、著作者個人が実名・周知の変名を表示して著作物を公表した場合は、原則に戻り、著作者の死後70年が経過するまで（同法53条２項）
映画の著作物	公表後70年が経過するまで。映画の著作物の保護期間満了後は、その映画の著作物を利用する際に、原著作物（例：原作小説）の著作権の利用許諾は不要（同法54条２項）
連載物	連載物の著作物については、最終回の公表時に「公表」があったとされる（同法56条１項）。但し、３年の期間が空いたときは、その時点を最終回と扱う（同法56条２項）

勘どころ

- **著作権は、創作時から著作者の死後70年が経過するまで存続する。**
- **無名または変名（ペンネーム）の著作物、法人その他の団体名義の著作物、映画の著作物については、創作時から公表後70年が経過するまでが保護期間。**

◇外国人を著作権者とする著作物（戦時加算）

著作者が外国人である著作物も、多くの場合、日本の著作権法で保護されます（著作権法6条2号、3号）。日本での保護期間は、基本的には日本の著作権法に従いますが、本国での保護期間が、日本の著作権法の保護期間よりも短い場合には、本国での保護期間が保護期間となります（同法58条）。

その他にも、アメリカ、イギリス、フランスなど、第二次世界大戦の戦勝国（連合国）との関係では、戦争期間に相当する期間が保護期間に加算されます。これは、第二次世界大戦中は、日本が連合国や連合国民の著作権を保護していなかったなどとの理由で、サンフランシスコ平和条約に基づき課された義務で、「戦時加算」といわれま

戦時加算

(1)連合国民が戦争開始前から有していた著作権の保護期間

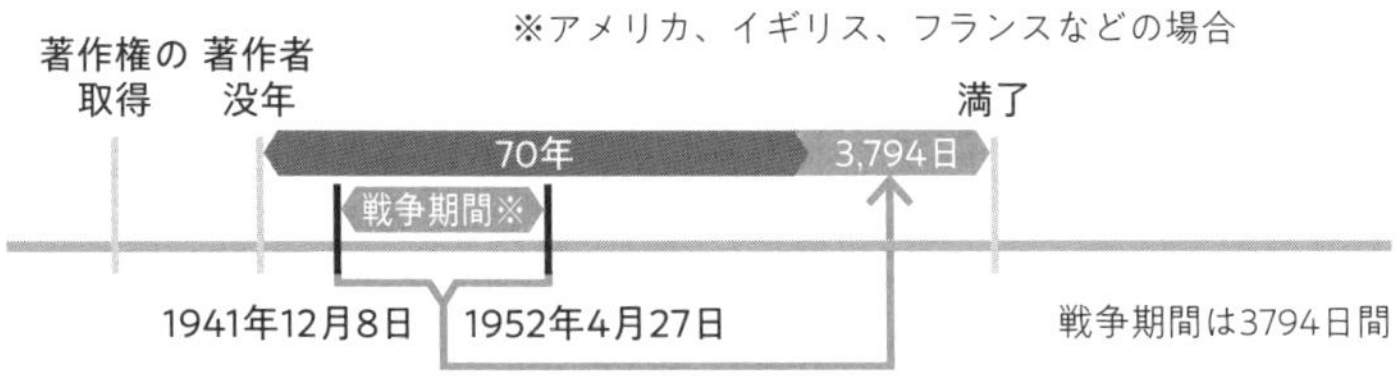

(2)連合国民が戦争期間中に取得した著作権の保護期間

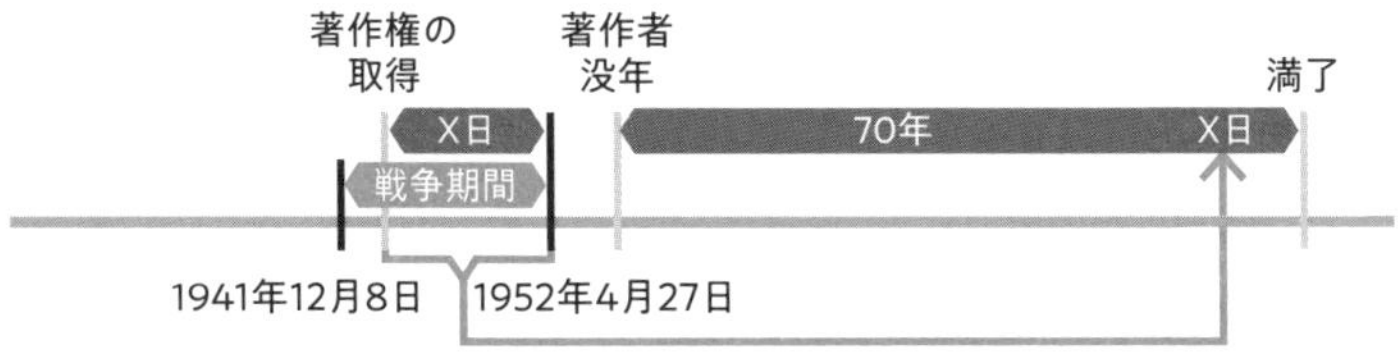

一般社団法人日本音楽著作権協会（JASRAC）のウェブサイト「戦時加算対象国および戦時加算日数一覧」をもとに作成

す。つまり第二次世界大戦に関わる時期の分、保護期間が延びることになります。

戦時加算の詳細は「連合国及び連合国民の著作権の特例に関する法律」に規定があり、計算方法は、

①戦争開始前から連合国民が有していた著作権と

②戦争期間中に連合国民が取得した著作権

によって異なります。

戦争開始前から連合国民が有していた著作権（右記①）については、「日本の参戦日」（1941年12月8日）から「各国の平和条約の発効日前日まで」の期間が加算されます。一方、戦争期間中に連合国民が取得した著作権（右記②）については、「著作権の取得日」から「各国の平和条約の発効月前日まで」の期間が加算されます。

加算期間の終期は「各国の平和条約の発行日前日まで」ですが、国によって平和条約の発効日が異なるため、加算期間も異なります。日本音楽著作権協会（JASRAC《ジャスラック》）[※]のウェブサイトに、加算日数がまとめられています。

勘どころ

- **著作者が外国人である著作物も、日本では、日本の著作権法で保護される。**
- **ただし、本国での保護期間が、日本の著作権法の保護期間よりも短い場合には、本国での保護期間が保護期間となる。**

※https://www.jasrac.or.jp/senji_kasan/about.html

◇パブリックドメイン

保護期間が満了して著作権が消滅した状態を「パブリックドメイン」、略して「ＰＤ」などといいます。

パブリックドメインとなった作品は、基本的には、その利用に際して著作権者の承諾は不要です。

ただ、著作権の消滅後も、一定期間は遺族などが著作者人格権を主張できますし（著作権法60条、116条）、商標登録がある場合など、商標権などの著作権以外の権利が存続していることもあります。こうした場合には、パブリックドメイン作品であっても、その利用に際して権利者の承諾が必要となります。

このようなな注意点はありますが、パブリックドメイン作品は、著作権が存続中の作品と

パブリックドメイン

保護期間の満了後は、基本的に著作権は効力がなくなり、作品を自由に利用できる。

比べて権利処理も不要であるなど、利用も容易です。

パブリックドメインの利用例には、青空文庫、国立国会図書館デジタルコレクション、格安ＤＶＤなどがあります。

たとえば「青空文庫」[※]は、芥川龍之介や夏目漱石などの小説をはじめ、著作権が消滅した文学作品をテキストデータ化し、無料公開しています。昔の著作物ですので、もともと電子データはありませんが、ボランティアの方々がデジタルデータを作成し、入力作業などを行っています。

同様に、特段の権利処理が不要な作品に、フリー素材、クリエイティブ・コモンズなどがあります。これらについては、171頁や176頁をご参照ください。

勘どころ

- **「パブリックドメイン」とは、保護期間が満了して著作権が消滅した状態。**
- **パブリックドメインとなった作品は、基本的にはその利用に際して著作権者の承諾は不要。**
- **ただし、著作権の消滅後も著作者人格権が存続している場合や商標権などの別の権利が存続しているような場合があり、注意が必要。**

※青空文庫https://www.aozora.gr.jp/

複数人が関わる著作物

◇職務として制作した著作物

会社員などが業務の一環として制作した著作物は、著作者や著作権者が、その会社員ではなく会社となる場合があり、職務著作と呼ばれます。「職務著作」とは、

①法人その他使用者（法人等）の発意に基づき
②その法人等の業務に従事する者が
③職務上作成する著作物であって
④法人名義で公表されるもの

です（著作権法15条1項）。職務著作は、⑤作成時に、契約、就業規則等の別段の定めがなければ会社が著作者となり、著作権は会社に帰属します。

まず「法人等の発意」（右記①）に関連して、「法人等」とは、株式会社などのほか、法人格のない社団や財団で代表者や管理人の定めがあるもの（例：ＰＴＡ、町内会、サークル　同法2条6項）、国や地方公共団体、個人なども含まれます。また「発意」をした者については、提案した者よりも、創作について意思決定した者が誰かが重視されます。責任をもってゴーサインを出した人という感じでしょうか。

次に、「法人等の業務に従事する者」（右記②）とは、その法人等の正社員が典型です。その

ほか、取締役、派遣社員、パートタイマーなど、その法人等と雇用関係に似た指揮命令・監督関係がある者も含まれます。一方、請負契約や委任契約に基づく外注先については、指揮命令・監督関係の内容によっては「法人等の業務に従事する者」に含まれますが、含まれない場合が多いように思われます（大阪地判平成17年1月17日、東京地判令和４年５月27日など。但し肯定例として東京地判平成28年2月25日など）。

また、「職務上作成されたもの」（前述③）とは、法人等からの具体的な命令を受けて作成されたものに限らず、担当業務、地位などの職務上の期待に基づき作成されたものも含まれます。

一方で、法人等の指示とは無関係に作成したものや業務時間外に作成したものは、概念的には、「職務上作成されたもの」ではありません。ただ、最近ではリモートワークも増え、従来の勤務時間外で勤務することもあるため、「職務上

職務著作の著作権は会社に帰属

インスタに
載せるから…
写真を
撮って
はい、
インスタ用
ですね

職務で制作した著作物は、従業員ではなく使用者が著作者となり、著作者人格権も使用者が保有する。従業員に権利を残すためには、事前または事後に取り決めが必要。

作成されたもの」か否かがわかりにくい場合もあります。

加えて、職務著作となるには「法人名義で公表されること」（121頁④）が必要です。実際に法人名義で公表された場合のほか、内部資料など、公表の予定がなかったとしても、公表されるとすれば、法人名義となるようなものも含まれます。ちなみに、この要件は、次項のようにコンピュータ・プログラムにはありません。

最後に、「契約、勤務規則その他の別段の定めがないこと」（121頁⑤）が必要です。たとえば、職務上作った作品であっても、会社ではなく創作者個人が著作者となることを雇用契約、就業規則などで定めていた場合には、その定めに従い、創作者個人が著作者となります。

職務著作となった場合には、使用者が著作者となり、著作権と著作者人格権を有します。著作者人格権は、クリエイターの尊厳を保護する権利ですが、職務著作については、法人が著作者人格権の主体となるのです。

コンピュータ・プログラムの取り扱い

職務著作の要件の一つに「法人名義で公表されること」（121頁④）がありますが、例外的に、コンピュータ・プログラムについては、この要件は不要です（同法15条2項）。コンピュータ・プログラムは、さまざまな機器等に組み込まれ、プログラム自体に公表の名義がないことも多い一方、性質上、企業側に著作権を帰属させる必要が高いといった理由があるようです。このため、コンピュータ・プログラムは、公表が法人名義でなかったとしても職務著作となる可能性があります。

なお、アプリケーションの多くは、コンピュータ・プログラムだけでなく、画像、音楽などの複数の著作物で構成されています。それぞれが独立した著作物であれば、職務著作の該当性についても個別の検討が必要です。法人名義での公表のないアプリケーションは、プログラム部分は職務著作であったとしても、画像や音楽は職務著作ではないこともあり得ます。

退職後の利用

職務著作の著作権は、法人に帰属します。このため、その法人は、職務著作を創作した従業員が退職した以降も、退職者の承諾なくその著作物を利用できます。

一方、従業員は、その法人を退職後は、その法人の承諾がなければその著作物を利用できません。たとえば、ある会社を退職後、在職中に制作した作品と同じ、または似た作品を制作すると、以前の所属会社との関係で著作権侵害となる可能性があるのです。さらには、ポートフォリオやウェブサイトに過去の作品の写真などを掲載することも、場合によっては、以前の所属会社との関係で著作権侵害となる可能性もあります。

勘どころ

- **会社員などが職務の一環として著作物を制作した場合、基本的には、著作者はその会社員ではなく、会社となる（「職務著作」）。**
- **ただし、職務上作った作品であっても、実際の創作者（個人）が著作者となることを、雇用契約、就業規則、社内規程などで定めていた場合には、創作者（個人）が著作者となる。**

コラム

業務の受託／コンペへの応募

職務著作とは異なりますが、

①取引先などから制作業務の委託を受ける場合
②コンテストや取引先のコンペなどに応募する場合

などには、実務上、納品物や応募作品の権利の帰属について配慮が必要です。

前記のとおり、職務著作は、正社員などの「法人等の業務に従事する者」による著作物が対象ですので、制作物の業務委託の場面においては、著作権は、発注者ではなく、受注者に帰属するのが原則です。ただ、「著作権は発注者に帰属する」などと規定した業務委託契約を締結すると、制作物の著作権が、発注者に帰属する可能性があります（著作権法27条・28条の特掲については312頁）。同様に、要項に「応募作品の著作権は主催者に帰属する」などと規定したコンテストやコンペに応募すると、応募作品の著作権が、主催者に帰属する可能性もあります。その結果、応募者は、コンテストやコンペに当選したのであればまだしも、コンテストやコンペに落選したにもかかわらず、応募作品と同一または類似の作品を制作できなくなる事態にもなり得ます。

業務委託契約の条項や、コンテストやコンペの要項において、こうした規定は少なくありません。契約条件を事前に確認の上、必要に応じて、条件交渉を行うことも有益かもしれません。

◇共同著作物

著作物の創作は、1人ですべて行う場合もあれば、複数人で行う場合もあります。複数人が関与する場合でも、たとえば、

① それぞれが創作行為の全体に関わる場合

② それぞれの役割分担が決まっていて、自身の担当業務のみを行う場合

③ 1人の指揮監督のもと、他の行為者が補助作業のみを行う場合

などさまざまです。とくに右記①や②の場合には、その著作物は共同著作物となることがあります。

「共同著作物」とは、2人以上が共同で創作した著作物で、各人の寄与を分離して利用できないものをいいます（著作権法2条1項12号）。たとえば、座談会の記録は、お互いのやり取りで成立するため、分離して利用できなければ共同著作物となり得ます。一方、「小説と挿絵」「楽曲と歌詞」などは、分離して利用できます。これらは独立した著作物が合わさった「結合著作物」で、共同著作物とは異なります。

共同著作物は、権利の帰属や行使などにおいて、単独の著作物と異なります。共同著作物の著作者は、著作者人格権の行使に際して一定の制約を受けますし、共同著作権の共有者も、著作権の行使に際して一定の制約を受けます。

共同著作物の成否／共同著作物と二次的著作物

共同著作物となる要件については、考え方が少し分かれていますが、

①各著作者間における一つの著作物を創作するという意思（共同創作意思）と、

②共同して創作行為を行うこと（共同創作行為）

の双方を必要とする見解が有力です。そのほかに、実務的には、③関与の内容が創作的であるか否かも問題となることがあります。仮に、ある人が著作物の創作に関与しても、その関与が事務作業や補助作業などであって創作的でなければ、その関与者は共同著作者にはならないでしょう。

また、複数人が創作に関与した作品は、関与の仕方次第では、共同著作物ではなく二次的著作物となることもあります。

たとえば、マンガの制作において、原作

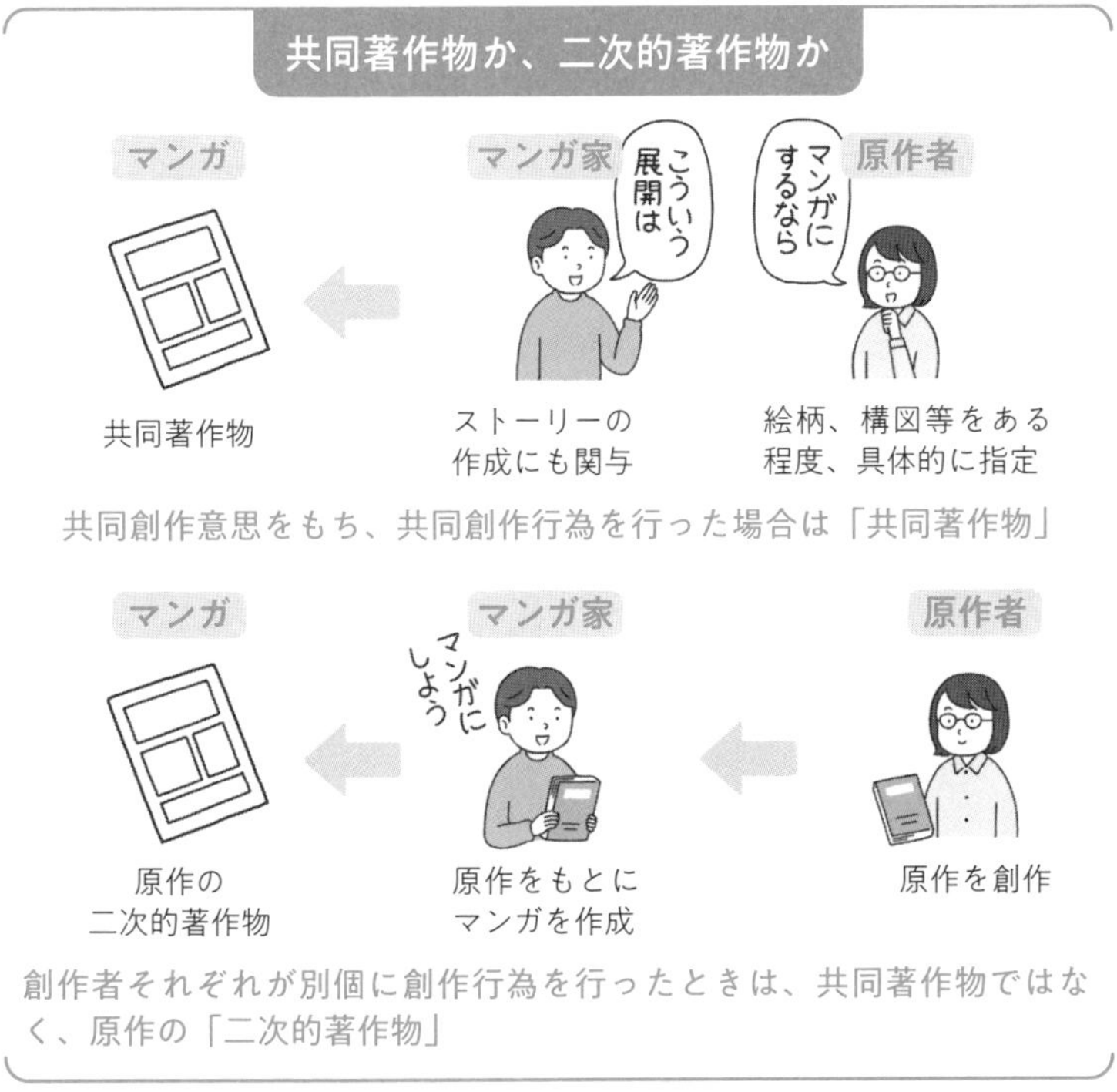
共同著作物か、二次的著作物か
原作者
マンガにするなら
絵柄、構図等をある程度、具体的に指定
マンガ家
こういう展開は
ストーリーの作成にも関与
マンガ
共同著作物
共同創作意思をもち、共同創作行為を行った場合は「共同著作物」
原作者
原作を創作
マンガ家
マンガにしよう
原作をもとにマンガを作成
マンガ
原作の二次的著作物
創作者それぞれが別個に創作行為を行ったときは、共同著作物ではなく、原作の「二次的著作物」

者が原作を提供し、作画者が作画を担当する場面で、それぞれが別個に創作行為を行っているようなときは、その漫画は共同著作物ではなく、原作の二次的著作物といえます。一方、形式的には原作者と作画者が分かれていても、原作者が絵柄、構図等をある程度、具体的に指定し、作画者もストーリーの作成に関与するなど、一つの漫画を制作する意図（共同創作意思）で、共同で一つの漫画を制作している（共同創作行為）ような場合には、できあがった漫画は共同著作物となり得ます。

共同著作物の該当性はときとして不明確であり、複数人で制作した著作物について、権利の帰属等に関してもめごとが起きることもあります。過去には、あるマンガが原作の二次的著作物と位置付けられ、原作者の同意が得られず公開停止となったこともあります（最判平成13年10月25日）。

共同著作物の著作者人格権

著作者人格権とは、未公表作品の公表、著作者名の表示、著作物の改変などに関わる権利です（34頁）。単独の著作物の著作者が著作者人格権を有するのと同様に、共同著作物の著作者も、各々が著作者人格権を有します。ただ、共同著作物の著作者人格権は、著作者全員の合意がなければ行使できません（同法64条1項）。このため、共同著作物の著作者は、未公表作品の公表、氏名表示の変更・切除、著作物の改変などに際して、共同著作物の他の著作者全員の同意が必要となります。

ただ、共同著作物の各著作者は、信義に反して合意の成立を妨げられません（同法64条2

項）。このため、共同著作物の著作者は、他の著作者への嫌がらせが目的で、作品の公表に応じないといったことはできません。

共同著作物の著作権

共同著作物の著作権は、共同著作者などの共有となります。共同著作のほかに、著作権の共有関係は、著作権の一部の譲渡、相続などによっても生じます。共同著作物の著作権は「共有著作権」といわれますが、一つの著作物に関する著作権を、共有者全員で保有しているイメージです。

これに伴い、共有著作権の持分の譲渡や質入れのほか、共有著作権の行使には、他の共有者全員の同意や合意が必要となります（同法65条1項、２項）。つまり、共有著作権の共有者は、自己の持分を第三者に譲渡や利用許諾する場合のほか、自ら著作物を利用する場合にも、他の共有者全員の承諾が必要なのです。ただ、共同著作権の共有者は、正当な理由がなければ他の共有者による共同著作物の譲渡、質入れ、権利行使等を拒否できません（同３項）。

一方、共同著作物の各著作権者は、他の著作権者の同意がなくても、自己の著作権を守ることは可能です。他の著作権者や第三者が無断で共同著作物を利用した場合には、他の共有者の同意がなくても、他の著作権者や第三者に対して、差止請求を行えますし、自己の持分の範囲では損害賠償請求も可能です（同法117条2項）。著作者人格権についても同様ですが、共同著作者が第三者に対する損害賠償請求を単独でできるか否かについては、見解が分かれています。

なお、共同著作物の持分は、均等と推定されます（民法250条）。均等とは、共同著作者が2人であれば50％ずつ、3人であれば3分の1ずつです。ただ、各共同著作者の寄与度が異なれば、それが考慮されることもあります。「寄与度」とは、共同著作物の創作における貢献度のようなものです。

持分割合は、

①共同著作物の利用に伴って取得した収益を、共有者間で分配する場面
②第三者に共同著作物の全体を譲渡した際に、共有者間で譲渡の対価を分配する場面
③共同著作物の共有者間において、ある共有者が別の共有者の持分を買い取る場面

など、収益や対価の分配、持分の買い取り金額などに影響します。

共同著作物に関する取決め

これまで触れてきたように、複数人が創作活動に関与する場合には、その作品の位置付け（例：共同著作物となるか否か）や権利関係（例：誰にどの割合で権利が帰属するか）が不明確になりかねません。共同著作物となれば、創作者の各々は自由には利用できず、意見対立などの結果、誰も利用できない事態もあり得ます。

こうした事態を避けるため、複数人が創作活動に関与する場合には、当事者間で、

①作品が共同著作物になるか否か
②共同著作者／共同著作権の共有者は誰か
③共同著作権の持分割合

④　著作物の利用方法や利用制限の有無などについて協議し、合意書などの形で残しておけるとよいでしょう。

たとえば、寄与度や持分割合の評価は、共有者間の関係性にも依存します。関係性がよければ比較的容易に評価や調整もできますが、何かのトラブルがあるなど関係性がよくないと、評価や調整が難航することもあります。均等以外の持分を想定しているような場合には、紛争の未然回避の観点からは、共同著作物の創作前または創作時点において、持分割合について合意できるとよいでしょう。

◇映画の著作物

劇場用映画などをはじめ、映画の制作には、プロデューサー、監督、演出家、撮影カメラマン、美術家、照明、音響など、さまざまな人が関与します。映画の著作物も共同著作物の一つです。ただ、関与者それぞれを共同著作者とすると、映画の利用に際

勘どころ

▶共同著作物については、未公開作品の公表、著作物の改変などについて、共同著作者全員の同意が必要。

▶共有著作権については、自分の持分を第三者に譲渡や利用許諾する場合だけでなく、自ら著作物を利用する場合も、共有者全員の承諾が必要。

▶複数人で作品を制作する際には、当事者間で協議し、共同著作権の持分割合や著作物の利用方法、利用制限の有無などについて、合意書などの形で残しておくとよい。

して各関与者の同意が必要となるなど支障が生じます。このため、映画の著作物については、「制作、監督、演出、撮影、美術等を担当してその映画の著作物の全体的形成に創作的に寄与した者」を著作者としています（著作権法16条）。

この「全体的形成に創作的に寄与した者」とは、映画に対して、一貫したイメージをもって、映画製作の全体に参加した者をいいます。映画監督などが典型です。なお、映画の著作物が職務著作に該当する場合には、職務著作の規定に従って映画の著作者が決まります（同法16条但書）。その結果、映画監督などの個人ではなく、その所属会社が映画の著作者となることもあります。

一方、「映画製作者」は、「映画の著作物の製作に発意と責任を有する者」（同法2条1項10号）です。映画製作の意思を有し、経済的リスクを負担する者が、映画の著作権を有するのです。映画プロデューサーなどが典型です。

上記のとおり、映画製作にはさまざまな人が関与しますが、映画の著作権は、著作者が映画製作者に対して映画の製作に「参加することを約束」しているときは、映画製作者に帰属します（同法29条1項）。参加の約束とは、参加する意思の表明で足り、契約の締結までは不要と考えられています（東京地判平成15年1月20日参照）。

このように映画の著作物については、著作者（著作者人格権）、著作権者（著作権）とも、特定の個人や企業に権利を集中させる制度設計です。ただ、著作者人格権の帰属主体である著作者（映画監督等）と、著作権の帰属主体である著作権者（プロデューサー等）が分かれる場合もあります。

なお、頻繁に登場する「製作」と「制作」という言葉は、音も使われ方も似ていますが、区別して使用されています。「制作」とは、絵画、彫刻などの芸術作品を作ることをいい、「製作」とは、道具や機械を使って実用的な物を作成または量産することをいいます。映画の場面では、創作活動として作品そのものを作ることは「制作」ですが、資金調達、宣伝などのプロデュースは「製作」です。

クラシカル・オーサー／モダン・オーサー

映画には、原作（小説、漫画など）があることもあり、原作の著作者は「クラシカル・オーサー」といわれます。一方、映画の著作物の著作者は「モダン・オーサー」です。上記のとおり、映画の著作物の著作者は「全体的形成に創作的に寄与した者」であり、これがモダン・オーサーです。

モダン・オーサーは映画の著作物の著作者となりますが、クラシカル・オーサーは映画の著作物の著作者とはなりません。映画の著作物において翻案または複製された小説、脚本、音楽その他の著作物の著作者は、映画の著作物の著作者ではないのです（同法16条）。

ただ、映画の著作物は、原作の二次的著作物となり、原作の著作者は、二次的著作物である映画の利用について、映画の著作者と同様の権利を有します（同法28条）。このため、クラシカル・オーサーは、映画の著作物の著作者ではないものの、概念的には、映画の利用について、映画の著作者と同様に強い影響力を有し得る立場にあります。とはいえ、実務的には、クラシカル・オーサーは、契約などにより、映画の製作や利用について口出しできる範囲が限られ、報酬を請求できるのみの場合もあります。

なお、映画で利用される著作物には、原作のほか、脚本、音楽、美術作品などがあります。これらの利用に際しては権利処理が必要となり、また、これらの著作者は、既存の作品が利用された場合には、概念上はクラシカル・オーサーとなり得ます。ただ、脚本家は、プロデューサーに雇われたスタッフの一員である場合など、実際にはクラシカル・オーサーとして扱われないことも多いかもしれません。音楽家、美術家なども同様です。

「映画の著作物」の範囲

ここまで映画の著作物についていろいろ触れましたが、そもそも映画の著作物とは何でしょうか。著作権法上、「映画の著作物」は、

① 映画の効果に類似する視覚的または視聴覚的効果を生じさせる方法で表現され
② 物に固定されている著作物を含む

とされています（2条3項）。映画の著作物は、劇場用映画が典型で、昔風の言い方では連続写真です。ただ、劇場用映画でも、こうした従来型の手法のほか、アニメーション、コンピュータ・グラフィックスなどのさまざまな技術が利用されています。

また、判例では、広告映像（知財高判平成24年10月25日）のほか、動きのある視覚的効果を有するビデオゲームなども映画の著作物とされています。たとえば「パックマン」（東京地判昭和59年9月28日、東京地判平成6年1月31日）、「ディグダグ」（東京地判昭和60年3月8

日）、「ポール・ポジション」（東京地判昭和60年6月10日）、「ドンキーコングＪｒ．（ジュニア）」（大阪地堺支判平成2年3月29日）といった懐かしのゲームも、映画の著作物とされています。

このように、映画の著作物の範囲は、劇場用映画に留まりません。

なお、テレビドラマなども映画の著作物となり得ますが、劇場用映画と異なり、放送事業者に帰属する著作権は一部に限られます。専ら放送事業者が放送のための技術的手段として制作する映画の著作物については、職務著作となる場合を除き、

①その著作物を放送・有線放送、配信等する権利

②その著作物を放送同時配信等する権利

③複製し、他の放送事業者に頒布する権利

などのみが放送事業者に帰属します（同法29条2項各号）。放送事業者が、二次利用などのその他の利用を希望する場合は、改めて権利処理が必要です。

製作委員会方式

日本では、かつては、東宝、松竹、日活などの映画会社が資金調達を行って映画製作を行っていましたが、昨今の主な資金調達方法の一つに、製作委員会方式があります。

製作委員会方式は、関係者間での製作委員会契約などの締結によって資金調達を行う比較的簡易な方法です。製作委員会方式は、製作委員会メンバーによる投資の一形態ではありますが、所定※の要件を満たすことにより、金融商品取引法に基づく金融規制の適用も回避できます。

※参考：金融庁「コンテンツ事業に関するQ&A」

この方式では、製作委員会または幹事会社が、制作プロダクションとの間で映画の制作請負契約を締結するなど、発意と責任の主体が明確でない場合もあります。また、通常は、映画の著作物に関する権利は、製作委員会メンバーによる共有となるため、うち1社の倒産、方針変更などにより作品の利活用が進まないといった事態にもなり得ます。

こうした弊害も意識されてか、最近は、製作委員会を組成せず、制作会社が自らの出資で映画を製作することも徐々に増えています。

勘どころ

- 映画も共同著作物の一つ。
- 映画の著作物については、制作、監督、演出、撮影、美術等を担当してその映画の著作物の全体的形成に創作的に寄与した者（映画監督など）が、著作者となる。
- 映画製作の意思を有し、経済的リスクを負う者（プロデューサーなど）は、映画の製作者として、映画全体に対する著作権を有する。
- 著作者人格権をもつ著作者（映画監督など）と、著作権をもつ著作権者（プロデューサーなど）とに分かれることもある。

第3章

創作と著作物

「この章では、法律面から創作と著作物について考えます。オリジナル作品、類似と依拠、模写／トレース、パロディ／オマージュなど、創作の際に考慮すべきポイントを整理します。著作権者の承諾の必要性や、承諾を得るための手続き、フリー素材の利用など、実務上知っておきたいポイントをおさえましょう。」

オリジナル作品

◇オリジナル作品とは

自分ではオリジナル作品だと思っていても、先人の著作物と似ていることがあります。こうした作品は、先人の著作物の「模倣」「パクリ」などといわれることもあります。

ここではまず、オリジナル作品とは何かについて考えます。実際のところ、他の作品から一切影響を受けていない、完全なオリジナル作品は少ないように思われます。多くの創作活動は、他の作品からインスピレーションを受けるなど、他の作品との関わりを通じて行われます。とくにクリエイターの皆さんは、仕事上でも個人的な趣味嗜好《しこう》でも、他の作品に触れる機会が多いでしょう。模倣を通じて新たな作品が創作され、より豊かな文化が創造される側面もあり、一切の模倣なしでは豊かな文化は生まれません。

また実務では、「この作品を素材として使ってほしい」「この作品のようにしてほしい」など、依頼者からの依頼内容に別の作品を利用または参照することが含まれることもあります。模倣やパクリを、「他人の著作物を参考にすること」といった中立的な意味に捉えれば、創作活動において、模倣はある程度は当たり前の行為なのかもしれません。

前述のとおり、模倣は豊かな文化の創造に寄与します。一方で、模倣を無制限に許してしまうと、創作者は自己の作品が利用されても、ライセンス料などの対価を取得できず、創作行為に対するインセンティブも少なくなり、より良い作品や文化が生まれにくくなりかねません。

著作権法では、「著作権侵害になる模倣」と「著作権侵害にはならない模倣」とを線引きし、一定の範囲の模倣を著作権侵害として規制の対象にしています。創作者や文化の保護などの観点から、著作権侵害となる「模倣」の範囲を法政策的に画定しているともいえます。こうしたこともあり、一般的に「模倣」や「パクリ」と感じられる範囲と、裁判などで「著作権侵害」とされる範囲には違いがあります。とくにクリエイターの皆さんは、試行錯誤しながら作品を制作しているでしょうから、クリエイターの視点で「他人に作品を真似されたと感じる範囲」は、裁判などで「著作権侵害とされる範囲」よりも広いかもしれません。

模倣と著作権侵害

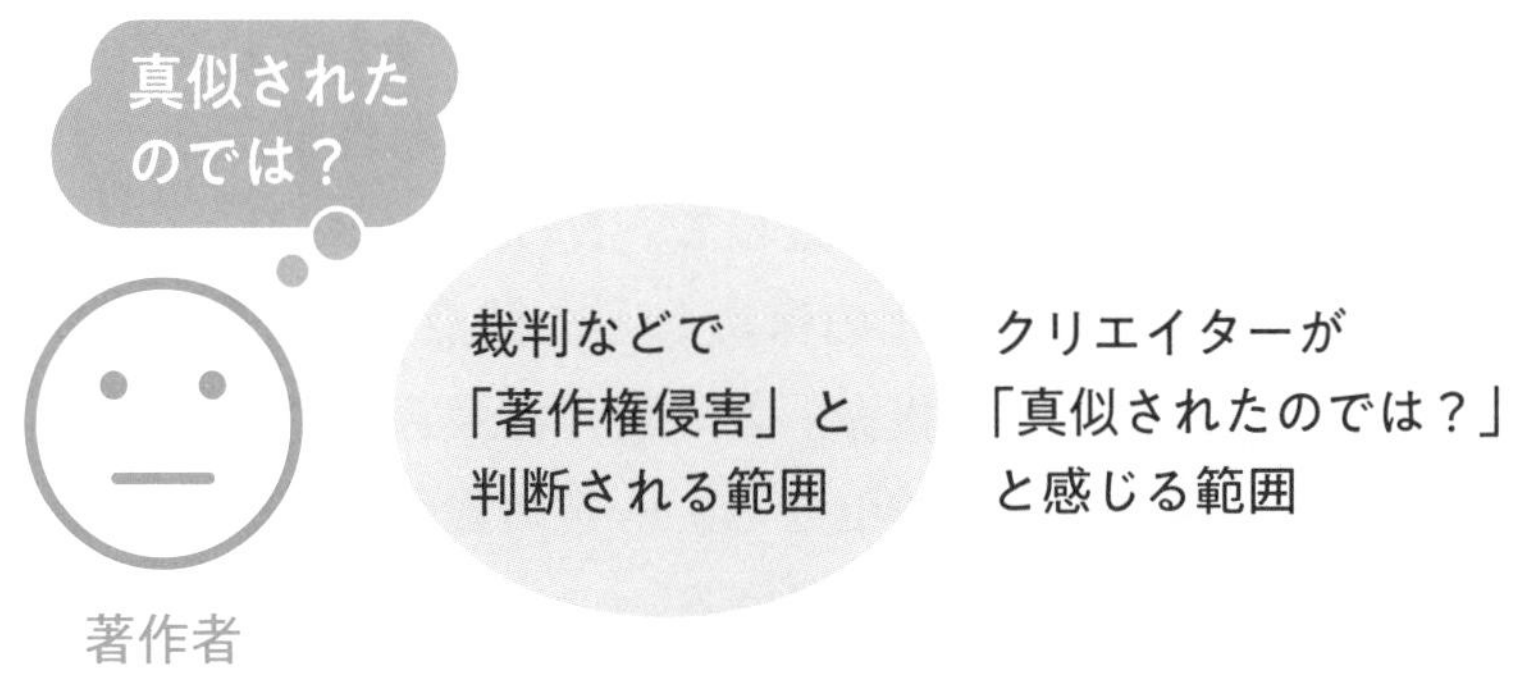

著作権法では、著作権侵害とされる著作物の利用態様は、支分権（31頁）として列挙されています。このうち、模倣に関する主な行為は「複製」や「翻案」です。他人の作品の利用が複製または翻案にあたり著作権侵害とされるのは、

①他人の作品が著作物であり
②自己の作品が他人の作品と類似し、かつ、
③他人の作品に依拠して、自己の作品を制作その他利用した

ような場合です。このように、創作した作品が他人の著作権侵害となるか否かを考える際に、ポイントとなるのが「類似」と「依拠」です。

勘どころ

- **自身の著作物であっても、先に作られた著作物と似ていれば「模倣」や「パクリ」といわれてしまう可能性もある。しかし、著作権法は、すべての模倣を否定しているわけではない。**
- **創作者や文化の保護などの観点から、「著作権侵害になる模倣」と「著作権侵害にはならない模倣」とを線引きし、一定の範囲の模倣のみを著作権侵害としている。**

類似と依拠

◇類似

著作権法には「類似」や「類似性」に関する定義はなく、裁判例では、原著作物の表現上の本質的な特徴を直接感得できることなどとされています（最判平成13年6月28日）。

著作権法は、アイデアではなく表現を保護する法律です。このため、「類似」とは、他人の著作物との「創作的な表現部分」が似ていることを意味します。単に、事実やアイデア、ありふれた表現の部分などが似ていても、類似とはなりません。後行する著作物は、その表現が、先行する著作物の表現と似ていた場合、すなわち表現上の本質的な特徴を直接感得できる場合に、類似とされるのです（同最判）。

表現上の本質的な特徴

次に「表現上の本質的な特徴」が何かがポイントとなりますが、表現上の本質的な特徴とは、ある作品の色彩、形状、明暗、構成その他の表現上の特徴を意味します。ただ、表現上の本質的な特徴は、著作物の種類によっても異なります。たとえば、同じ「りんご」を題材とする作品であっても、美術の著作物のような非言語的表現と言語の著作物のような言語的表現とでは、表現手法が異なります。非言語的表現では、形状、色彩、明暗などを駆使してりんごを表現する一方、言語的表現では、りんごをさまざまな名詞、形容詞などを使って言葉で表現します。その結果、非言語的表現と言語的表現とでは、表現上の本質的な特徴についての捉え方が異なるでしょう。

また、同じ言語的表現であっても、たとえば、小説と俳句とでは、作品全体の長さが異なり、一語の重みや言葉の用い方も異なります。たとえば、松尾芭蕉の「古池や蛙飛びこむ水の音」という俳句は、「飛びこむ」を「飛び入る」などと少し変えるだけで、作品全体の印象が変わります。

また、美術の場合は、絵画や彫刻、現代美術などで、利用する素材、表現方法などが異なります。このため、表現上の本質的な特徴の捉え方は、作品のジャンルによっても異なるように思えます。多くの場合、表現上の本質的な特徴は、作品のジャンルを踏まえつつ、作品ごとに個別に判断することになるでしょう。

複製／翻案／別の著作物

話を複製と翻案に戻します。「複製」とは、印刷、写真、複写、録音、録画その他の方法によって有形的に再製することです（著作権法2条1項15号）。類似性の観点でいえば、原著作物の表現をほぼそのまま用いていて、アレンジ、改変などがない、またはわずかであるなど、利用者による創作的表現の付加があまりない場合が「複製」です。

一方、「翻案」とは、翻訳、編曲、変形、脚色、映画化その他の方法で二次的著作物を創作することをいいます（同法2条1項11号参照）。原著作物を修正、増減、変更、アレンジするなど、利用者が利用者自身の創作的表現を一定程度は付加しつつも、依然として、原著作物の本質的な特徴を直接感じることができる場合が「翻案」です（前掲・最判平成13年６月28日）。

さらに、先行する著作物の利用に際して、先行する著作物のアレンジや改変の程度が相当程度に及び、先行する著作物の表現上の特徴を直接感じられない程度まで改変していれば、もはや別個の著作物です。複製でも翻案でもありません。つまり、この域までアレンジがあれば、著作権侵害にはなりません。

なお、複製や翻案と、その範囲を超えた別個の著作物となるか否かについては著作権侵害の有無が異なりますので、区別の実益があります。しかし、複製と翻案はともに著作権侵害になりますので、複製と翻案を区別することにはあまり実益がありません。

後述の事例では、元の猫の絵を参考にさまざまな猫の絵が描かれました（大阪地判平成31年４月18日）。ⓐからⓒは、その絵の一部です。元の絵の特徴として、㋐「猫が下半分の模様と連続的・一体的に描かれ、円形状のマークのようである点」が挙げられます。イラストⓐ

複製か翻案か別の著作物か

利用者による創作的要素の付加がわずかである場合	→	複　製
利用者の創作的要素がある程度付加された場合	→	翻　案
利用者の創作的要素が相当程度付加され、元の作品の表現上の特徴を直接感得できない場合	→	別個の著作物

は、原作品とは模様が異なりますが、猫の姿勢、手足やしっぽ、耳などの位置のほか、原作品の㋐の特徴が共通します。イラストⓑも、猫のポーズや模様は異なりますが、依然として㋐の特徴は維持されています。一方、イラストⓒでは、猫の姿勢や模様が大きく異なり、㋐の特徴も失われています。結論として、イラストⓐ及びⓑは、原作品の複製または翻案とされた一方、イラストⓒは、複製でも翻案でもなく著作権侵害ではないとされました。

とくにイラストⓑが著作権侵害となるか否かについては、判断が分かれます。ただ、この事例は、複製や翻案と、別個の著作物との境界を示す一例だと考えられます。

やや専門的ですが、もう少し概念的な話を続けます。裁判などにおいて類似の有無や程度を判断する手法には、主に左記の2つがあります。

①原告作品の著作物性を判断した後、被告作品に原告作品の創作的表現が複製または翻案されているかを順次判断する手法（二段階テスト）

②原告作品と被告作品の同一性を有する部分を抽出し、抽

類似性が争われた事例①

大阪地判平成31年4月18日

出した部分が思想または感情の創作的表現に当たるか否かを判断する手法（濾過《ろか》テスト。前掲・最判平成13年６月28日）。

濾過テストは、同一性がある部分を抽出するため、二段階テストと異なり、原作品全体の著作物性を判断する必要がない点で効率的とされています。濾過テストは、以下の流れで行われます。

（a）両作品を比較して共通する部分を抽出する。

（b）抽出した共通部分がアイデアであり、また、ありふれた表現である場合には、類似性を否定する。

（c）抽出した共通部分が、表現上の本質的な特徴である場合には、類似性を肯定する。

類似／非類似の具体例は、第４章でも紹介しています。この手法を念頭に置きつつ、具体例を検討してみてください。

類似性が争われた事例②

大阪地判平成16年6月25日

侵害

原告作品

被告作品

知財高判平成27年6月24日

侵害

原告作品

被告作品

東京地判平成22年7月8日

侵害

原告作品

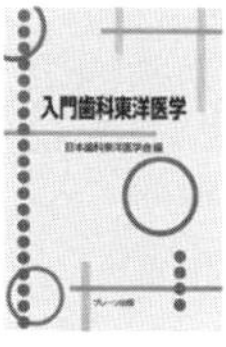

被告作品

勘どころ

▶ 著作権法に、「類似」に関する定義はないが、類似とは、他人の著作物の表現上の本質的な特徴を直接感得できることを意味する。

▶ 類似性の有無が問題となる主な支分権は、複製権と翻案権。

▶ 著作権侵害が問題となる場合、類似性の立証は、通常、著作権侵害を主張する著作権者が行う。

◇ 依拠

表現上の本質的な特徴が共通していれば「類似」となりますが、それだけでは著作権侵害にはなりません。著作権侵害となるには原作品への「依拠」が必要であり、偶然似た場合は著作権侵害にはならないのです。「偶然の類似」か「意図的な参考」か、それが依拠性に関わる問題です。ちなみに、特許権、商標権、意匠権などは特許庁に登録されており、その存否や詳細もわかります。このため、無断で類似のものを使用または実施すれば、依拠があるか否かにかかわらず、これらの権利の侵害となり得ます。

類似や類似性と同様に、著作権法には依拠の定義はありませんが、「依拠」とは、他人の著作物に接し、それを自己の作品に用いることなどとされています（最判昭和53年9月7日参照）。

自分の作品が、先人の著作物と同一または類似であっても、それが偶然であって、先人の著作物を用いることなく独自に創作したのであれば、依拠性が否定され、著作権侵害にはなりません。

また、通常は、先人の著作物を知っていても、その表現を自己の作品に用いなければ、先人の著作物への依拠がなく、著作権侵害にもなりません。さらには、先人の著作物を知らないことに過失があっても、依拠は否定され、その結果として、著作権侵害も否定される可能性もあります（前掲・最判昭和53年９月７日）。

依拠性の立証

著作権侵害が問題となる場合には、類似性は、通常、著作権侵害を主張する著作権者が立証します。依拠性についても同様です。つまり、「自分の作品を真似された」として著作権侵害を主張するときは、著作権者が、模倣者について「自分の著作物を参考にして作品が制作されたこと」を立証する必要があるのです。

ただ、依拠性があるか否かは、いわば制作過程における創作者の内心の問題ですので、本人以外による立証は簡単ではありません。ただ、たとえば以下のような事情があれば、依拠性が認められやすくなります。

①原作品の誤り、トラップなどが、後行の作品に含まれていること
②原作品が著名であること
③後行の作品と原作品との類似性が高いこと

たとえば、原作品の誤り（例：誤字脱字、誤った事実の記載）や原作品に潜ませたトラップ

（例：無意味な記載）が後行する作品にも含まれていた場合（前述①）には、本来はないはずの部分までが偶然似ることは考えにくいため、依拠性を推認させます（名古屋地判昭和62年3月18日）。さらにデジタル作品については、たとえば、原作品に含まれていたウォーターマーク（透かし）までもが後行する作品に含まれていれば、原作品への依拠を裏付けるでしょう。

また、原作品が著名であれば、依拠性（原作品に接したこと）は肯定されやすい傾向にあります。誰でも知っているような人気作品で、漫画、アニメ、映画、ゲームなど幅広く展開されていれば、「見たことがない」などと依拠性を否定することは難しいでしょう（前述②）。

さらには、原作品との類似性が高く、「原作品を参考にしない限り、ここまで原作品と似ることは通常あり得ない」といった場合には、依拠性が肯定されます（東京地判平成6年4月25日、東京高判平成14年9月6日など）。

逆に、依拠性が否定され得る事情の例として、

①後行する作品を創作した時点で、原作品が創作されていなかったこと、または、未公表であったこと

②原作品を見る、聞くといった、原作品へのアクセスが容易でないこと

③原作品と似た作品が他にもあること

などが挙げられます。

たとえば、後行者が作品を創作した時点では、原作品が創作されておらず、また未公表であったような場合には、原作品を参考にすることはほぼ不可能ですので、依拠性を否定する根拠に

なります（前述①）。

また、原作品が、特定の業界や地域のみで知られていたような場合、特定のイベントや期間限定で公開されていたような場合などには、見る、聞くといった原作品へのアクセスが容易でないため、依拠性が否定される可能性があります（前述②）。ただ、今はインターネットにより情報へのアクセスも容易ですので、「知らなかった」「見たことはない」といった反論が難しいこともあります。

さらには、他にも原作品と似た作品があり、後行する著作物を創作する際に、その作品を参照した場合も依拠性を否定できるかもしれません（前述③）。原作品の著作権者から「私の作品を真似しただろう」と著作権侵害を主張されたとしても、「いえ、ほかにも似た作品があり、私が参考にしたのは別の作品です」などと反論するのです。

なお共同著作物について著作権侵害（翻案権侵害）を認めるためには、共同著作者の全員について、原作品への依拠性を満たすことは必須ではありません。一部の創作者が原作品に依拠し、その結果として原作品の類似部分が共同著作物に現れていれば、共同著作物は原作品に依拠したと判断される可能性があります（東京高判平成８年４月16日）。

勘どころ

- **著作権法には「依拠」の定義はないが、依拠とは、他人の著作物に接して、それを自分の作品に用いることをいう。**
- **著作権侵害が問題となる場合、「依拠性」は、通常、著作権侵害を主張する著作権者が立証する。**

模写・トレース

他人の作品の利用方法に、模写やトレースがあります。

「模写」は、他人の作品を忠実に再現する手法です。技術の向上のため、あるいは作者の意図を体感し、理解する意図で行われることもあります。

模写は、他人の作品を再製しますので、複製行為の一つです。模写を行うには、原則として著作権者の承諾が必要ですが、自己または限られた範囲であるなど、「私的使用のための複製」（96頁）などに該当する場合は著作権者の承諾は不要です。

また、「トレース」は、他人の作品を写し取る手法です。たとえば、漫画やイラストは、写真を下敷きに絵を描くことがありますが、これもトレースの一つです。

写真をトレースして漫画やイラストを描くことにより、構図などを含め、リアリティが出ますし、創作時間の節約にもなるようです。漫画家やイラストレーターが、他人の写真をトレースしたなどとして、問題になることがしばしばあります。「トレパク」といった言葉もありますね。

トレースは、原作品がイラストなどにほぼそのまま再現されている場合には、模写と同様に複製行為の一つです。ある程度のアレンジを加えた場合には、複製ではなく翻案となる可能性もあります。複製も翻案も、原則として著作権者の承諾が必要な行為ですので、著作権者の承諾なく行えば、著作権侵害のおそれがあります。

一方、原作品をトレースしても、原作品の表現を大幅に変更すれば、著作権侵害ではなくなる可能性があります。

たとえば、下図における右のイラストは、左の写真をトレースしたものですが、被写体の頭髪や光の当たり具合は再現されておらず、鼻や口も隠れている上、シャツの柄も違います。こうしたことから、右のイラストは、左の写真の表現上の本質的特徴を備えていないなどとして、著作権侵害ではないとされました（東京地判平成30年3月29日）。

トレースは、原作品を参考にしていることから、原作品への「依拠」はあり（１４６頁）、構造的に著作権侵害になりやすい状況といえます。

一方で、原作品をどの程度変更すれば著作

類似・非類似が争われた例

非侵害

原作品

トレースの元となった写真

トレースして作成したイラスト

トレース後にイラストを変更したため、表現上の本質的特徴を備えていないと判断された

東京地判平成30年3月29日

権侵害でなくなるのか、明確な基準はありません。リアリティのあるマンガやイラストを描きたいのであれば、利用する写真などの原作品の著作権者の承諾を得るか、あるいは、他人の写真を利用するのではなく、自ら撮影した写真を利用するのも一つの手段です。

なお、トレースする写真に人物や商品が写っている場合には、被写体の肖像権、商標権などにも注意が必要です。

勘どころ

- 「模写」は、他人の作品を忠実に再現する手法。複製行為の一つで、原則として著作権者の承諾が必要。
- 「トレース」は、他人の作品を写し取る手法。模写と同様に複製行為の一つ。アレンジを加える場合には、翻案となる可能性があるが、複製と同様に翻案も著作権者の承諾が必要。
- 元の作品をトレースしても、元の作品の表現上の本質的特徴が感じられない程度に変更すると、著作権侵害とはならない。

パロディ・オマージュ

◇パロディ

他人の著作物を利用して新たな作品を作る類型の一つにパロディがあります。「パロディ」に確立された定義はありませんが、パロディの主な要素として、

①既存の（著名な）作品を利用すること
②作品の一部を残しつつ、その内容を少し改めること
③滑稽・風刺化すること

が挙げられます。作品自体を風刺のターゲットとすること（ターゲット型）もあれば、ある対象を批判または論評するために、特定の作品を利用する場合（ウェポン型）もあります。

素性不明のアーティストであるバンク

パロディの例① パロディ

既存著作物
『景色のよい
すばらしい家』

パロディ
（ウェポン型）
『オーバー
ツーリズム』

パロディ
（ターゲット型）
『すばらしい家に
住めるのは
余裕のある人だけ』

シーは、グラフィティアーティストとして有名です。バンクシーは多くの風刺画を描いていますが、たとえば、アンディ・ウォーホルやキース・ヘリングの作品を題材としたものはターゲット型、「ナパーム」などはウェポン型と思われます。バンクシー以外にも後で登場するスノータイヤの裁判例（156頁）や、IOCのバッハ会長を風刺した「はらぺこIOC」もウェポン型でしょう。

　こうした難しい区分はさておき、作品に批判的な要素がなくても、著者や原作品のスタイルを滑稽な形で真似ている作品を、広く「パロディ」と呼ぶこともあります。

　諸説ありますが、マルセル・デュシャン（Marcel Duchamp）氏によるモナリザ（モナリザのポストカードに、鉛筆で口髭と顎鬚を付け加えたもの）もその一つでしょう。「L.H.O.O.Q」のタイトルは、フランス語で「彼女はおしりが熱い」と聞こえるようです。

批判的な要素のないパロディもある

パロディの位置付け

日本の著作権法には、「パロディ」に関する規定はありません。パロディに関する定義規定がないだけでなく、許容されるパロディに関する明確な基準もありません。

パロディは他人の著作物を利用しますが、他人の著作物を想起させることに意味があり、他人の著作物の「本質的な特徴」を直接感得させる場合も多いでしょう。このため、パロディは、類型的には、原作品との関係で、複製権や翻案権などの著作権侵害や、同一性保持権や氏名表示権などの著作者人格権侵害になりやすくなっています。「引用」等の権利制限規定が成立すれば著作権侵害ではなくなりますが、引用が成立するパロディは少ないでしょう。

もちろん原作者や原作品の著作権者から承諾を得られれば、これらの侵害とはなりません。ただ、パロディには原作品を揶揄《やゆ》する、風刺する、茶化すといった要素もあるため、原作者や原作品の著作権者から承諾を得ることが難しい場合も多く、あえて関係者に無断で行われることも少なくないように思われます。

日本では、パロディに関する判決は少ししかなく、次に紹介するの2つの裁判例とも、著作権や著作者人格権の侵害を認めています。

左側は、山岳写真家の光景写真です。雪山を数名のスキーヤーが滑降した様子を描いたもので、シュプールの跡が波状に残っています。一方、右側は、グラフィックデザイナーによる合成写真です。原作品の一部をトリミングした上、シュプールの起点部分にスノータイヤを配置しています。スキーヤーがタイヤから逃げる構図となっており、自動車公害を風刺する目的で

類似・非類似（パロディ／非侵害）

最判昭和55年3月28日

侵害

原告作品

被告作品

創作されたようです。

最高裁（最判昭和55年3月28日）は、原作品の本質的特徴を、雪山の斜面をシュプールを描いて滑降してきた6名のスキーヤー、山岳風景の一部分などとした上、合成写真は、巨大なスノータイヤ1個を配置することにより、別の創作的意図に基づく非現実的な世界が表現されているとしても、原作品の本質的な特徴が依然として感得できるなどとして同一性保持権侵害を認めました。裁判所は、引用の成立も否定しました（引用については101頁）。

また、『チーズはどこへ消えた？』の翻訳者や出版社が『バターはどこへ溶けた？』の出版社を訴えた事件では、裁判所（東京地決平成13年12月19日）は、パロディであることを認めましたが、パロディであることを理由に著作権侵害は否定しませんでした。裁判所は、原作品の具体的な記述をほぼそのまま記載するなど、本質的な特徴を直接感得できる部分が含まれるなどとして、著作権侵害を認めました。

各国の取扱い

翻案に関する判断枠組みは、端的にいうと、①原著作物に依拠して、②これに類似する著作物を創作する行為ですが（最判平成13年6月28日。142頁）、これをパロディにそのまま当てはめると、多くのパロディは翻案権侵害となってしまいます。作家は、原作品の著作権者の承諾がなければ、パロディを制作できない状況ともいえます。著作権侵害を回避する方策として、原作品との類似性を低くする方法もあり得ます。ただ、その分、原作品との関係性が薄まり、パロディとしての面白みに欠けることにもなります。

フランス、イギリスなどの著作権法では、一定の要件のもとパロディを著作権侵害の対象外としています。アメリカでも、パロディはフェアユースの適用により、著作権侵害とならない場合もあります。国によってパロディへの許容度が異なるため、仮に、外国では認められた表現手法であったとしても、日本では著作権侵害とされる可能性もあります。

これまでの議論からすると、日本はパロディに厳格と思われますが、実際の肌感覚ではどうでしょうか。日本では、古歌の語句・趣向などを取り入れて和歌を作る「本歌取り」があり、茶道の世界でも、家元が好んだ茶道具の模倣品を作る「写し」も盛んに行われました。そのほかに替え歌、川柳、狂歌などもあり、日本は従来から模倣やパロディ文化に親しんできたともいえます。現代でも、コミックマーケット（コミケ）などでは、マンガ、アニメ、小説などのファンが二次創作を行っています。これらには、一定数のパロディ作品が含まれているでしょう。

こうした作品は、原作品の表現上の特徴を残しつつ別の著作物を創作しているような場合は、形式的には、翻案権や同一性保持権の侵害になりやすく、理論的には、著作権等侵害罪などの刑罰の対象にもなり得ます。著作権等侵害罪は、2018年から一部が非親告罪化されましたが、パロディをはじめとする二次創作は依然として親告罪（被害者による告訴がなければ、起訴できない犯罪）です。刑事手続きが行われるには、著作権者などによる告訴が必要です。告訴が行われ、刑事責任を問われる可能性もあります

外国におけるパロディの扱い

1）個別規定を有する国（順不同）

フランス、スペイン、オーストラリア、ベルギー、オランダ、スイス、ブラジル、カナダ、イギリス

2）一般規定によって権利制限されている国（順不同）

アメリカ、韓国

3）個別規定・一般規定とも存在しないが、既存規定の準用・類推適用など認容されている国（順不同）

ドイツ、スウェーデン、イタリア、ハンガリー、ポーランド

（平成23年度文化庁委託事業「海外における著作物のパロディの取扱いに関する調査研究・報告書」平成24年3月）。

注）2012年当時の資料です。その後、各国の法制度が変更されている可能性もあります。

が、二次創作は、著作権者などが黙認している状況とも思えます。

またYouTubeのコンテンツＩＤ（Content ID）のように、著作権者などの承諾なく創作された映像等をサービス事業者が管理し、権利者に利益を還元する仕組みも存在します。権利者は、無断創作された映像等があったとしても、著作権侵害などを理由にその映像等を削除するのではなく、映像等の存在自体は許容しているのです。こうした仕組みも、ある意味では二次創作を許容するものといえるでしょう。

勘どころ

▶「パロディ」は、既存の著名な作品を利用し、文体や韻律を残しつつ、その内容を一部改め、滑稽・風刺化すること。

▶パロディは、他人の著作物を想起させることに意味がある。原作品との関係で、複製権や翻案権などの著作権侵害や、同一性保持権や氏名表示権などの著作者人格権侵害になりやすい。

◇オマージュ

パロディと少し似た行為にオマージュがあります。「オマージュ」にも明確な定義はありませんが、他の作家や作品に対する敬意や賞賛の気持ちから、似た作品を創作することなどを意味します。

オマージュといわれる例に「スターウォーズ」がありま す。ジョージ・ルーカス監督が黒澤明氏の大ファンであることから、C3PO、R2D2、レイラ姫などのキャラクターは、黒沢映画の登場人物をモデルにしたとの説がありますし、ジェダイという言葉は、「時代劇」に由来するという噂もあります。

また、ピカソは、マティスの作風をイメージして「黄色い髪の女」を描き、マティスは、ピカソの同作品を思って「夢」を描いたといわれています。これも、オマージュと呼べる作品かもしれません。

オマージュは、原作品を利用して新たな作品を創作する点において、パロディと共通します。ただ、パロディは、

オマージュ

他の作家や作品に対する敬意や賞賛の気持ちから、似た作品を創作すること

原作品を風刺や批判に利用する一方、オマージュは、原作品への敬意が感じられるものです。また、パロディは、原作品を利用していることがわかりやすい傾向にありますが、オマージュは「わかる人だけわかればいい」といったところもあり、原作品がわからない場合もあるでしょう。

その他に、原作品を利用した行為に、インスパイアやモチーフなどがあります。「インスパイア」は、他の作品から、感化、啓発、ひらめきその他の刺激を受けることなどをいい、「モチーフ」は、他の作品の主要な思想・題材を動機として創作活動を行うことなどをいいます。

ただ、「オマージュ」「インスパイア」「モチーフ」等の用語は、それぞれの意味にも重複があり、明確な区別はないように思われます。また、これらの用語は、著作権法上の用語ではありません。このため、著作権侵害の有無を判断する上では、それぞれの区別はあまり重視されず、前述の翻案権侵害と同様の考え方が用いられます。

勘どころ

- **「オマージュ」は、他の作家や作品に対する敬意や賞賛の気持ちから、原作品と似た作品を創作すること。**
- **オマージュは、パロディと同様、原作品を利用して新たな作品を創作する。**
- **パロディは、原作品を風刺や批判に利用することが多い。一方、オマージュは、原作品への敬意が感じられることが多い。**

著作物の利用

◇著作権者の承諾の要否

創作活動において、先人の著作物と似た作品を作る場合を含め、先人の著作物を利用する場合は少なくありません。

著作権者の承諾があれば著作権侵害ではなくなりますが、さまざまな場面で、著作権者の承諾が必要か否か迷うこともあります。著作権者の承諾の要否を検討する際には、ポイントの整理も兼ねて、次の図のような手順で考えることをお勧めします。

なお、著作者人格権への侵害に関する考え方はこれとは若干異なります。この手順に従って、著作権者の承諾が不要とされる場合であっても、著作者人格権に配慮しておくことも必要です。

そのほか、場合によっては、商標権、意匠権、不正競争防止法等の著作権以外の法律への配慮も必要となりますが、これらの侵害となるか否かについても別途検討が必要です。

著作権者の承諾の要否の検討手順

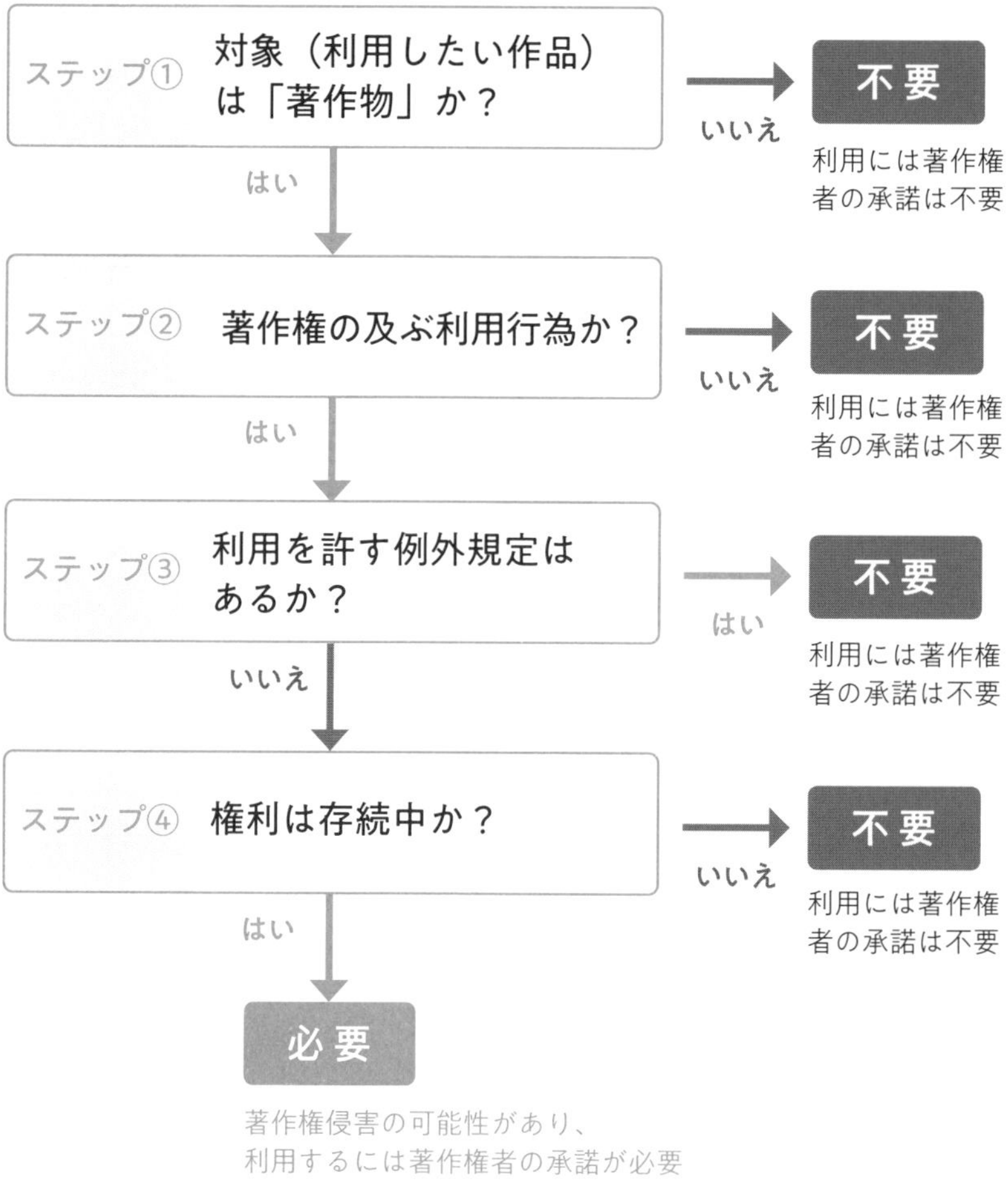
ステップ①
対象（利用したい作品）は「著作物」か？
いいえ
不要
利用には著作権者の承諾は不要
はい
ステップ②
著作権の及ぶ利用行為か？
いいえ
不要
利用には著作権者の承諾は不要
はい
ステップ③
利用を許す例外規定はあるか？
はい
不要
利用には著作権者の承諾は不要
いいえ
ステップ④
権利は存続中か？
いいえ
不要
利用には著作権者の承諾は不要
はい
必要
著作権侵害の可能性があり、
利用するには著作権者の承諾が必要

上記とは別に、著作者人格権のほか、商標権、意匠権、不正競争防止法等の著作権以外の権利や法律に配慮することも必要

ステップ① 対象が著作物か？

まず、ステップ①として、利用したい他人の作品が著作物か否かを検討します。別の言い方をすれば、他人の作品について著作物性の有無を検討します（20頁参照）。利用したい他人の作品が著作物でなければ、その作品に著作権は発生しません。このため、著作権に関する検討は不要となります。一方、利用したい他人の作品が著作物であれば、ステップ②に進みます。

ただ、前述のとおり、利用したい他人の作品が著作物でない場合であっても、商標権、意匠権等の別の権利に関する検討は別途必要です。

ステップ② 著作権の及ぶ利用か？

著作物の利用方法は、「読む」「見る」「聞く」「触る」「コピーする」「ネット配信する」「模倣する」などさまざまです。

著作権者は、著作物の一定の利用行為について独占的に行うことができます。それが支分権です（31頁）。著作物の利用方法が、「読む」「見る」「聞く」「触る」といった支分権に該当する行為でなければ、著作権者の承諾は不要です。

一方、著作物の利用方法が、「コピーする（複製）」「ネット配信する（公衆送信）」「模倣する（翻案）」など、支分権に該当する場合にはステップ③に進みます。

ステップ③ 権利制限規定に該当するか？

想定している利用方法が、支分権に該当する場合であっても、例外的に著作権者の承諾が不要となることがあります。この例外の一つが「権利制限規定」（94頁）です。たとえば、「私的使用のための複製」「引用」などが挙げられます。

権利制限規定の適用がある利用方法については、著作権者の承諾は不要です。一方、権利制限規定の適用がない利用方法については、ステップ④に進みます。

ステップ④　権利は存続中か？

ステップ④は、著作権が存続中か否か、すなわち、保護期間の満了の有無です（113頁参照）。保護期間が満了し、パブリックドメインとなっていれば、その著作物の利用に際して、著作権者の承諾は不要です。

一方、利用の対象が著作物であり（ステップ①）、利用方法が支分権に該当し（ステップ②）、権利制限規定にも該当せず（ステップ③）、さらに保護期間も存続中となれば（ステップ④）、その利用に際して、著作権者の承諾は必要となるでしょう。

ただ、著作権法には規定はありませんが、フリー素材（171頁）、クリエイティブ・コモンズ・ライセンス（176頁）などに該当する場合には、著作権者の承諾は不要となり得ます。

勘どころ

▶ **著作権者の承諾の要否を検討する際には、以下の4つの手順で考える。**
①対象が著作物か？ ②著作権の及ぶ利用か？ ③権利制限規定に該当するか？ ④権利は存続中か？

承諾を得るための手続き

◇権利者の特定

著作権者の承諾が必要な場合には、まず、著作権者の特定が必要です。著作権者は、著作権表示（©マーク）などから推測できる場合もありますし、データベースに登録がある場合もあります。

雑誌、書籍などの刊行物、レコード、CD、DVD等であれば、製品に著作権表示があることが多いでしょう。テレビ番組や映画については、エンドロールなどに著作権者が表示されることもあります。

また、著作権者のデータベースとしては、音楽関連ではJASRACの「J-WID」やネクストーン（NexTone）の「作品検索データベース」などがあり、映画ではIMDb（IMDb.com, Inc.）による「IMDb」あります。たとえば、ある楽曲の情報がJ-WIDにあれば、その楽曲は、JASRACに登録されていることとなります。音楽著作物の著作権者は、作詞家や作曲家などですが、JASRACが信託を受けて著作権を管理しています。

◇権利者の連絡先探し

権利者がわかったら、次に連絡先を探します。

データベースに権利者の連絡先が記載されている場合もありますが、連絡先の記載がなければ、ネット検索を行うか、権利者の関係先に問い合わせるといったことが多いでしょう。ただ、実際には連絡先がわからないこともあります。音楽、小説・脚本、美術作品、写真等については、作家等の著作権者が、著作権等管理事業者に著作権管理等を委託している場合があります。音楽以外の網羅率はそれほど高くはありませんが、著作権等管理事業者が管理している作家や作品については、著作権等管理事業者が連絡先窓口となります。

著作権等管理事業者は、公益社団法人著作権情報センターのウェブサイト※に記載されています。

なお、著作権等管理事業者は、作品のほぼすべての利用態様について管理する場合もあれば、一定の利用態様のみ管理する場合もあります。たとえば、本書については、巻末にＪＣＯＰＹ（出版者著作権管理機構）の記載があります。これも著作権等管理事業者の一つで、権利者に代わって、ページ単位の複製に限り、利用の許諾や使用料の収受を行います。ただ、管理の対象は「複製」に限られており、翻案その他の利用方法は管理の対象外です。

※https://www.cric.or.jp/db/list/index.html

◇権利者への連絡

晴れて権利者の連絡先がわかった場合には、実際にその連絡先に連絡することになります。

利用する著作物の窓口が、著作権等管理事業者やレコード会社、新聞社といった、権利処理に慣れた企業や団体であれば、その企業や団体の所定の書式や手続きに沿って申請、手続きをしていくとよいでしょう。

そうした承諾の手続きの手順が決まっていない場合は、権利者または利用者のいずれかが契約書などを用意したり、メールやＬＩＮＥなどで対応することもあります。

口頭でのやり取りで済ませることもありますが、この場合、「権利者が承諾をしたこと」やその条件について証拠が残らず、事後的に「言った、言わない」といったトラブルになりかねません。書面、メールなどに承諾の記録を残しておくことがお勧めです。

大雑把ではありますが、書面やメールには、下記の事項を折り込むと安心です。

著作権承諾に関する記載事項

以下のような事項を書面やメールなどでやり取りし、記録しておくとよい

① 権利者の名称、住所、連絡先
② 利用者の名称、住所、連絡先
③ 利用したい作品
④ 利用方法（修正、改変、二次利用などの可否を含む）
⑤ 利用期間
⑥ 対価
⑦ その他の条件（クレジットの表記等）

◇権利者などが不明の場合の裁定制度

いろいろ調査したにもかかわらず、権利者が誰かわからない、また、著作権者がわかったとしてもその連絡先が見つからない、著作権者と連絡がつかないという場合もあります。作者が亡くなっており、現在の著作権者である相続人がわからないこともあります。権利者や窓口が出版社、レコード会社、テレビ局、ラジオ局などであっても、個々の権利者と常に連絡を取り合っているわけではなく、時間の経過に伴い連絡先が不明となっていることもあります。

こうした場合に、著作権者の承諾がないからその著作物を利用不可としてしまうと、著作物の利用に支障が生じます。その代替手段として設けられたのが裁定制度です。権利者からの承諾を得る代わりに文化庁長官の裁定を受け、使用料額に相当する補償金を供託（法的な手続き等を進めるため、財産を当事者以外の公的な管理機関に託すこと）等することにより、著作物を適法に利用可能となります。

補償金の額は、著作物の種類や利用方法によって異なりますが、文化庁の「著作権者不明等の場合の裁定補償金額シミュレーションシステム」※により、その目安を算定できます。

裁定制度を利用するには、その前提として権利者探しが必要です。権利者探しの方法として、

① 刊行物その他の資料の閲覧
② 著作権等管理事業者等への照会
③ 日刊新聞への掲載

※文化庁ウェブサイト「著作権者不明等の場合の裁定補償金額シミュレーションシステム」
https://www.bunka.go.jp/saiteisimulation/

などがあります。

「相当な努力」を行っても権利者または連絡先が不明であることが前提となるため、「ここまでしました」と示す目的で、権利者探しに関するやり取りを記録に残しておく必要があります。

この裁定制度は、当初は使い勝手が悪く、利用者も少ない状況でしたが、要件や手続きが徐々に緩和され、それに伴い利用も広がっています。2023年の著作権法改正により、公表済みで、集中管理などがされていない著作物について、著作権者等の意思が確認できない場合に、3年間の時限的な利用（再度の手続きは可能）を認める新たな裁定制度もできました。

この新たな裁定制度については、文化庁の指定等を受けた組織が裁定制度の窓口組織となることも可能となっています。

いずれにせよ、裁定制度は、所定の手続きに従って行う必要がありますので、裁定制度の利用を希望する場合には、文化庁や窓口組織との事前相談をお勧めします。

裁定制度やその手続きの詳細は、文化庁のウェブサイト※に記載があります。

勘どころ

▶ **権利者がわからない場合は、文化庁長官の裁定を受け、使用料額に相当する保証金を供託することで、著作物を利用できる（裁定制度）。**

▶ **裁定制度は、要件や手続きが徐々に緩和され、利用が広がっている。**

※文化庁ウェブサイト「著作権者不明等の場合の裁定制度等」
https://www.bunka.go.jp/seisaku/chosakuken/seidokaisetsu/chosakukensha_fumei/index.html

フリー素材の利用

多くの人が気軽に創作活動を行えるようになった背景に、素材集の普及もあります。イラスト、写真、音楽、映像などの素材もあり、多くはインターネット上でダウンロード可能です。利用経験がある人も多いでしょう。

素材集の中には、無料で利用可能なフリー素材もあります。無料といっても、サービスによって無料で利用できる範囲は異なり、利用方法によっては有償の場合もあります。また、実際には「著作権フリー」ではなく、利用条件が緩いだけの場合もあります。利用条件は、利用規約等に記載がありますので確認が必要です。利用規約の中で特に確認しておきたい事項として、たとえば以下があります。

①商用利用の可否

私的利用は無料でも、企業などによる商用利用は禁止または有料という場合もあります。商用利用の例として、記事、広告、製品等での利用が挙げられますが、サービスによって異なる上、利用規約に明記がない場合もあります。

②用途の制限

この①とも関係しますが、たとえば、イラストについて、書籍の挿絵としての利用は無料であっても、表紙やカバーへの利用は有料という場合もあります。音楽素材についても、BGMとしての利用は可能であっても、ドラマなどのテーマ曲としての利用は禁止という場合もあります。

③改変の可否

写真やイラストについて、トリミング、色調の変更、素材の組合せなどを行うこともあります。ただ、こうした修正や改変が制限される場合は少なくなく、トリミングのみ可能とされる場合もあります。

④期間制限

「1年間」などの利用期間が定められている場合もあります。利用期間を超えた利用については、申請や利用料の支払いが別途必要となることもあります。

⑤点数制限

一定数以上の利用は有料となる場合や、一定期間内のダウンロード点数が決まっている場合もあります。

⑥クレジット表記

素材を利用した作品や製品に、素材提供者等のクレジット表記が必要な場合があります。

⑦申請の要否

フリー素材には、利用に際して素材提供者等への事前連絡が不要なものもありますが、事前申請が必要なものもあります。申請事項としては、利用媒体、部数、利用期間などが挙げられます。申請を怠った場合には、無断利用とされる可能性もあります。

利用規約等を確認し、ある素材を利用可能と判断した場合であっても、たとえば、人物が写っている素材については、その人物の肖像権などの権利処理が必要な場合もあります。また、企業や商品のロゴマーク、看板などが写っている場合には、素材、利用方法によってその企業の商標権などの権利処理も必要となる場合があります。「フリー素材」であったとしても、フリーなのは著作権部分だけという可能性があるので注意が必要です。

利用しようとしている写真、画像などの素材に人物やロゴマークなどが含まれ、肖像権、商標権などの別の権利が生じているような場合には、これらの権利処理の要否についても確認しておくとよいでしょう。

◇提供者の確認

そのほかに、フリー素材の利用に際しては、フリー素材の提供者についての確認も必要です。ネット上で「フリー素材」「ロイヤリティフリー」などの単語で検索された素材であっても、なかには、実際にはフリー素材でないものもあります。利用した素材が、フリー素材ではなく有料素材であった場合には、仮に、フリー素材だと思い込んで利用したとしても、著作権侵害などを理由に損害賠償請求の対象となることがあります（東京地判平成27年4月15日）。

また提供者が、著作権者の承諾なく、その著作権者の素材を「フリー素材」と偽って提供している場合もあります。権利関係が疑われる素材については、素材の提供者や権利関係について調査するとともに、調査しても疑いが晴れなければ、利用を控えておくのが無難です。権利者側から警告を受け、直ちに利用を停止したとしても、一定期間の利用がある以上、損害賠償責任は発生し得るのです。

勘どころ

- ▶素材集には、無料で利用可能なフリー素材もたくさんある。
- ▶ただしサービスによって無料で利用できる範囲は異なる。利用する場合は、事前に利用規約などで利用条件を確認しておくとよい。

◇有料サービスの利用

これまでの内容は、無料で利用可能なフリー素材が中心でした。ただ、多くの内容は、有料素材にも当てはまります。有料素材といっても、その料金体系は、

①買取型
②固定額
③従量制

などさまざまです。

多くの場合には、有料サービスの利用に際しても、提供元の利用規約に従う必要があるため、１７１頁の①から⑦のような事項の確認が必要です。対価を支払ったとしても、その素材を、自分の作品のように自由に利用できるわけではありません。また、素材を共有可能な範囲も確認しておくとよいでしょう。利用規約次第ですが、たとえば、企業内の共有を認めるサービスもあれば、企業内での共有を規約違反とするサービスもあります。

◇クリエイティブ・コモンズ・ライセンス

著作権は、著作権者に、自身の著作物の利用について独占を認める制度です。著作権制度のもとでは、他人の著作物を利用するには、基本的には、著作権者の承諾が必要となります。こうした制度設計は、著作権者の保護にはなりますが、利用者が権利処理に伴う手間や費用を懸念して、著作物の利用を躊躇し、著作物の利用が広がらない可能性もあります。

著作権者の意図もさまざまであり、第三者による自身の著作物の利用を比較的厳格にコントロールしたい著作権者もいれば、自身の著作物が、世の中で広く利用されることを期待する著作権者もいます。

たとえば、キャラクタービジネスを行う事業者は、第三者による無断利用が横行しては、収益獲得の機会が損なわれると考え、第三者による無断利用を厳格に制限したいかもしれません。一方、自身の考え方を広めたい研究者は、自分の論文がより多くの人に読んでもらえるよう、利用を促進させたいかもしれません。

著作権制度は、前者のように、自身の著作物の利用をコントロールしたい著作権者には適していますす。これに対して、著作権制度は、後者のように、自身の著作物の利用を比較的自由に認めたい著作権者にとっては、著作物の利用促進の妨げにもなりかねません。こうした著作物の利用促進を図る制度の一つに、クリエイティブ・コモンズが提唱する「クリエイティブ・コモンズ・ライセンス」（CCライセンス）があります。

ＣＣライセンスは、作品を公開する著作権者が、「この条件を守れば、私の作品を自由に利用して構わない」といった意思表示を行う手段です。ＣＣライセンスの利用により、著作権者は、著作権を保持したまま作品を流通させることができる一方、その利用者はライセンス条件の範囲内であれば作品の再配布や編集などが可能です。

ＣＣライセンスでは、作品の利用条件は、「表示」「非営利」「改変禁止」「継承」の４種類です。著作権者は、これらの利用条件を組み合わせてライセンス条件を設定します。その組み合わせは6種類です。

クリエイティブ・コモンズ・ライセンス

表示
作品使用の際に、作者のクレジットを記載する

非営利
作品使用の際に、作品を営利目的で使用しない

改変禁止
作品使用の際に、作品を改変しない

継承
作品使用の際は、作品に元から記載されているクリエイティブ・コモンズ・ライセンスで公開する

▼クリエイティブ・コモンズ・ライセンスのマークを組み合わせてできるライセンスは全部で６種類。

表示	作品のクレジット（作者や作品名）の記載のみで営利目的での使用や改変なども自由にできる自由度の高いライセンス。
表示+継承	作品のクレジット記載と改変した場合には元の作品と同じライセンスを記載が必要。
表示+改変禁止	作品のクレジット記載と元の作品を改変しないことで利用可能。
表示+非営利	作品のクレジット記載と非営利目的で使用可能。
表示+非営利+継承	作品のクレジット記載と非営利目的、そして作品の元のクレジットを記載した上で使用可能。
表示+非営利+改変禁止	作品のクレジット記載と非営利目的、そして元の作品を改変をしないことで使用可能。

クリエイティブ・コモンズ・ライセンスのウェブサイト
https://creativecommons.jp/licenses/

たとえば、著作権者が、「自身のクレジットさえ表示されれば、営利・非営利を問わず、第三者が改変して二次利用してもかまわない」と考えるのであれば、「表示」のライセンスを設定します。利用者にとっては自由度の高いライセンスです。一方、著作権者が「二次利用は可能であるが、自身のクレジットの表示は必要。非営利利用のみを認め、かつ改変も困る」と考えるのであれば、「表示」「非営利」「改変禁止」の組み合わせとなります。これは、CCライセンスのなかでは厳格なライセンスです。

著作権者は、6種類の組み合わせのなかから、意向に近いCCライセンスを選択し、著作物の公表に際してそのライセンスを設定します。著作物の利用者は、表示されたCCライセンスの範囲内で著作物の利用が可能となります。

CCライセンスは、文章、音、画像、映像等のさまざまなコンテンツに利用されています。たとえば、筆者の所属事務所のコラムにも、CCライセンスを表示しています。

CCライセンスと似た発想のものに、同人マーク、文化庁の自由利用マーク、クリプトン・フューチャー・メディア社のピアプロマークなどがあります。

勘どころ

- 「クリエイティブ・コモンズ・ライセンス」（CCライセンス）は、作品を公開する著作権者が、「この条件を守れば、私の作品を自由に利用してかまわない」という意思表示を行う手段。
- CCライセンスには、6種類の組み合わせがある。
- 著作権者は、意向に近いCCライセンスを選択し、著作物の公表に際してそのライセンスを表示する。

第4章

コンテンツの種類別の考え方

「この章では、文章、イラスト、美術、音楽、ダンス、プロダクト・デザイン、空間デザイン／建築物、写真・動画、デジタルコンテンツなどのさまざまな創作分野ごとに焦点を当て、それぞれの分野における著作物性や著作権侵害の判断のポイントなどを見ていきます。」

文章

◇文章の著作物性

著作物には、小説、絵、写真、映像、音楽など、いろいろな種類があります。種類ごとに使われ方が異なり、注意すべき点も異なります。この章では、コンテンツごとの特徴をみていきます。まずは文章です。

著作権法では、「言語の著作物」は、小説、脚本、論文、講演その他の言語の著作物とされています（10条1項1号）。

言語の著作物とは、言葉やこれに類する伝達手段（例：記号、暗号、点字、手話）で表現されたものです。小説や脚本のように文字で表現されたもの、講演のように口頭で表現されたものなどがあり、必ずしも文書などに固定（例：記載、印字）される必要はありません。

言葉は、多くの人が日常的に使用するため、日々、数えきれないほどの文章が生まれ、会話やメールなどでやり取りされています。その結果として、ありふれた表現が多くなりやすい一方、著作物としての保護を容易に認めてしまうと、日常的な会話も制限されるといった弊害も生じるかもしれません。こうしたこともあり、言語的な表現は、絵画（美術の著作物）、写真（写真の著作物）などと比べて、著作物として保護される場面や範囲が限定されやすい傾向があります。

言語的な表現には、小説、論文など、一定の長さのあるものもあれば、キャッチフレーズ、標語、書籍の題号（タイトル）のように、比較的短いものもあります。五・七・五の17音からなる俳句や川柳、五・七・五・七・七の31音からなる短歌なども、比較的短い部類です。

言語的な表現が著作物として保護されるには創作的である必要があり、その結果、一定の長さが必要です。数音からなる単語では、通常は、著作物とはなりません。たとえば、ここ最近の新語・流行語大賞は、２０２１年が「リアル二刀流」、２０２２年が「村神様」、２０２３年が「A.R.E.」、のようですが、これらは数音からなる短い語句ですので、いずれも著作物にならないでしょう。ギャグについては、26頁に記載のとおりです。

キャッチフレーズ・標語

前述のとおり、キャッチフレーズなどの短い言語的な表現は、著作物性が否定されやすい傾向があります。ただこれは、厳密には、表現が短いからではなく、短い表現であるため、工夫（≒創作性）の余地が限られているためです。短いキャッチフレーズであっても、ある程度の長さがあり、かつ創作性があれば、著作物として保護される可能性があります。

過去には、「ある日突然、英語が口から飛び出した！」といったキャッチフレーズの著作物性が否定された一方（知財高判平成27年11月10日）、「ボク安心ママの膝よりチャイルドシート」といった五・七・五調の交通標語の著作物性が肯定されました（東京高判平成13年10月30日）。

また、英単語の語呂合わせで、「ビヤーッ、どっとはえる（　）」（括弧内は空欄）、「brown

の（ ）を描く」（括弧内は眉）といった一文は著作物性が否定された一方（東京地判平成27年11月30日）、「朝めざましに驚くばかり」「志賀直哉もガーナチョコレートを食べたい」「頭うちつけ突然の死。軽率なバイク事故」といった一部の古文の語呂合わせ（東京高判平成11年9月30日）については著作物性が肯定されました。

有名人の名言や格言にも比較的短いものがありますが、これらも同様です。ただ、著作権には保護期間がありますので（113頁）、過去の偉人の言葉の多くは、著作権が満了しているでしょう。

なお、本書のいろいろなところで書いていますが、注意が必要なのは著作権だけではありません。著作物とはならない短い語句であっても、商標権で保護されている可能性があるのです。たとえば、ＪＲ東海の「そうだ 京都、行こう。」大塚製薬の「元気ハツラツ」、日清食品ホールディングスの「すぐおいしい、すごくおいしい」のような企業や商品の名称、キャッチコピーなどです。商品やサービスに関連して他人の登録商標を使用した場合には、商標権侵害となる可能性もありますので要注意です。

タイトル

書籍や音楽のタイトルは、通常は著作物にはなりません。タイトルは、書籍や音楽の内容を示すものであって、表現そのものではないからです。たとえば、「桜」「卒業」といったタイトルの楽曲は数多くありますが、これらの楽曲は著作物であっても、タイトル自体は著作物ではありません。ですから、自分の楽曲に「桜」というタイトルをつけても、それだけでは著作権侵害にはなりません。

ただ、例外的に、著作物となり得るタイトルもあります。たとえば、左記のように、ＡＫＢ48の楽曲には、76文字のタイトルがあり、ＢＥＧＩＮの楽曲にはこれより長い１００文字のタイトルがあるようです。また、楽曲ではありませんが、菅田将暉《すだまさき》さんもタイトルが55文字のフォトブックを制作しています。ここまで長く、内容に工夫があれば、タイトル自体も著作物といえそうです。

●ＡＫＢ48

「鈴懸の木の道で『君の微笑みを夢に見る』と言ってしまったら僕たちの関係はどう変わってしまうのか、僕なりに何日か考えた上でのやや気恥ずかしい結論のようなもの」

●ＢＥＧＩＮ

「それでも暮らしは続くから全てを 今 忘れてしまう為には 全てを 今 知っている事が条件で僕にはとても無理だから 一つずつ忘れて行く為に 愛する人達と手を取り 分け合って せめて思い出さないように 暮らしを続けて行くのです」

●菅田将暉アニバーサリーブック

「誰かと作った何かをきっかけに創ったモノを見ていた者が繕った何かはいつの日か愛するものが造った何かのようだった。」

日記・ブログなど

日記、ブログ、手紙なども、他の著作物と同様に創作性があれば著作物となります。上記のとおり、X（旧ツィッター）の投稿に著作物性を認めた裁判例があるほか（知財高判令和5年4月13日など）、ホテル選びに関するウェブサイト上の回答に著作物性を認めた裁判例もあります（東京地判平成14年4月15日）。一方、裁判の傍聴記のブログ（知財高判平成20年7月17日）などの著作物性を否定した裁判例があるほか、雑誌の終刊文には著作物性を肯定されたものと否定されたものがあります（東京地判平成7年12月18日（25頁））。

つまりは「日記が著作物となり、ブログが著作物ではない」といった単純な図式ではなく、個別の表現についての創作

勘どころ

- 言語の著作物は、小説、脚本、論文、講演など。
- 小説や脚本のように文字で表現されたものだけでなく、講演のように口頭で表現されたものも含まれる。
- キャッチフレーズなどの短い言語的表現は、著作物性が否定されやすい傾向にある。これは短い表現であるため、創作性の余地が限られるため。
- 書籍や音楽のタイトルは、通常は著作物にはならない。

性の有無や程度によって、著作物としての保護の有無が異なります。

そのほか、契約書も著作物として保護される可能性があり、時計の修理サービス規約について、著作物性を認めた裁判例もあります（東京地判平成26年7月30日）。

なお、ブログのような日常的な投稿に口コミやレビューがあり、各投稿の内容次第では著作物となり得ます。

ただ、こうした投稿サービスでは、利用規約上、サイトの運営者側に口コミやレビューに関する著作権などを利用許諾していることが多く、なかにはもっと踏み込んで、サイトの運営者側に著作権等が譲渡されるサイトもあるかもしれません。こうした利用規約により、サイト運営者は、投稿者から個別に承諾を得ることなく、口コミやレビューを利用できます。

ご自身の投稿に関する権利関係が気になる場合は、利用規約を見てみるとよいでしょう。

◇文章に関する著作権侵害

言語の著作物は、言葉として利用されるほか、映像など、言葉以外の形式で利用されることもあります。これらの利用は、著作権者の承諾を得たもののほか、著作権者の承諾のない無断利用もあります。

似た媒体での利用

言語の著作物の「言葉」としての無断利用としては、たとえば、小説などのフレーズを自己のウェブサイトに転用する、あるキャッチフレーズと似たキャッチフレーズを自社の商品につける等があります。

ただ、表現が似ていると著作権侵害となりますが、事実、アイデアなどの表現でない部分が似ていたとしても、著作権侵害にはなりません（前掲・最判平成13年6月28日）。

また、似た題材を扱った小説についての著作権侵害が問題となることがあり、歴史小説、ノンフィクション小説などは、著作権侵害が争われやすいジャンルです。

ノンフィクション小説も創作性があれば著作物となりますが、表現上の創作性を有する部分のみが著作権法の保護の対象となります。小説の素材である歴史的事実や、特定の歴史的事実を取捨選択しただけでは著作物として保護されません（知財高判平成22年7月14日）。

企業の社史で取り上げた事実が特定のノンフィクション小説と同じであるなどとして、著作権侵害の有無が争われた裁判例もありましたが、同じような考え方によって、著作権侵害は否定されました（知財高判令和4年7月14日）。

ただ、単なる事実に留まらず、具体的な表現となれば著作権法の保護が及びます。このため、事実を記載した場合でも、ある作品と具体的な記述が似ていると著作権侵害となり得ます（知財高判平成25年9月30日など）。この事案では、たとえば、

「不安と疲労のために、家族たちは〝敗残兵〟のようにバスから降り立った」

といった記述が、元の作品の
「みなさすがに不安と疲労の色濃く、敗残兵のようにバスから降り立った」

といった表現と類似しているとして、著作権侵害と判断されました。

このように比喩的な表現が共通していると、著作権侵害とされるリスクが高まります。

そのほか

「彼は、富士屋ホテルと結婚したようなものだったかもしれない」

という記述が、元の作品の、

「正造が結婚したのは、最初から孝子というより富士屋ホテルだったのかもしれない」

といった表現についても著作権侵害を認めた裁判例があります（東京地判平成22年1月29日）。ただし、高等裁判所（前掲・知財高判平成22年7月14日）では著作権侵害を否定しました。

文章に関する著作権侵害が争われた例

原告著作物　「雪解けの尾根　JAL123便の墜落事故」

「みなさすがに不安と疲労の色濃く、敗残兵のようにバスから降り立った。」

被告著作物　「風にそよぐ墓標」

「不安と疲労のために、家族たちは“敗残兵”のようにバスから降り立った。」

（知財高判平成25年9月30日）

原告書籍　「箱根富士屋ホテル物語」

「正造が結婚したのは、最初から孝子というより富士屋ホテルだったのかもしれない。」

被告書籍　「破天荒力　箱根に命を吹き込んだ『奇妙人』たち」

「彼は、富士屋ホテルと結婚したようなものだったのかもしれない。」

（東京地判平成22年1月29日）

異なる形式での利用

小説などの言語の著作物は、他の文章に利用するだけでなく、テレビ番組、映画などの映像作品に利用することもあります。こうした場合、原作品の著作権者の承諾がなければ、映像作品の制作や利用は著作権侵害となり得ます。

映像作品においては、言語による描写ではなく、役者の演技、映像などの言語以外による表現も加わるため、文章形式の作品同士を比較するよりも、比較検討が難しくなります。ただ、表現の形式が異なる場合であっても、著作権侵害についての考え方は、ノンフィクション小説などと基本的に同じです。事実や事件などには著作権の保護は及ばず（前掲・最判平成13年6月28日）、著作権侵害とされるには、少なくとも事実の選択や配列に創作性が発揮されている（知財高判平成28年6月29日）、ストーリー（一定のまとまりのあるエピソード）や個別の描写が類似している（知財高判平成28年12月26日）といった必要があります。

なお、後者の事例ではセリフの著作物性が否定されましたが、創作的なセリフが似ている場合も著作権侵害となる可能性があります。

勘どころ

- **言語の著作物は、言葉として利用されるほか、言語以外の形式（たとえば、テレビ番組、映画などの映像作品）に利用されることもある。**
- **原作品の著作権者から承諾が得られていないと著作権侵害を指摘されることもある。**

文章に関する著作権侵害が争われた例

原作　「北の波濤に唄う」

むかし鰊漁で栄えたころの江差は、その漁期にあたる四月から五月にかけてが一年の華であった。（中略）

「出船三千、入船三千、江差の五月は江戸にもない」の有名な言葉が今に残っている。（中略）
鰊の去った江差に、昔日の面影はない（中略）
その江差が、九月の二日間だけ、とつぜん幻のようにはなやかな一年の絶頂を迎える。日本じゅうの追分自慢を一堂に集めて、江差追分全国大会が開かれるのだ。
町は生気をとりもどし、かつての栄華が甦ったような一陣の熱風が吹き抜けていく。

ナレーション　「ほっかいどうスペシャル　遙かなるユーラシアの歌声ー江差追分のルーツを求めてー」

日本海に面した北海道の小さな港町、江差町。古くはニシン漁で栄え、

「江戸にもない」という賑いをみせた豊かな海の町でした。

しかし、ニシンは既に去り、今はその面影を見ることはできません。

九月、その江差が、年に一度、かっての賑いを取り戻します。民謡、江差追分の全国大会が開かれるのです。大会の三日間、町は一気に活気づきます。

最判平成13年6月28日

原作　原告著作物

彼が来た。泣いている私と、私の服を見て、彼は、「何かされたのか⁉」と、驚いた顔で言った。何をされたのか、思い出したくない。
「……されたのか？」
私は頷くのが精一杯だった。
「くそっ‼」
彼のバイク用のヘルメットが、道路にたたきつけられた。
「ごめんなさい」
私は謝り続けた。

映画　被告製作映画

健司は玲奈の前にたどりつく。健司「（息荒く）どうした？……何？……これ」
玲奈のブラウスは破れており血が付着している。顔を泣きはらしている。
健司「何かされた？」
玲奈「……（うなずく）」
健司「誰？」
玲奈「……（首を振る）」
健司は遊具を蹴り上げ、夜空に向かって声のかぎりに叫び声を上げ、地面に跪く。
健司「ああああああ!!! なんでだあああああ!!!」
玲奈「（泣きじゃくって）ごめんなさい……ごめんなさい……」
健司が玲奈の頭を両手で包んで、額と額を合わせる。
健司「謝んないで、玲奈は謝んないでいいよ……」

知財高判平成28年12月26日

イラスト

◇イラストの著作物性

次はイラストです。イラストは、「美術の著作物」（著作権法10条1項4号）の一類型です。イラストは、言葉や文章（言語の著作物）ほどではありませんが、日常的に作成され、なかには比較的シンプルなものもあります。「3歳児が描いた絵も著作物になる」などといわれるように、イラストは、著作物性が比較的認められやすい類型です。

たとえば、左記の便箋のイラスト（東京地判平成15年7月11日）、印影やシールの絵柄（東京地判平成26年10月30日）、大阪城などのピクトグラム（大阪地判平成27年9月24日）、パンダのイラスト（東京地判平成31年3月13日）などの比較的シンプルなイラストにも、著作物性が認められています。なお、厳密には、便箋のイラストやピクトグラムは、イラストではなく、応用美術（230頁）とされました。

◇イラストに関する著作権侵害

このように、イラストについては、比較的容易に著作物性が認められやすい一方、その保護の範囲は必ずしも広くはありません。

もちろん、著作物となるイラストを、ほぼそのまま無断で利用した場合には、複製権などの

著作物性が認められたイラスト

レターセットのイラスト
東京地判平成15年7月11日

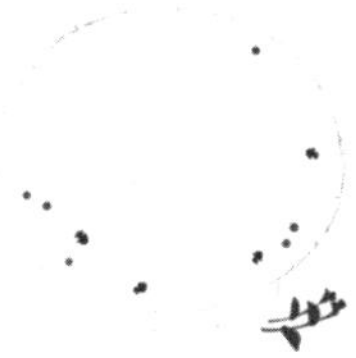

印影やシールの絵柄
東京地判平成26年10月30日

大阪城などのピクトグラム
大阪地判
平成27年9月24日

TRIPP TRAPPの幼児用椅子
知財高判
平成27年4月14日

パンダのイラスト
東京地判
平成31年3月13日

著作権の侵害となる可能性があります。ただ、元の作品とある程度異なれば、著作権侵害が否定される可能性もあります。いくつか例を見ていきます。

まず、物、動物などを擬人化したイラストについては、顔の各パーツ、手足等の形状、配置、配色などに創作性があれば著作物となり得ますが、擬人化すること自体はアイデアです。同じ物や動物を擬人化するというアイデアが共通していても、擬人化されたイラストの顔、手足等の形状、配置、配色等が異なれば著作権侵害とはなりません（東京高判平成12年5月30日、東京高判平成13年1月23日）。

「孫悟空」など、オンラインゲー

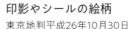

イラストについて著作権侵害か否かが争われた裁判例①

非侵害

東京高判平成12年5月30日

原告作品

被告作品

非侵害

東京高判平成13年1月23日

原告作品

被告作品

ムで使用される同じキャラクターを題材とする画像についても同様です（東京地判令和4年4月22日）。

　また、元の作品によって、侵害とされる範囲の広さも異なります。イラストがシンプルである場合や、具体的な表現が比較的ありふれているような場合には、そのイラストに著作物性が認められても、著作物として保護される範囲は狭くなります。このため、一見すると顔、髪型、体型等が似ていても、これらの個別の要素やその全体としての具体的な表現が異なれば、著作権侵害にはならない可能性があります（東京地判令和2年10月14日、大阪地判平成21年3月26日、東京地判平成20年7月4日など）。

　ただ、いずれの場合であっても、著作権侵害ではなくなる違いの程度については、具体的な線引きは難しく、個別に判断されます。

イラストについて著作権侵害か否かが争われた裁判例②

東京地判平成20年7月4日　**非侵害**

原告作品　　被告作品

大阪地判平成21年3月26日　**非侵害**

原告作品　　被告作品

大阪地判平成27年9月10日　**侵害**

原告作品　　被告作品

東京地判令和2年10月14日　**非侵害**

原告作品　　被告作品

さらに、原作品が著名な場合には、それに似せた作品について、著作権侵害が認められやすくなるといった考え方もあります。

　そう聞くと悩むかもしれませんが、「ここまで違えば著作権侵害にはならない」といった水準を示す一例に、144頁の事案（眠り猫イラスト事件）があります。

◇二次創作

イラストについてとくに注意が必要なのが二次創作です。イラストの集合体でもあるマンガは、しばしばファンなどによって二次創作が行われます。二次創作は、原作品を参考に、それと似た作品を創作する行為ですので、複製権や翻案権の侵害となる可能性があります。もちろん原作品の権利者の承諾があれば著作権侵害にはなりませんが、人気の商業マンガについて、正面から二次創作についての承諾を求めても、承諾は期待できないでしょう。マンガ家や出版社にも、二次創作によって原作品の宣伝になる、ファンコミュニティが盛り上がるといった期待があるかもしれませんが、必ずしもそうとはいえません。

権利者に認識されていない、あるいは上記のような理由で黙認されている二次創作も少なくないように思われますが、なかには、問題視される二次創作もあります。たとえば『ドラえもん』の最終回を描いた同人誌は、作品としては高い評価を得ていたようですが、販売中止になりました。本当の最終回と誤解した読者もいたことなどが、販売中止の理由であるとの噂があります。

また、コミックマーケット（コミケ）では、「同人誌の販売によって利益を出さない」といった暗黙のルールもあるそうです。ただ、他人の著作物を無断で利用すれば、基本的には、その利用が有償・無償を問わず、たとえこの暗黙ルールに従ったとしても著作権侵害とはなり得るのです。ただルールに従うことで、原作者などから「著作権侵害である」との指摘を受けるリスクが減る、またはその期待があるのかもしれません。

原作品によっては、権利者が二次創作を「公認」することもあります。たとえば、海洋堂が主催するワンダーフェスティバル（ワンフェス）では、参加する版元（出版社）などの権利者が、その日に限り、既存キャラクターのキット（二次創作品）の販売を認めています。

また、任天堂は、「ネットワークサービスにおける任天堂の著作物の利用に関するガイドライン」といった二次創作のガイドラインを公表しているほか、人気ゲームの『Fate/Grand Order（フェイトグランドオーダー）』（FGO）は、「新たに描き起こしたイラストの使用は問題ない」とする二次創作ガイドラインを公表しています。

こうした二次創作のルールを記載しつつ、

公式による二次創作ガイドラインの例

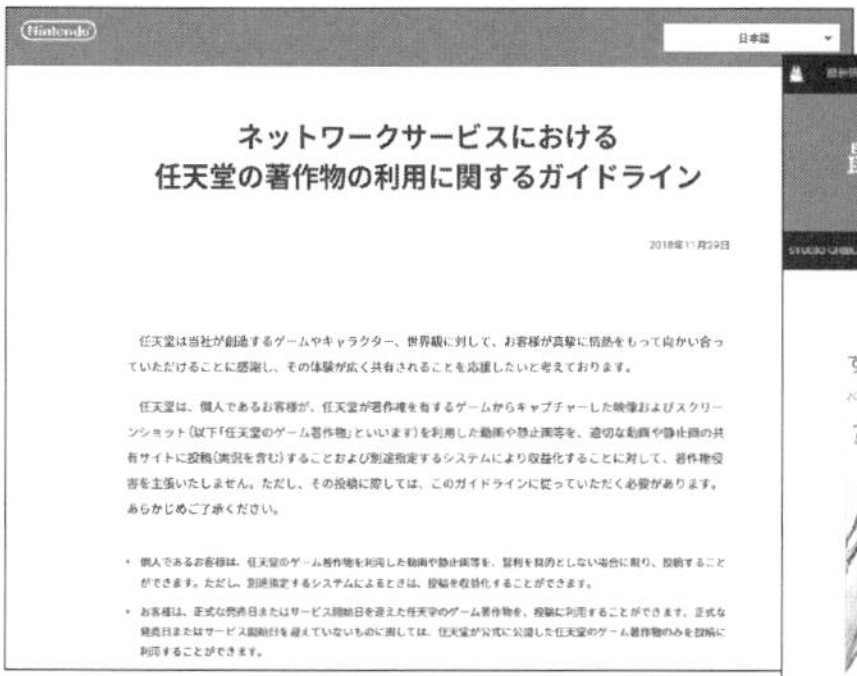

ネットワークサービスにおける
任天堂の著作物の利用に関するガイドライン
https://www.nintendo.co.jp/networkservice_guideline/ja/index.html

スタジオジブリのウェブサイトより
https://www.ghibli.jp/info/013772/

ガイドラインなどで二次創作のルールを公表している企業もある

ルールの範囲内で二次創作を許容する著作権者がいる一方、スタジオジブリは「常識の範囲でご自由にお使いください」として、作品の画像を一部公表しています。「常識の範囲で」ということですので、ある程度は利用者側の考え方に委ねられているといえそうです。

なお、二次創作と一部重なりもありますが、著作権法上は、特定のキャラクターの絵と、単なる画風は扱いが異なります。手塚治虫、赤塚不二夫、水木しげる、松本零士、藤子不二雄などなど（敬称略）、マンガ家の方にはさまざまな画風がありますが、画風自体は、アイデアと同様に著作権の保護の対象ではありません。このため、画風が似ていたとしても、描いた題材、構図その他の具体的な表現が異なれば、著作権侵害にはなりません。また、原作品の設定や登場人物の名前が共通するだけでは、通常は著作権侵害にはなりません（キャラクターの著作物性については、28頁）。

勘どころ

- マンガは、しばしばファンなどによって二次創作が行われるが、理論的には複製権や翻案権の侵害となる可能性がある。
- 原作品によっては、ルールの範囲内で二次創作を許容している場合もある。

ケーススタディ

出版社の依頼を受けて、雑誌に掲載するイラストを描きました。そのイラストを、自分のX（旧ツイッター）やインスタグラムにアップしてもよいでしょうか？

◇考え方のポイント

1　著作権の帰属

著作権は、その作品の創作者に帰属するのが原則です。このため、イラストの著作権は、原則として、その作家に帰属します。ただ、出版社との契約によっては、著作権が作家から出版社に譲渡されている可能性もあります。

2　著作権の利用範囲

イラストの著作権が出版社に帰属している場合には、出版社の承諾なくそのイラストをSNSに投稿すると、著作権侵害となり得ます。

また、イラストの著作権が作家に帰属している場合であっても、出版社との契約上、利用の範囲、時期などに制限があることがあります。たとえば、①SNSへの投稿を禁止する、②SNSに投稿できるとしても、雑誌の出版後に限るといった具合です。

このように、権利の帰属先、利用条件等はさまざまですが、いずれにせよ出版社との契約条件を確認する必要があります。出版社との契約条件は、契約書に定めがある場合のほか、メール、LINEなどに書かれている場合もあります。

ケーススタディ

ある企業の依頼で、キャラクターのイラストを数枚描きました。そのキャラクターを気に入った別の企業から、「同じキャラクターの別のポーズを描いてほしい」という依頼がありました。依頼を受けても大丈夫でしょうか？

◇考え方のポイント

キャラクターの設定は著作物にはなり難い一方、キャラクターのイラストは著作物となり得ます（28頁）。また、キャラクターのイラストを含め、著作権は、原則として創作者に帰属します。このため、当初描いたキャラクターのイラストの著作権は、原則として、作家に帰属するように思われます。

ただ、当初の企業との契約上、イラストの著作権が、作家から当該企業に譲渡されていることもあり得ます。また、イラストの著作権が作家に帰属している場合であっても、当初の企業との契約上、「作家は、同様のイラストを描いてはならない」といった制約がある可能性もあります。このため、今回の依頼を受けるか否かを判断する前提として、当初の企業との契約条件を確認するとよいでしょう。

ケーススタディ

自身のウェブサイトに、これまで描いたイラストを掲載しています。自分のイラストを画像生成ＡＩに利用されたくないのですが、画像生成ＡＩによる利用を制限できますか？

◇考え方のポイント

一般論としては、第三者が、無断であなたのイラストを利用した場合には、著作権侵害となり得ます。ただ、生成ＡＩの開発・学習段階においては、他人の著作物を利用したとしても、基本的には著作権侵害にはなりません（著作権法30条の４。２８５頁）。このため、多くの場合、自身のイラストが画像生成ＡＩの開発・学習に利用されることを制限することは難しいでしょう。

なお、著作物に「この作品のＡＩの開発・学習への利用を禁止します」などの注意書を付記する対応も考えられます。これを見て、利用を避けてくれればよいですが、仮にこうした注意書を付記したとしても、法的には、ＡＩの開発・学習を制限できない可能性があります。[※]

一方、著作物に複製等を防止する技術的措置を講じておくと、一定の条件のもとではＡＩの開発・学習による利用を制限できる可能性もあります。

※「新たな知財制度上の課題に関する研究会報告書」

美術

◇美術の著作物性

美術の著作物は、著作物として比較的イメージしやすい部類と思います。絵画のほかに、版画、彫刻等が例示されています（著作権法10条1項4号）。

美術の著作物には、絵画や彫刻のような美術作品のほか、美術工芸品が含まれます（同法2条2項）。美術工芸品とは、伝統工芸品などをいい、壺、抹茶茶碗などの一品制作品が典型です。

イラストと同様に、絵画、版画、彫刻等は、比較的容易に著作物性が認められます。絵画、版画、彫刻等は、表現の対象、方法等の制約が少ないため、表現の選択の幅が広く、創作性が認められやすい傾向もあります。その反面、似たような作品との間には類似性が認められやすく、その結果として著作権侵害が肯定される範囲も広くなる可能性があります。

過去には、合掌造りの素描画（左頁上の左側）を参考に、土産物としての暖簾《のれん》（同・右側）が制作・販売された事案があります。これらの絵は、一見すると似ていますが、よく見ると、家や田んぼの角度、背景などが異なります。ただ、この程度の違いでは類似性を否定するのは不十分で、著作権侵害とされました（東京地判平成4年11月25日）。

また、別の事案では、風景画（左頁下の左側）を参考に、贋作《がんさく》（同・右側）が制作されまし

絵画について著作権侵害となった例

東京地判平成4年11月25日

原告作品

被告作品

大阪高判平成9年5月28日

原作

贋作

東京地判平成15年11月12日

原告作品

被告作品

た。これらの風景画は、地面や空の配置、塗り方などが異なりますが、同様に著作権侵害とされました（大阪高判平成９年5月28日）。

　そのほか、どちらかというと美術作品というよりイラストの部類ですが、上図の事案では、左側の作品は右側の作品の著作権侵害とされました（東京地判平成15年11月12日）。

　ただ、これが抽象的な現代美術となると、著作物性の有無に関する判断が難しくなります。また仮に、著作物性が認められても、著作物として保護される範囲は限定的かもしれません。コンセプト、テーマ（題材）、素材等の選択は、アイデアの範囲であって、表現そのものではないからです。このため、コンセプト、テーマ（題材）、素材等が似ている作品があっても、それだけでは著作権侵害にはならないのです。

たとえば、アンコウ型の行灯《あんどん》（次頁上写真・京都地判平成7年10月19日）やパネル状の美術作品（同下・東京地判平成12年9月19日）（各左側）については著作物性が認められました。ただ、これらの原作品と、コンセプト、テーマ（題材）、素材等が共通する作品（各右側）については、形状、色彩等の具体的な表現が異なるなどとして、著作権侵害が否定されました。

現代美術のなかには、著作物性の判断自体がさらに難しい作品もあります。大量生産された既製品を利用したレディ・メイドがその一例です。

現代美術

現代美術のなかには、著作物性の判断が難しいものも。レディ・メイドもそのうちの一つ

著作権侵害の裁判で立体作品における著作物性が問われた例

京都地判平成7年10月19日

著作物性あり

非侵害

原告作品

被告作品

東京地判平成12年9月19日

著作物性あり

非侵害

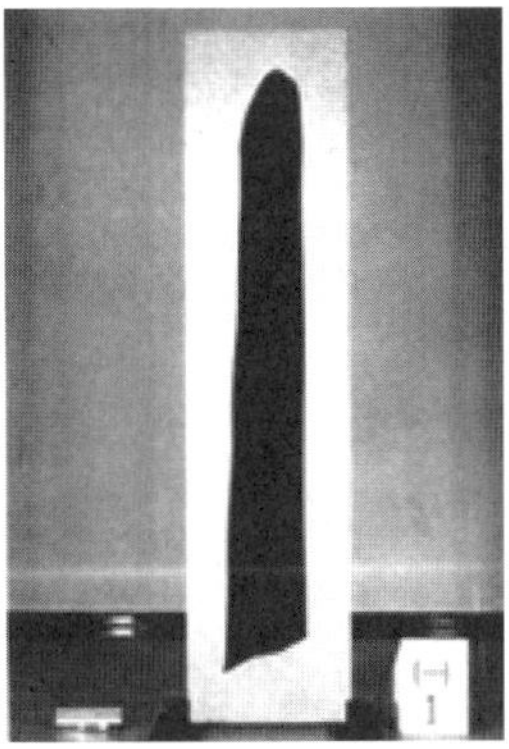

原告作品

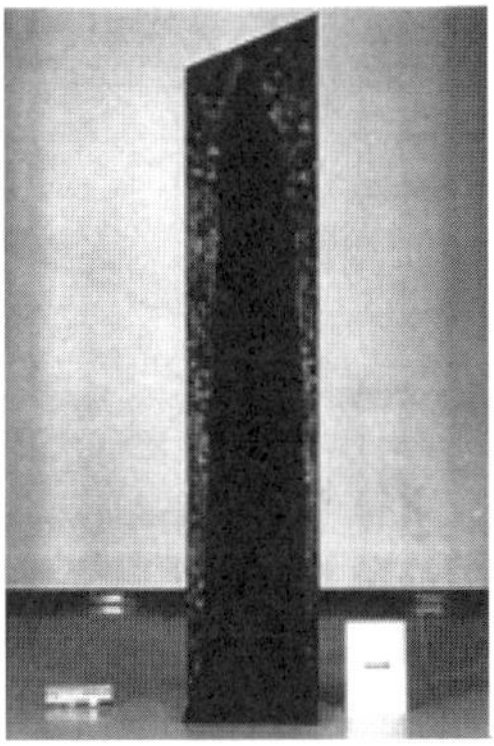

被告作品

「レディ・メイド」とは、コンセプチュアル・アートなどの先駆者マルセル・デュシャン（Marcel Duchamp）氏が唱えた概念で、端的にいうと、既製品を「オブジェ」として陳列するものです。敢えて具体的な名前は挙げませんが、レディ・メイドのほかにも、人工物や自然物を配置した作品、キャンバス全体を一色のみで塗ったような作品、シンプルな文字のみで構成される作品など、表現がシンプルな作品もあり、こうした作品についても著作物性の判断が困難です。

これらは紛れもない美術作品であり、美術作品として高い評価を得ているものもありますが、どこまでが著作権法上保護される表現であり、また、どこまでが著作権法上保護されないアイデアなのかは悩ましい問題です。

表現とアイデアの境界

「表現とアイデアとで、著作権としての保護の有無が異なる」という考え方自体はシンプルです。ただ、保護されない「アイデア」と保護される「表現」との間に、明確な境界線はありません。

「表現」と「アイデア」の捉え方が争われた例

大阪高判令和3年1月14日

原告作品
「メッセージ」

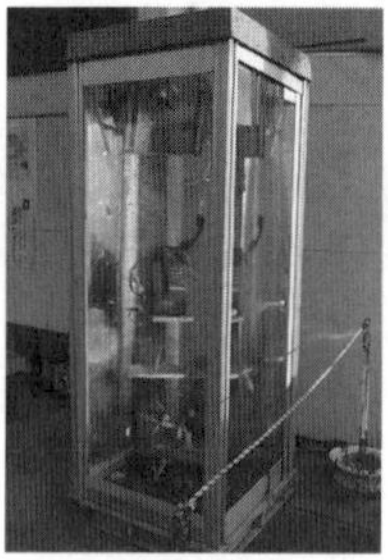

被告作品
「金魚電話ボックス」

たとえば、現代美術家による「メッセージ」という原作品（前頁写真・左側）と似た、「金魚電話ボックス」という作品（同・右側）の著作権侵害の有無が問題となりましたが、一審（奈良地判令和元年7月11日）と二審（大阪高判令和3年1月14日）とで、アイデアや著作物の範囲についての考え方が異なり、著作権侵害か否かの判断も異なりました。

一審では、原作品「メッセージ」のアイデアを、「電話ボックス風の造形物を水槽に仕立て、中に公衆電話機を設置した状態で金魚を泳がせること」などと広く捉えた一方、原作品の表現の範囲を「公衆電話ボックス風の造作物の色・形状、公衆電話機の種類・色・配置等」などと狭く解釈し、著作権侵害を否定しました。逆に高裁では、原作品について「公衆電話機の受話器が水中に浮いた状態で固定され、そこから気泡が生じていること」などと表現の範囲を広く捉え、「金魚電話ボックス」による著作権侵害を認めました。

このように、アイデアや表現の捉え方によって、著作物や著作権侵害となる範囲が異なります。アイデアと表現の境界線は、裁判所によっても判断が異なる難しい問題なのです。

勘どころ

- **美術の著作物は、絵画、版画、彫刻、美術工芸品（伝統工芸品）など。**
- **美術については著作物性は比較的認められやすいが、著作権侵害が肯定される範囲も広くなる。**
- **著作権法では、「表現」は保護されるが、「アイデア」自体は保護されない。しかし、アイデアと表現に明確な境界線はない。**

◇美術に関する権利制限規定

美術の著作物には、特徴的な権利制限規定がいくつかあります。権利制限規定に該当すれば、利用に際して著作権者の承諾は不要となります（94頁）。

原作品の展示

著作者は、美術の著作物または未発行の写真の著作物について、原作品により公に展示する権利を専有します（著作権法25条）。

原作品とは、絵画のような一品制作品については、その一品制作品です。版画や鋳造彫刻については、原作品として制作されたオリジナル・コピーも原作品に含まれます。また、写真については、著作者が製作した「ネガ」から作成された「ポジ」などが原作品に含まれます。

この規定に従うと、美術作品を購入した所

美術作品の展示

美術品の所有者　　美術品の著作権

原作品の所有者はオフィス、美術館等で展示したり、貸し出して展示を行うことができる。ただし、屋外に恒常的に設置する場合は、著作権者の承諾が必要有者であっても、作品を公に展示すると著作権侵害になってしまいます。美術作品を購入しても、通常は美術作品の所有権が移転するだけで、著作権は移転せずに作家側に残るからです。ただ、これでは美術品の所有者は作品を展示するたびに著作者の承諾が必要となり、不便です。このため、美術の著作物と写真の著作物の「原作品の所有者」またはその同意を得た者は、その著作物を原作品により公に展示できるようになっています（同法45条1項）。

つまりは、美術の著作物または写真の著作物の原作品を購入し、所有しているコレクター、美術館等は、アーティスト（著作権者）の承諾がなくても、自ら原作品をオフィス、美術館等で展示できますし、所有者であるコレクターや美術館の承諾があれば、その貸出を受けて別の場所で展示もできます。

ただ、美術の著作物の原作品を、街路、公園やビルの外壁など、一般公衆の見やすい屋外の場所に恒常的に設置する場合には、著作権者の承諾が別途必要です（同法45条2項）。以下のとおり、屋外の場所に恒常的に設置された美術作品は、比較的自由に利用できてしまうため（同法46条4号）、これに配慮するための規定です。

屋外に恒常的に設置されている美術の著作物の「原作品」

１０６頁でも触れましたが、屋外に恒常的に設置されている美術の著作物の「原作品」や建築の著作物については、左記の例外にあたらない限り、著作権者の承諾なく作品を利用できます（同法46条各号）。利用方法にとくに制限はありません。ただ、展示に関する右記の規定と異なり、写真は対象外です。

※著作権者の承諾が必要な場合

①彫刻のレプリカを作成し、またはそのレプリカを譲渡により公衆に提供する場合
②建築の著作物を模倣して建築し、またはその複製物の譲渡により公衆に提供する場合
③街路、公園その他一般公衆に開放されている屋外の場所に、恒常的に設置するために複製する場合
④複製絵画、絵葉書など、専ら美術の著作物の複製物の販売を目的として複製し、または、その複製物を販売する場合

この④については、カレンダーのほか、マグカップ、クリアファイルなどのさまざまな商品化に際しても、著作権者の承諾が必要となる可能性があります。

なお、この例外規定によって自由な利用が認められる美術の著作物は、屋外に恒常的に設置されている原作品に限られます。屋外に飾られている複製品は対象外ですし、室内に飾られている作品は、原作品、複製品とも対象外です。これらの作品を複製、公衆送信等の方法で利用するには、著作権者の承諾が必要となります。

美術の著作物等の展示に伴う複製（47条）

美術や写真の展覧会には、解説や紹介用の小冊子（カタログ、目録）を作成し、展示物を掲載することがあります。

これに関連して、美術・写真の著作物の「原作品」を公に展示する者は、著作物の解説・紹介のための小冊子にその著作物を掲載できます（同法47条1項）。

紙媒体に限らず、観覧者のための展示著作物の解説や紹介を目的とする場合には、タブレットなどで展示著作物の上映や自動公衆送信をすることも可能です（同2項）。

また、原作品の展示者は、展示著作物の所在情報を公衆に提供するために、展示著作物の複製や公衆送信を行うことも可能です（同3項）。

ただ、著作権者の承諾が不要な「小冊子」は、比較的簡易なものです。美術館で販売される図録のなかには、鑑賞用の画集や写真集と同様に、鑑賞目的のものや、書籍のようなものもあります。これらは小冊子に含まれず、作品の掲載に際しては、著作権者の承諾が必要となります（東京地判平成元年10月6日、東京地判平成9年9月5日、東京地判平成10年2月20日）。

また、その利用が必要と認められる限度であり、かつ「著作権者の利益を不当に害しないことが前提です。その具体的な範囲については、

美術の著作物等の展示に伴う複製

図画としての複製 （カタログ本への掲載など）	50㎠以下（名刺サイズ程度）
デジタルとしての複製 （カタログCDへの掲載など）	3万2400画素以下
公衆送信 （ネット配信など）	コピープロテクトなし： 3万2400画素以下 コピープロテクトあり： 9万画素以下

美術の関連諸団体による「美術の著作物等の展示に伴う複製等に関する著作権法第47条ガイドライン」が参考になります。

美術の著作物等の譲渡等の申出に伴う複製等

ＥＣサイト、インターネット上のオークションなどにおいて、美術品や写真を販売する際には、その美術品や写真の紹介のために、著作物を複製または自動公衆送信できます（同法47条の２）。ただ、著作権者の利益を不当に害しないための「政令で定める措置」を講じることが必要です。その内容は、複製物の媒体によって、概要は、２０９頁の表のとおりとされています（著作権法施行令7条の3、著作権法施行規則４条の２）。

勘どころ

- 美術の著作物には、特徴的な権利制限規定がある。
- 美術作品を所有しているコレクター、美術館などは、アーティストの同意がなくても、作品をオフィス、美術館などで展示できる。また、所有者であるコレクターや美術館の同意があれば、その貸出を受けて別の場所で展示できる。
- ただし、一般公衆の見やすい屋外の場所に恒常的に設置する場合には、著作権者の承諾が必要。
- 美術・写真の著作物の原作品を展示する美術館などは、著作物の解説・紹介のための小冊子に作品を掲載できる。

音楽

◇音楽の著作物性

音楽の著作物は、主に「楽曲」と「楽曲を伴う歌詞」に分けられます。著作権者は、作曲者、作詞者などです。

楽曲については、メロディ（旋律）に目（耳？）が行きがちですが、そのほかに、リズム、ハーモニー（和音、コード）、テンポなども重要な要素です。

著作物性の有無や、他の楽曲との著作権侵害の有無についても、これらの要素を中心に検討されます。歌詞の著作物性や著作権侵害の有無については、同じ言語的表現である詩などと同様に判断されます。

楽曲が著作物として保護されるには、他の類型の著作物と同様に、創作的な表現である必要があります。ありふれたもの、オリジナリティがないものなどは著作物にはなりません。このため、楽曲が著作物となるには、必然的に一定の長さが必要となります。少なくとも数小節は必要と思われますが、著作物になるために必要な最小限の長さについて、明確な基準はありません。

ちなみに、これらの著作物性については別途検討が必要ですが、ＪＡＳＲＡＣには、たとえば次のような短い（と思われる）楽曲も登録されています。

●ゲーム「ドラゴンクエスト」のレベルアップ音
●ファミコン用ゲーム「悪魔城ドラキュラ」のステージクリア音
●ゲーム「ゼルダの伝説」の謎解き音

また、批判もありますが、効果音や環境音に著作物性を認めた裁判例もあります（知財高判令和5年3月14日）

◇音楽に関する著作権侵害（類似性）

音楽についても、似たような楽曲があれば、著作権侵害が問題となり得ます。ただ、これまで、音楽の著作権侵害が問題となった事案で、判決にまでなった例は多くはありません。

たとえば、「ワン・レイニーナイト・イン・トーキョー」（最判昭和53年9月7日）、「記念樹」（東京高判平成14年9月6日）、「バシッとキメたいそう」（知財高判平成28年12月8日）などです。判断の仕方は事案ごとに異なりますが、類似性の判断においては、やはりメロディ（旋律）が重視されています。

「バシッとキメたいそう」の裁判例では、音楽の4要素であるメロディ（旋律）、ハーモニー（和声）、リズム、形式のうち、まずは旋律の同一性や類似性を中心に考慮し、必要に応じてリ

勘どころ

▶ 音楽の著作物は、主に「楽曲」と「楽曲を伴う歌詞」に分けられる。
▶ 楽曲は、メロディのほか、リズム、ハーモニー（和音、コード）、テンポなども重要な要素。
▶ 楽曲が著作物となるには、必然的に一定の長さが必要となる。

ズム、テンポなどの他の要素の同一性や類似性を総合的に考慮するとの考え方が示されました。

また、旋律の同一性や類似性を判断する際には、問題となった各楽曲について、旋律がどの程度一致するかといった一致率が検討されます。

たとえば、小林亜星さんの『どこまでも行こう』は、服部克久さんの『記念樹』と主旋律（音の高さ）の約72％が一致するとして、著作権侵害と判断されました。この事案では、いくつかの楽曲が比較されましたが、別曲で似ている印象を与える主旋律（音の高さ）の一致率は、※高くても40％程度とされています。

「バシッとキメたいそう」については、著作権侵害が否定されましたが、問題となった楽曲間における主旋律の一致率は総じて20％程度だったようです。

音楽の著作権侵害に関しては、主旋律がどのくらい一致するかも判断のポイントに

※「クマーナ」と「いいじゃないか幸せならば」という各楽曲のもの

◇音楽にまつわる諸権利

音楽については、作詞、作曲などの著作権のほかに、著作隣接権も発生します（著作隣接権については42頁）。音楽に関する主な著作隣接権は、実演家の権利と、レコード製作者の権利です。

実演家に関する権利

音楽を演奏する場面では、楽曲を歌うメインアーティストのほかに、BGMを演奏するバックミュージシャンなども実演家となります。メインアーティストとバックミュージシャンの待遇は異なりますが、著作権法では同じく実演家です。

実演家は、自身の実演について、録音権・録画権（著作権法91条）、放送権（92条）、送信可能化権（92条の2）、貸与権（95条の3）などを有します。実演家は、自身の実演について、他人が録音・録画、放送、アップロード、レンタル等を行う際に、こうした権利を主張し、利用の差止や損害賠償の請求を行うことができます。

レコード製作者に関する権利

音源を制作する際には、通常、レコーディングスタジオ、ミュージシャンなどを手配して、レコーディング、編集、マスタリング等の作業を行います。これらの作業には、費用や時間がかかります。著作権法は、こうした費用を負担して、音源を制作した会社などに著作隣接権を認め、権利を保護しています。実務上、音源に関する権利を「原盤権」、音源に関する権利の保有者を「原盤権者」などといいます。ちなみに、PV（プロモーションビデオ）、MV（ミュージックビデオ）などの映像を（「盤」の字を変えて）「原版」と呼ぶこともありますが、映像に関する権利は著作隣接権ではなく、著作権です。

原盤権者は、自己が権利を有する音源（原盤）について、複製権（同法96条）、送信可能化権（同法96条の2）などの権利を有します。原盤権者は、自身が有する原盤について、他人が複製、アップロード等を行う際にこうした権利を主張し、利用の差止や損害賠償を請求することができます。

なお、原盤権者は、自身が保有する音源（原盤）の放送についても権利を有します（97条1項）。ただ、この権利は、原盤を放送した放送業者などに対して使用料を請求できる権利であって、利用の差止や損害賠償の請求はできません。

また、実演家やレコード製作者は、貸与権（同法95条の3、97条の3）も有します。ただ、貸与権は、商業用レコード（CDや音源）のみに発生する権利で、権利の期間も発売後1年間に限られます。商業用レコードが発売されない場合や、映画やDVDなどの映像ソフトには貸与権は及びません。また、発売開始1年後からは、レンタル業者に対して報酬を請求できる権利（報酬請求権）に変わります。

なお、音楽の分野では、アーティストが有する実演家の権利は、通常、音源を制作したレコード会社に譲渡されます。レコード会社は、その譲渡の対価として、CDの販売、レンタル等により売上やレンタル料が入ってきた場合には、アーティストに一定の割合（印税）を分配します。

逆にいうと、利用者は、市販のCDや配信用音源を利用する際には、レコード会社との権利処理は必要ですが、多くの場合には、アーティストとの権利処理は不要です。ただ、市販のCDや配信音源以外を利用する場合など、音源の利用に際して、アーティストと原盤製作者の双方の承諾が必要となる場合もあります。

◇音楽に関する権利処理

音楽を利用する際には、作詞及び作曲に関する著作権と、実演及び原盤（音源）に関する著作隣接権への配慮が必要です。たとえば、他人の楽曲を利用する場合であっても、自ら演奏及び録音するなど、既存の音源を利用しない場合には、著作権のみの権利処理で足り、音源についての権利処理は不要です。一方、既存の音源を利用する場合には、著作権のほかに、著作隣接権（実演家の権利やレコード製作者の権利）についての権利処理が必要となり得ます。

勘どころ

- **音楽（音源）については、作詞、作曲といった著作権のほかに、著作隣接権も発生する。**
- **音楽に関する主な著作隣接権は、実演家に関する権利と、レコード会社に関する権利。**
- **アーティストが有する実演家の権利は、通常、音源を制作したレコード会社に譲渡され、アーティストに売上やレンタル料の一部（印税）が分配される。**

著作権

ＪＡＳＲＡＣやNexToneといった著作権等管理事業者が管理している楽曲については、利用したい楽曲を管理している著作権等管理事業者との権利処理が必要となります。権利処理の方法は、楽曲の利用方法（例：コンサートでの演奏、インターネット上での利用、音楽・映像ソフトの制作）によって異なり、使用料も、楽曲の利用方法や規模によって異なります。内容は多岐に渡りますので、詳細は、各著作権等管理事業者のウェブサイトをご参照ください。

ＪＡＳＲＡＣやNexToneが管理していない楽曲を利用する場合には、楽曲ごとに著作権者との権利処理が必要となります。そのためには、著作権者（作詞家・作曲家）を探して個別交渉する必要がありますし、著作権者によって、権利処理の方法や使用料もまちまちです。なかには、著作権フリーの楽曲もありますが、これについては171頁をご参照ください。

また、YouTube、ニコニコ動画、Facebook、インスタグラム、TikTokなどのプラットフォームは、個人が利用する場面について、ＪＡＳＲＡＣやNexToneと包括的な楽曲利用許諾契約を締結しています。このため、個人が、こうしたプラットフォーム上で、ＪＡＳＲＡＣやNexToneが管理している楽曲を利用する際には、著作権の処理は不要です。ＪＡＳＲＡＣとの著作権処理が不要なプラットフォームについては、ＪＡＳＲＡＣのウェブサイト「利用許諾契約を締結しているＵＧＣサービスの一覧」に記載があります。なお、この一覧にはＸ（旧ツイッター）の記載がないため、音楽の利用に際しては、著作権処理が必要と考えられます。

ちなみに、一部のブログサイトには、ＪＡＳＲＡＣとの権利処理を行っており、個人などが歌詞の掲載が可能なものもあります（アメーバ、ライブドア、楽天など）。

なお、ここでは、主に国内の楽曲を想定しています。海外の楽曲については、録音・録画の際などに著作権処理が別途必要となり得ます。その際の著作権使用料は、かなり高額となることもあります。

著作隣接権

著作権と異なり、著作隣接権については、ＪＡＳＲＡＣやNexToneのように、個人や企業による各音源の利用に関する権利を一元的に管理している事業者はありません（厳密には、放送番組やその同時配信等に伴う音源の利用については、日本レコード協会が集中管理を行っています）。アグリゲーターといわれるような複数のレコード会社などの権利処理窓口となる事業者もいますが、基本的には、利用する音源ごとに権利処理を行うレコード会社等が異なります。このため、音源ごとに原盤権者を探し、個別に交渉するといった手続きが必要となります。仮に、海外の音源を利用したい場合には、海外のレコード会社等との交渉が必要です。

なお、右記のように、多くの市販のＣＤや配信音源については、実演家の権利はレコード会社に譲渡されています。こうした音源については、レコード会社のみと権利処理を行えば足り、実演家との権利処理は不要です。

サンプリング

音楽では、過去の曲や音源の一部を利用し、新たな曲を制作するといったサンプリングの手法が用いられることがあります。ヒップホップなどのクラブ・ミュージックで、比較的よく用いられる技法です。筆者はソウル／ディスコミュージックが好きですが、Parliament／Funkadelic、Fatback Band、Bar-Kays、Salsoul系などをはじめ、往年の名曲がブレイクビーツなどにサンプリングされると嬉しく感じます。ただ、こうしたサンプリングの際にも、歌詞や楽曲などの著作権と、実演や音源などの著作隣接権への配慮が必要です。

まずは著作権です。サンプリングによって、元ネタの創作性のある部分を利用して再生する際には、作詞家や作曲家などの著作権者の承諾が必要です。ただし、たとえば、元ネタの利用部分が短い場合など、利用部分だけでは創作的な表現を利用または再生したとは認められない場合には、著作権侵害にはならず、作詞家や作曲家との権利処理は不要となり得ます。

一方、著作隣接権については少し考え方が異なります。元ネタの音源をそのまま利用すれば、仮に1秒といった短い利用時間でも原盤権の侵害になる可能性があるのです。サンプリングしたフレーズが元のレコード音源を識別できる程度に再現されている場合は、そのフレーズに創作性がなくても、著作隣接権（レコード製作者の複製権）の侵害となり、反対に、元のレコード音源が識別できないほどに変容している場合は、著作隣接権の侵害とならないといった考え方もあります。このあたりの考え方は定まっていませんが、他人の音源を無断でサンプリングに利用すると、短い利用時間であったとしても、著作隣接権の侵害となる可能性はあります。

ケーススタディ

歌と英語が得意です。洋楽をかっこよく歌うコツをまとめた動画を作成し、SNSにアップしたいと思います。誰の承諾が必要ですか。

◇考え方のポイント

音楽の利用に際しては、歌詞や楽曲（メロディ）の著作権のほかに、音源の著作隣接権に関する承諾が必要となります。

著作権については、JASRACやNexToneに登録されている楽曲であれば、JASRACやNexToneとの（ビデオグラム録音、インタラクティブ配信などに関する）権利処理が必要です。ただ、動画の投稿先によっては、JASRACやNexToneとの権利処理が不要なプラットフォーム（例：YouTube、インスタグラム、TikTok）もあります。

また、著作隣接権については、市販の音源を利用する場合には、レコード会社などとの権利

勘どころ

- **音楽（音源）を利用する際には、作詞や作曲に関する著作権と、実演や音源に関する著作隣接権への配慮が必要。**
- **著作権等管理事業者（JASRAC、NexToneなど）が管理している楽曲については、著作権についての著作権等管理事業者との権利処理が必要。**
- **一定のプラットフォーム（YouTube、Facebook、インスタグラムなど）で各個人が利用する際には、JASRACやNexToneと包括的な楽曲利用許諾契約を締結しているため、各個人の利用に際しては、著作権の処理は不要。**

処理が必要です。ただ、市販の音源は利用せず、自ら演奏及び歌唱する場合には、著作隣接権に関する権利処理は不要です。

このため、たとえば、ＪＡＳＲＡＣの登録曲を自分で演奏及び歌唱した映像を作成し、YouTubeに投稿する場合には、音楽や音源に関する権利処理は不要となり得ます。

ただ、これは個人が広告以外の目的で動画を作成し、YouTubeに投稿する場合を想定しています。広告目的で動画を作成する場合には、別途の権利処理（広告目的複製）が必要となり得ます。また、個人ではなく企業が動画を作成して投稿する場合には、使用する楽曲が外国曲であれば、別途の権利処理（ビデオグラム録音）が必要で、著作権使用料が10万円を超えるときもあります。

さらには、個人・企業を問わず、投稿先のプラットフォームによっては、ＪＡＳＲＡＣやNexToneとの権利処理が必要となり得ますし、YouTubeへの投稿であっても、市販の音源を利用する場合には、レコード会社などとの音源の権利処理が必要となります。この際の著作権使用料は、数十万円となることもあります。実務的には、こうした権利処理の負担を避けるため、敢えて外国曲ではなく内国曲（日本の楽曲）を利用することもあります。

音楽を利用した動画を投稿する際には、利用する楽曲、投稿先のプラットフォーム、動画の作成の有無などによって、必要な権利処理が異なります。※ＪＡＳＲＡＣのウェブサイトにフローチャートがありますので、こちらもご参照ください。

※JASRACのウェブサイト「YouTubeなどの動画投稿（共有）サービスでの音楽利用」
https://www.jasrac.or.jp/info/network/pickup/movie.html

ダンス

◇ダンスの著作物性

著作権法上、舞踊や無言劇は著作物の類型に例示されています（10条1項3号）。「舞踊」とは日本舞踊やバレエ、フラダンスなどの踊りをいい、「無言劇」とはパントマイムなどです。ただ、こうしたダンスのすべてが著作物となるわけではありません。ダンスが著作物となるには、著作物の他の類型と同様に、思想または感情の創作的な表現である必要があります。

これまで著作物性が認められた振り付けには、バレエ（東京地判平成10年11月20日）、日本舞踊（福岡高判平成14年12月26日）、フラダンス（大阪地判平成30年9月20日）などがあります。一方、著作物性が否定された振り付けには、「キラキラぼし」の手あそび歌（東京地判平成21年8月28日）、社交ダンス（東京地判平成24年2月28日）などがあります。

ただ、これらの著作物性の有無は事案ごとの判断であり、たとえば、バレエや日本舞踊の振り付けは常に著作物となり、社交ダンスの振り付けは常に著作物にはならない、といった単純な図式ではありません。著作物にならないバレエの振り付けもあれば、著作物になる社交ダンスの振り付けもあります。

ちなみに、この社交ダンスの裁判例は、映画「Shall Weダンス？」です。この裁判例では、ダンスの振り付けが著作物に該当するには、基本的な考え方として「単なる既存のステッ

プにとどまらない顕著な特徴を有するといった独創性を備えることが必要」といった考え方が示されました。その上で、

①基本ステップから構成され、その流れや展開がありふれている振り付け

②基本ステップに若干のアレンジを加えたに過ぎない振り付け

③単純な動きであって顕著な特徴がない振り付け

等について、著作物性を否定しました。

仮に、個々のステップや体の動き自体が著作物となると、そのステップや動きの作成者は、そのステップや動きを独占的に利用できる反面、他の人は、同じ、または似たステップや動きが制限されます。その結果として、体の動きやダンスのバリエーションが制約されることが懸念されます。こうした配慮もあり、振り付けの著作物性は、やや限定的に判断されています。

こうしてみると、ダンスの振り付けが著作物になり得ること自体は間違いないものの、個々のステップに著作物性が認められるハードルはそれなりに高そうです。

なお、前述のフラダンスの事案では、手の動きにステップを組み合わせることにより、歌詞の表現や舞踊的効果を顕著に増幅等している場合には、手の動きとステップを一体とした振り付けに著作物性が認められるとしました。また、日本の著作権法上は、映画を除いて、録音や録画などの媒体への記録（固定）は、著作物となるための要件ではありません。このため、即興（インプロまたはインプロヴィゼーション）での振り付けも、創作性があれば、再現の可否は別として著作物となり得ます。

勘どころ

- 著作権法上、舞踊や無言劇は、著作物の類型の一つ。
- ダンスの振り付けは、著作物になるが、個々のステップに著作物性が認められるハードルは高い。
- 即興（インプロ）での振り付けも、創作性があれば、再現の可否は別として著作物となる。

◇ダンスに関する諸権利

ダンスはYouTubeやTikTokでも人気コンテンツです。ダンスには振付家、ダンサー、楽曲の著作権者などの権利が関わります。

振付家の権利

著作権法の世界では、ダンスの振り付けをする「振付家」（コレオグラファー）とその振り付けを踊る「ダンサー」とは位置付けが異なります。ちなみに、自分で振り付けし、その振り付けを踊る場合には、振付家とダンサーの立場を兼ねることになります。

振付家は、自身の振り付けが著作物となれば、その振り付けについて著作権を有するとともに、著作者人格権を有します。このため、著作物性のある振り付け（の一部）を利用するには、振付家から承諾を得るといった権利処理が必要となり得ます。

ダンサーの権利

著作権法上、ダンサーは「実演家」と位置付けられます。

「実演」とは、著作物を、演劇、舞踊、演奏、歌唱、口演、朗詠その他の方法で演じることをいい、演じる対象は著作物に限りません。演じる対象が著作物以外であっても、芸能的な性質があれば実演に含まれます（同法2条1項3号）。

このため、仮に、ありふれた振り付けなど、著作物とはいえない振り付けを踊った場合であっても、そのダンサーは実演家となります。

ダンサーは、プロ・アマ問わず、自身のダンス・フォーマンスについて、実演家の権利（著作隣接権）を有します。著作隣接権の内容は、音楽アーティスト（214頁）と同様です。このため、ダンス・パフォーマンスの録音・録画、放送・有線放送、アップロードなどに際しては、そのダンサーの承諾が必要となり得ます。

なお、ダンサーの一人ひとりが実演家となり、実演家の権利（著作隣接権）を有します。ソロや少人数のパフォーマンスに限らず、大人数でのダンス・パフォーマンスについても、そのパフォーマンス映像等を利用するには、原則として、出演したダンサー全員との権利処理が必要となるのです。

音楽の著作権／著作隣接権

ダンスの実演に際して、音楽や音源を利用する際には、著作権や著作隣接権にも注意が必要です。

著作権のうち演奏権は、公衆に音楽を聞かせる権利をいい、生演奏だけでなく、ＣＤや配信用音源の再生も含みます。

このため、ＪＡＳＲＡＣやNexToneといった著作権等管理事業者を含め、著作権者との権利処理を行うことなくＣＤや配信用音源をダンス・パフォーマンスに利用した場合には、著作権侵害となり得ます。なお、個人や少人数のグループ内であれば、「公衆」ではないとして、こうした権利処理は不要となる場合もあります。ただ、継続的にＣＤや配信用音源を利用してダンス・レッスンを行うような場合は、受講生も「公衆」にあたり、権利処理が必要となる可能性があります（名古屋地判平成15年2月7日）。ちなみに、音楽教室の生徒も「公衆」にあたるものの、生徒の演奏は「公衆に直接…（中略）…聞かせることを目的」とした演奏ではないとされました（最判令和4年10月24日の原審）。

また、音楽の編曲には別途留意が必要です。編曲に関する権利（翻案権や同一性保持権）は著作権者や著作者に帰属するため、著作権者や著作者の承諾のない編曲は、翻案権や同一性保持権の侵害となり得るのです。単なるカットイン／カットアウトやフェードイン／フェードアウトであれば、これらの権利の侵害にはならないかもしれません。ただ、ピッチの変更、つなぎ合わせといった作業を行えば、これらの権利の侵害とされる可能性もあります。なお、ＪＡＳＲＡＣやNexToneは編曲や改変についての権利処理を行っていませんので、編曲について承諾を得るには、ＪＡＳＲＡＣやNexToneではなく、著作者や著作権者との個別交渉が必要となります。

加えて、ダンス・パフォーマンスに際して既存の音源を利用するには、音楽実演家やレコード会社の著作隣接権にも配慮が必要です。音楽実演家は、自身の実演について権利を有し、また、レコード会社は、自身が製作したレコード音源について権利を有します。

既存の音源を流すこと自体には、著作隣接権は働かず、音楽実演家やレコード会社の承諾は不要です。ただ、ダンス・パフォーマンスの録画に伴い、既存の音源を録画する場合には、その音源の音楽実演家やレコード会社から、録音権や録画権についての承諾を得る必要があり得ます。さらには、その録画映像を放送やネット配信するに際しても、音楽実演家やレコード会社から、放送・有線放送権や送信可能化権についての承諾を得る必要があり得ます。

勘どころ

- ダンスには振付家、ダンサー、楽曲の著作権者などの権利が関わる。
- 振付家は、その振り付けについて著作権を有するとともに、著作者人格権を有する。このため、著作物性のある振り付けを利用するには、振付家から許諾を得ることが必要。
- 著作権法上、ダンサーは「実演家」。ダンス・パフォーマンスの録音・録画、放送・有線放送、アップロードなどに際しては、そのダンサーの承諾が必要。
- ダンスの実演に際して、音楽や音源を利用する際には、著作権や著作隣接権にも注意が必要。

◇ダンスに関する権利制限規定（非営利上演）

そのほかにも、ダンスの実演にはさまざまな著作物が関わります。たとえば、衣装、大道具、小道具なども著作物となる可能性があります。また、内容によっては、舞台照明なども、著作物となる可能性があります。それぞれの内容次第ではありますが、こうした演出的な要素を利用するに際しても、著作権者の承諾が必要となり得ます。

ただ、公表された著作物は、

①営利を目的とせず

②聴衆や観衆から料金の支払いを受けず、かつ、

③出演者その他の実演家も無報酬であれば、

著作権者の承諾がなくても、上演、演奏、上映または口述が可能です（著作権法38条1項。非営利上演：104頁）。

たとえば、学校の文化祭などでの無償イベントは、非営利上演にあたり、著作権者の承諾が不要となる可能性があります。ただ、著作権者の承諾が不要となるのは、上演、演奏、上映または口述であって、ネット配信などの公衆送信は対象外です。このため、文化祭、非営利団体の無償イベント等については、イベントの開催自体には著作権者の承諾が不要であったとしても、ネット配信に際しては、著作権者の承諾が必要となり得ます。

ケーススタディ

有名なテーマパークのショーを撮影し、その動画をＳＮＳに投稿したいです。問題がありますか？

◇考え方のポイント

テーマパークのショーについては、キャラクターのビジュアル、ショーの音楽やダンス、舞台美術などのさまざまな要素があり、それぞれ著作権、著作隣接権などが生じている可能性があります。まずショーに出演しているキャラクターのビジュアル、ショーの音楽やダンス、舞台美術などは、著作物となる可能性があり、これらを無断で利用すると著作権侵害となり得ます。また、ショーでの音源やダンスなどの実演を録音・録画して投稿すると、著作隣接権の侵害となり得ます。ご自身が撮影した動画自体については、その著作権はご自身に帰属します。ただ、被写体にご自身以外の著作物、実演などが含まれていると、これらの権利処理がなければ、著作権、著作隣接権などの侵害となるのです。

なお、個人が撮影することは私的使用（著作権法30条1項、102条1項）として、著作権者や著作隣接権者の承諾は不要となり得ます（96頁）。ただ、ＳＮＳに投稿すると、私的使用の範囲を超え、著作権や著作隣接権の侵害となるでしょう。

また、テーマパークの利用規約などにも注意が必要です。利用規約に「ショーの撮影は不可」「写真や動画のアップロードは不可」といった規定がある場合には、これに違反すると利用規約違反となり得ます。加えて、動画に他の観客が映っている場合には、その観客の肖像権なども関係しますので、この点も要注意です。

プロダクト・デザイン

◇応用美術とは

世の中には、デザイン性のあるグッズ、備品などの実用品が溢れています。こうしたデザイン性のある実用品は「応用美術」などと呼ばれます。一般論としては、

①一品制作または少量生産される壺、絵皿などの美術工芸品
②デザイン性のある家具、洋服、おもちゃ
③実用品に施された彫刻や模様
④実用品のひな型

なども応用美術となる可能性があるなど、応用美術の範囲は比較的広いものです。

応用美術などのプロダクト・デザインは、主に意匠権の守備範囲です。基本的には、特許庁に意匠権の登録出願を行い、特許庁により登録が認められた後、実際に意匠登録されたデザインのみが、意匠権による保護の対象となります。

ただ、なかには、意匠登録の有無にかかわらず著作物となり、著作権法でも保護される応用美術もあります。著作権法上、美術工芸品は「美術の著作物」に含まれるとされていますが（2条2項）、それ以外の応用美術については、明文の規定がありません。

なお、意匠権の保護期間は、２０２０年の意匠法の改正以降、出願から最長25年とされまし

たが、著作権の保護期間は、原則として創作時に起算して著作者の死後の翌年から70年です。著作権で保護されるプロダクト・デザインについては、意匠権等の出願や登録も必須でない上、保護期間も長いのです。

◇プロダクト・デザインの著作物性

応用美術の著作物性にまつわる裁判例は多く存在し、また、その考え方については長年、議論が続いています。

最近の主な考え方は、応用美術に関する著作物性を、他の著作物の著作物性と区別しています。その上で、美術工芸品以外の応用美術であっても、実用目的を達成するために必要な機能に係る構成と分離して、美術鑑賞の対象となり得る美的特性を備えている部分を把握できるものについては、「美術の範囲に属するもの」（同法２条１項１号）である「美術の著作物」（同法10条１項４号）として、著作権による保護を認めています（知財高判令和３年12月８日など）。裁判例によって細かい言い回しは異なりますが、ごく大雑把にいうと、応用美術に

勘どころ

- **「応用美術」とは、デザイン性のある実用品。**
- **応用美術などのプロダクト・デザインには、意匠権が関わる。特許庁に意匠権の登録出願を行い、意匠登録されたデザインのみが、意匠権による保護の対象となる。**
- **ただし、なかには、意匠登録の有無にかかわらず著作物となり、著作権法でも保護される応用美術もある。**

ついては、機能以外の面において一定の美的特性があるものに限り著作物として保護するといった考え方です。

裁判例が多いため、そのうちのごく一部となりますが、著作物性が認められなかった例と認められた例には、それぞれ233、234頁のようなものがあります。

なお、応用美術の実用性は主に、

①平面的なデザインなど、無体物の状態でも発揮される実用性

②立体的なデザインなど、有体物の状態で発揮される実用性

の2つに分けられます。

これらの各裁判例でいうと、①の無体物の状態でも発揮される実用性があるものとして、木目、ゴルフシャフト、Tシャツ、便箋、ピクトグラムなどのデザインがあり、②有体物の状態で発揮される実用性があるものとして、街路灯、箸、衣服（形状面）、滑り台、玩具などのデザインがあります。

個人的には、右記①については、とくに応用美術として取扱いを区別せず、他の著作物と同様の判断基準に基づき著作物性を判断するといった取扱いもあるように思っています。

著作物性が認められた応用美術（例）

博多人形
長崎地佐世保支決昭和48年2月7日

仏壇の彫刻
神戸地姫路支判昭和54年7月9日

Tシャツのデザイン
東京地判平成元年6月15日

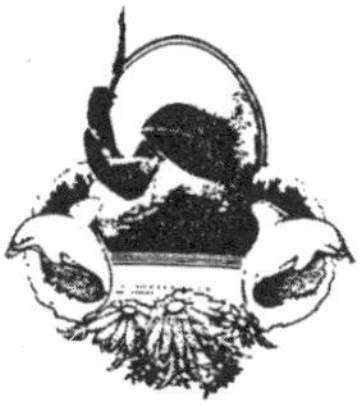

チョコエッグのフィギュア
大阪地判平成16年11月25日

ランプシェード
東京地判令和2年1月29日

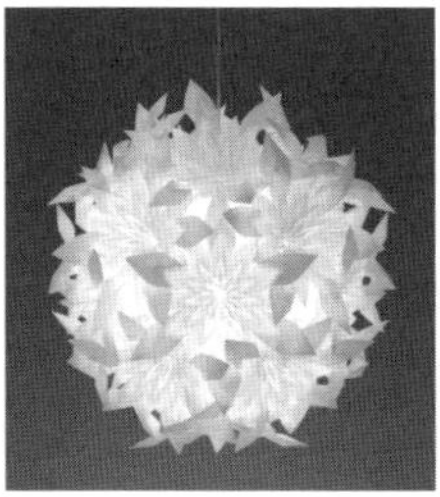

レターセットのイラスト
東京地判平成15年7月11日
191頁参照

幼児用椅子（TRIPP TRAPP）
知財高判平成27年4月14日

大阪城などのピクトグラム
大阪地判平成27年9月24日
191頁参照

著作物性が否定された応用美術（例）

木目の化粧紙
東京地判
平成2年7月20日

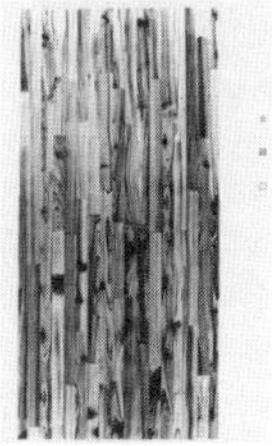

街路灯の図案
大阪地判
平成12年6月6日

服
大阪地判
平成29年1月19日

ゴルフシャフト
知財高判平成28年12月21日

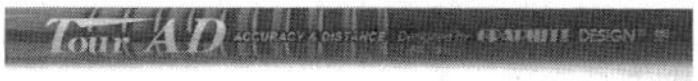

傘立て
大阪地判
平成30年10月18日

時計
大阪地判
令和3年6月24日

タコの滑り台
知財高判
令和3年12月8日

布団の模様
大阪高判
令和5年4月27日

ファービー人形
仙台高判平成14年7月9日

エジソンのお箸
知財高判平成28年10月13日

スティック型加湿器
知財高判平成28年11月30日

姿勢保持具
知財高判令和3年6月29日

◇文字デザインの著作物性

文字を利用したデザインには、フォント（タイプフェイス）、ロゴマークなどがあります。これらも、応用美術の一種です。ただ、文字は、さまざまな情報を伝えるための基本ツールですので、著作権などによって特定の人に権利を認めてしまうと、情報の伝達に支障が生じる可能性があります。このため、著作権などを中心に、文字のデザインは権利として保護されにくい傾向があります。

フォント（タイプフェイス）

フォント（タイプフェイス）は、統一的なコンセプトに基づき創作された、アルファベット、漢字、仮名などの字体です。フォントは、コンピュータ画面、印刷物などに利用され、ロゴマークの制作の場面でも、既存のフォントなどが参考または利用されることもあります。

フォントは「物品」でないこともあり、それ自体は意匠権の対象にはなりません。このため権利の保護を図るとすれば、不正競争防止法（東京高決平成5年12月24日）、著作権などが考えられます。フォントが著作物となるには、

①従来の印刷用書体と比較して顕著な特徴を有するといった独創性に加えて、

②それ自体が美的鑑賞の対象となり得る美的特性が必要とされています（最判平成12年9月7日）。

下の裁判例は、ゴナ書体という比較的シンプルなフォントですが、よりデザイン性の高いフォントについても、前述の考え方に従って著作物性が否定されました（東京地判平成31年2月28日）。

このように、フォントについては、意匠権や著作権での保護が図りにくい状況です。とはいえ、他人が制作したフォントを自由に利用できるとは限りません。フォントは、提供される際に、提供者側が利用条件（利用規約）を定めることがあります。利用条件の内容や適用の有無は、フォントによって異なりますが、適用される利用条件に違反した場合には契約違反となります。利用条件が定められている場合には、その利用条件に従ってフォントを利用するのが無難です。

フォントの著作物性が争われた例

ゴナU事件

最判平成12年9月7日

否定

原告書体　ゴナU

INTERCEPTERフォント事件

東京地判平成31年2月28日

否定

そのほかにヤギボールド（東京高判昭和58年4月26日）、岩田書体（東京高判平成5年11月8日）などもある。いずれも著作物性を否定

ロゴマーク

フォントと同様に、主に文字で構成されるロゴマークは、著作物とは認められにくい傾向があります。ロゴマークに関する過去の裁判例はいくつかありますが、下記のうち著作物性が認められたロゴマーク（装飾文字）は「趣」「華」のみです。その他のロゴマークについては、著作物性は否定されました。

　書家による「書」は、字体、筆遣い、筆勢、墨の濃淡やにじみなどのさまざまな要素が創作的な表現となり、著作物と認められることがあります。書家の「書」に限らず、これと似た文字表現も同様です。

　ただ、著作物性が認められるのは、こうした創作的な部分に限られます。著作権侵害といえるには、複写のように同一

ロゴマークの著作物性が争われた例

アサヒビール
東京高判平成8年1月25日
否定
Asahi

趣　華
大阪地判
平成11年9月21日
肯定
趣
華

住友建機
東京地判
平成12年9月28日
否定
住友建機株式会社

シャトー勝沼
東京地判
平成24年7月2日
否定
ワイナリー／工場見学
シャトー勝沼

ANOWA
知財高判
令和4年9月27日
否定
ANOWA
SPACE DESIGN PROJECT

または酷似している場合に限られるのです。単に字体や書風が類似しているだけでは、著作権の侵害にはなりません。

こうした点からも、ロゴマークについては、保護が認められにくい著作権ではなく、比較的保護が認められやすい商標権で保護を図るのが得策と思われます。

◇ロゴマークの無断使用

他人のロゴマークを無断で使用すると、そのロゴマークが商標登録されている場合（厳密には、登録商標において指定された商品・役務と同一または類似の分野について使用した場合）には、商標権侵害となり得ます。また、仮に商標登録がなく、あるいは、登録商標において指定された商品・役務と異なる分野について使用した場合であっても、そのロゴマークがよく知られたものであれば、ロゴマークの無断使用は不正競争となり得

勘どころ

- 文字を利用したデザイン（フォント、ロゴマークなど）も、応用美術の一種。
- フォントについては、意匠権や著作権での保護が図りにくい。
- 書家による書については、著作物と認められることがある。
- ロゴマークについては、著作物と認められにくい傾向があるため、商標権による保護を図るのが得策。

ます（52頁）。

　ロゴマークの無断使用は、商品などに他社のロゴを表示する場合だけでなく、リメイク品においても生じます。たとえば、エルメスのスカーフなどから文字やロゴを切り取って、ヘアゴム、クッションなどに加工した事案、リーバイス（Levi's）、リー（Lee）などのジーンズのロゴ部分を使ってリメイクバッグを制作及び販売した事案などでは、商標法違反を理由に加工者が逮捕されました。また、ルイ・ヴィトンのモノグラム柄を利用したリメイク品を販売したことが、不正競争（著名表示冒用）にあたるとされました（知財高判平成30年10月23日）。

　なお考え方は分かれていますが、逆に、他社の商品に付けられた商標をはがし、自己の商標を付けて販売することも、商標権侵害となる可能性があります（否定例として大阪高判令和４年５月13日）。

リメイク／商標の剥離

「ルイ・ヴィトン」のリメイク品
知財高判平成30年10月23日

ローラーステッカー
大阪高判令和4年5月13日

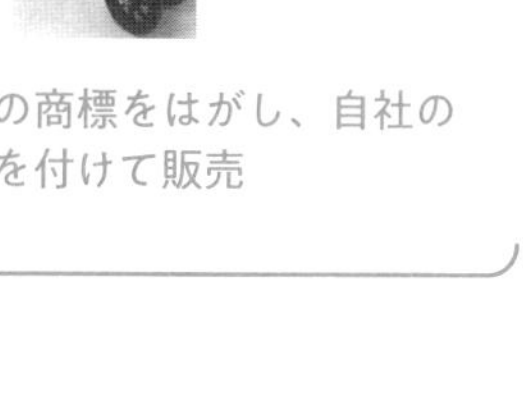

他社の商標をはがし、自社の商標を付けて販売

ケーススタディ

地図記号をデザインし、Tシャツを作って販売していました。著作権的に問題でしょうか。また、ライバル店が、地図記号をデザインしたバッグを作って販売しています。当社の真似だと思いますが、権利侵害を理由に販売停止を要求できますか？また、その後、当社が地図記号をデザインしたバッグを作って販売できますか？

◇考え方のポイント

地図記号は比較的シンプルであって、著作物ではないものが多いように思われます。国土地理院のウェブサイトにも※、「国土地理院の地図で使われている地図記号には著作権がない」旨の記載があります。このため、こうした地図記号をデザインしたTシャツを作って販売したとしても、著作権侵害にはならないでしょう。ただ、企業や個人が作った地図記号は、表現にそれなりの工夫があれば著作物になる可能性もあります。

またライバル店によるバッグの製造・販売については、「地図記号をデザインした商品を作る」ということはアイデアであって、著作権では保護されません。Tシャツのデザインとの類似性の度合いにもよりますが、販売停止を求めることは難しいように思えます。

逆に、自社でのバッグの販売も同様に、ライバル店からの販売停止の要求は難しいように思われます。ただ、形態その他のデザインが似ていると、不正競争防止法違反（形態模倣など。76頁）となる可能性もありますので、要注意です。

※国土地理院のウェブサイトhttps://www.gsi.go.jp/top.html

空間デザイン／建築物

◇空間デザインの著作物性

空間デザインとは、端的には、室内外の空間に関するデザインです。通常は、建築物、インテリア、照明やこれらのレイアウトなど、さまざまな要素から構成されます。

建築物は、従来から著作権の対象の一つでしたが（著作権法10条1項5号）、2020年4月から意匠権の対象にもなりました。同じタイミングで内装も意匠登録の対象になっています。

上記のとおり、建築物は著作物となる可能性がありますが、すべての建築物が著作物になるわけではありません。むしろ著作物と認められる建築物の方が少なく、ランドマーク的な建物など、ある程度の創作性のある建築物のみが著作物となります。

建築物の著作物性が認められた例

ノグチルーム

東京地判平成15年6月11日

ステラマッカートニーの青山旗艦店

知財高判平成29年10月13日

ただし原告と被告との間で著作物性についての争いはありませんでした

巷《ちまた》では、国会議事堂、東京都庁、東京タワー、国立新美術館などが著作物になると考えられています。また、東京ディズニーランドのシンデレラ城なども建築の著作物になるかもしれません（シンデレラ城は、建物としての登記もあるようです）。

裁判例上、著作物とされた建築物は多くはありません。ノグチルーム（東京地判平成15年6月11日）、ステラマッカートニーの青山旗艦店（知財高判平成29年10月13日。ただし当事者間で著作物性についての争いはありません）、新梅田シティの庭園（大阪地判平成25年9月6日。ただし「建築の著作物」ではありません）、国際版画美術館（東京地判令和4年11月25日）などに限られます。

裁判例において著作物とされた建築物が少ない理由は、建築物の著作物性が問題となった紛争が少ないことも一因です。

建築物の著作物性が認められた例

新梅田シティの庭園

大阪地判平成25年9月6日

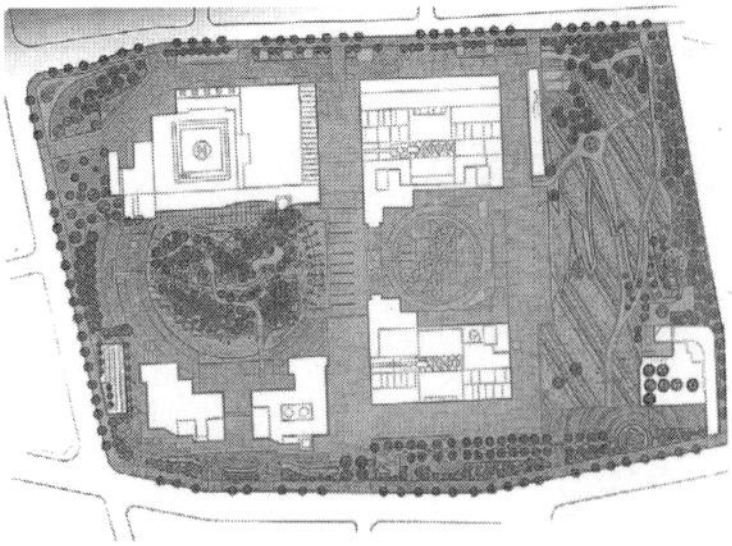

国際版画美術館

東京地判令和4年11月25日

画像提供：町田市立国際版画美術館

ただそのほかに、建築物には、前述の応用美術と同様に、実用的な側面があり、著作物と認められるには、ある程度の創作性が必要とされているためだと思われます。

最近の裁判例には、「建築物としての実用目的を達成するために必要な機能に係る構成と分離して、美術鑑賞の対象となる美的特性を備えた部分を把握できるか否か」といった考え方を採用したものがあります（前掲・東京地判令和4年11月25日）。応用美術に関する考え方と似ていますね。

この裁判例では、右記の考え方を前提に、創作性については、建築物に化体した表現が、選択の幅があるなかから選ばれたものであって保護の必要性を有するものであるか、ありふれたものであるため後進の創作者の自由な表現の妨げとなるかなどの観点から、判断されるべきとしました。

なお、神社仏閣、城郭等の建造物も著作物となり得ますが、これらには歴史的建造物も多く、著作権の保護期間が満了済みのものも多いようにも思われます。

勘どころ

- **建築物は、著作物と認められる建築物の方が少なく、ランドマーク的な建物など、ある程度の創作性のある建築物のみが著作物となる。**
- **神社仏閣、城郭等の建造物も著作物となり得るが、これらの歴史的建造物は、著作権の保護期間が満了しているものが多い。**

◇空間デザインに関する権利制限規定（建築物の利用）

建築物は、絵画、写真、動画、ゲームなどさまざまな分野において、背景などとして、他の著作物の創作活動に利用されます。建築物が著作物となる場合には、こうした利用の都度、建築家などの著作権者の承諾が必要とも思えますが、実はそうではありません。建築物は、仮に著作物とされた場合であっても、同一または似た建築物を建てる、あるいは、同一または似せて建てた建築物を譲渡するといった場面でなければ、著作権者の承諾なく自由に利用できます（著作権法46条2号）。つまりは、建築物を絵画、写真、動画、ゲームなどに利用することは、著作権者の承諾なく自由に行うことができます。

ただ、「建築物 兼 美術の著作物」といえるような、創作性の高い芸術的な建築物の利用については要注意です。たとえば（筆者と1文字違いの）岡本太郎氏の「太陽の塔」や荒川修作氏らの「養老天命反転地」などでしょうか。一方、クリスト&ジャンヌ=クロード（Christo and Jeanne-Claude）氏の「包まれた凱旋門」などは、とても大きな作品ですが、展示期間も約2週間ですので、建築物だけでなく屋外恒常設置美術ともいい難いかもしれません。

「建築物 兼 美術の著作物」であっても、原作品が屋外に恒常的に設置されているものは、比較的自由に利用できます。私的目的や販売以外の目的（例：無料配布）での写真撮影のほか、販売目的であっても背景の一部として写す程度は可能です。ただ、建築物にフォーカスした複製絵画、絵葉書、ポスターのほか、（少し議論はありますが）画像データなど、専ら販売目的での写真撮影その他の複製や販売を行うには、著作権者の承諾が必要となるのです（同法46条４号）。加えて、「彫刻」に該当する場合には、さらなる制限があり、販売目的の有無にかかわらず、ミニチュアを制作するにも著作権者の承諾が必要となり得ます（同条1号）。

建築家などへの配慮

上記のように、著作権の観点からは、建築物は比較的自由に利用できます。ただ、自由な利用が認められる対象は、著作物の経済的な利用に着目した「著作権」であって、著作者の尊厳に着目した「著作者人格権」ではありません。このため、利用の際には、建築家などの著作者への配慮も必要です。たとえば、絵画、写真、動画、ゲームなどにおいて、演出上、建築物を変更する、破壊する、別の場所に描くなど、著作者の意図に反した利用を行った場合には、建築物の「改変」にあたり、著作者人格権（同一性保持権）の侵害となる可能性もあります（同法20条1項）。

現物の建築物の増築、改築、修繕または模様替えによる改変は、著作者人格権の侵害にはなりません（同条２項２

勘どころ

- **建築物を絵画、写真、動画、ゲームなどに利用することは、著作権者の承諾がなくても自由に行うことができる。**
- **ただし、「建築物 兼 美術の著作物」といえるような、創作性の高い芸術的な建築物の利用については注意が必要。**

号）。ただ、絵画、写真、動画、ゲームなどの表現上での改変については、2号の適用はなく、著作者人格権の侵害となり得るのです。
かつて、平等院鳳凰堂の写真をパズルにして販売していた会社に対して、平等院が、販売差止を求めた事案がありました。平等院は、寺院のパンフレットなどに、撮影した写真の営利目的利用の禁止を明記していました。本件は、和解手続きにおいて、パズル販売会社が違法でないことを確認した上で、平等院の費用負担でパズルを廃棄することで同意に至ったようです。平等院は宗教的人格権を主張していたようですが、他人の建築物を改変して利用する場合には、著作者人格権にも注意が必要かもしれません。

勘どころ

▶**利用の際、建築家などの著作者への配慮は必要。たとえば、絵画、写真、動画、ゲームなどにおいて、演出上、建築物を変更する、破壊する、別の場所に描くなど、著作者の意図に反した利用を行った場合には、建築物の「改変」にあたり、著作者人格権（同一性保持権）の侵害となる可能性がある。**

◇空間デザインに関する諸権利

意匠権

前述のとおり、２０２０年４月から、建築物や内装が意匠登録の対象となりました。それ以降、続々と建築物や内装の意匠登録がなされていますが、建築物の第一号事案が「ユニクロＰＡＲＫ横浜ベイサイド店」や「上野駅公園口駅舎」、内装の第一号事案が「蔦屋書店」や「くら寿司」です（66頁）。

絵画、写真、動画、ゲームなどの表現上、建築物や内装を利用する場合には、意匠権への配慮は必要でしょうか。基本的に、答えはＮｏです。そもそも、意匠権者は、対象となるデザインを独占的に実施できますが、意匠にかかる建築物の「実施」とは、建築、使用、譲渡・貸渡し等とされています（意匠法2条2項2号）。

このため、意匠登録された建築物を、絵画、写

空間デザインの意匠権

第1671773号

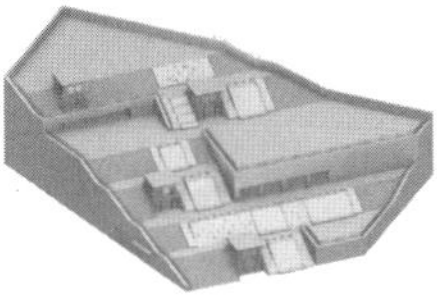

ユニクロPARK 横浜ベイサイド店

第1671774号

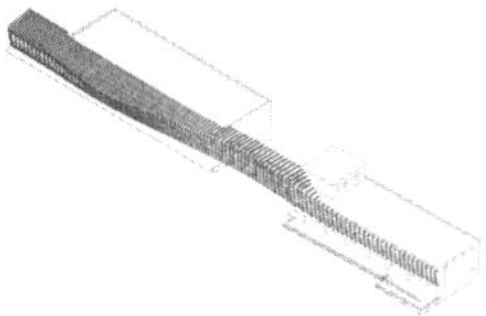

上野駅公園口駅舎

第1671152号

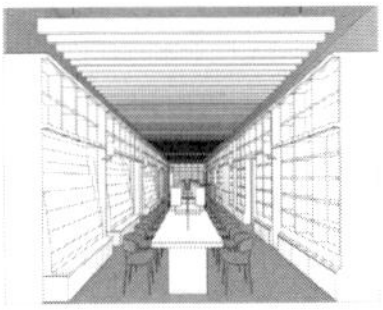

蔦屋書店

第1671153号

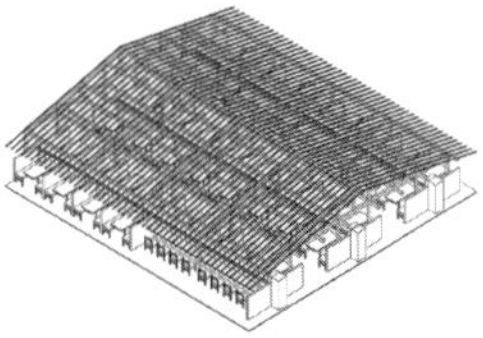

くら寿司

真、動画、ゲームなどの表現の一環として、あるいは3Dオブジェクトとして背景などに登場させたとしても、意匠権侵害にはなり難いでしょう。

商標権

建築物や内装は、著作権や意匠権のほか、商標権や不正競争防止法でも保護される可能性があります。

東京タワー、スカイツリーなどは、名称だけでなく、建物の外観が立体商標として商標登録されています。こうしたランドマーク的な建築物については、識別力（自分の商品と他社の商品を区別する力。55頁）があることなどから、外観ほぼそのものが立体商標として登録可能なのです。一方、建物の外観自体はそこまで特徴的でない店舗の外観（例：ファミリーマート、カルチュア・コンビニエンス・クラブ）は、ロゴ付きで立体商標として登録されています。

商標権者は、商標の無断使用者に対して、差止

空間デザインの商標権（例）

第4195115号

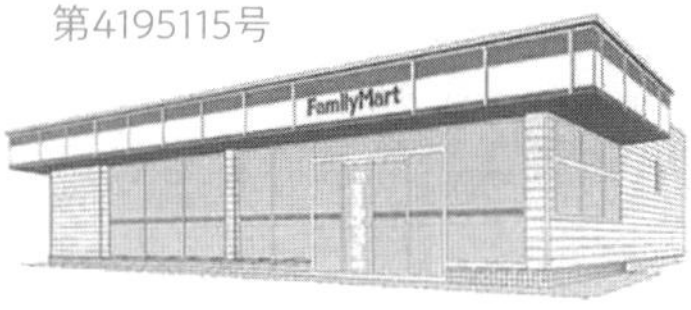

ファミリーマート

第5916693号

カルチュア・コンビニエンス・クラブ

第5302381号

東京タワー

第5476769号

東京スカイツリー

外観だけで識別力を有する建物（東京タワー、スカイツリーなど）はそれだけで商標登録可能である。一方、そこまで識別力のない建物については、ロゴ付きであれば商標登録が認められることもある

請求や損害賠償請求も可能です（商標法36条、38条）。ただ、商標のあらゆる使用を制限できるわけではありません。商標権は、商標権の自他識別力を有するような使用（商標的使用：同法26条1項6号）に及ぶため、たとえば、絵画、写真、動画、ゲームなどの表現の一環として商標を表示するなど、商標的使用に該当しない使用態様は、商標権の侵害にはならないのです。ただ、表現の一環としての範囲を超えて、ポスター、トレイラー、パッケージなどにおいてその場面をとくに強調する、商品のパッケージに表示するといった場合には、商標的使用となり、商標権侵害とされる可能性も高まります。

不正競争防止法

建築物や内装は、不正競争防止法でも「商品等表示」（73頁）として保護の対象となり得ます。現に、不正競争防止法により、コメダ珈琲店の店舗デザインも保護されました（東京地決平成28年12月19日）。ただ、店舗の外観（店舗の外装、店内構造及び内装）が保護されるには、①他の同種店舗の外観と異なる「顕著な特徴」と、

「商品等表示」とされた空間デザイン（例）

コメダ珈琲
（東京地決平成28年12月19日）

建築物や内装は、ほかと比べて顕著な特徴があり、それを見た消費者などが店舗の運営者などを想起する場合に、不正競争防止法の「商品等表示」になり得る

② 需要者において、その外観が事業者の出所表示であることの「広い認識」が必要とされた上、広い認識を得るには、当該外観の継続的・独占的な使用や宣伝が必要である旨が示唆されています（同地決）。つまりは、店舗の外観が不正競争防止法上の商品等表示として保護されるには、①他の店舗デザインと比較して顕著な特徴があり、かつ、②消費者において、そのデザインを見れば、店舗の運営者が想起されるといった状態にある必要があるなど、保護のハードルは高めに設定されているのです（否定例として大阪高判平成19年12月4日、大阪地決平成22年12月16日。但し、後者は商品の陳列デザインに関するもの）。

その他

そのほか、建築物の運営者が施設の利用規約を規定し、敷地内での撮影などを禁止しているような場合には、敷地内で撮影することは、施設管理権（91頁）や利用規約による制約が及ぶ可能性がありますし、撮影した写真を利用することも利用規約による制約が及ぶ可能性もあります。

勘どころ

- **建築物や内装は、著作権や意匠権のほか、商標権や不正競争防止法でも保護される可能性がある。**
- **たとえば、東京タワーやスカイツリーは名称だけでなく、建物の外観が商標登録されている。**

写真・動画

◇写真・動画の著作権法上の位置付け

写真は、従来は、被写体をフィルムや印画紙に影像として再現するものでした。その後のデジタルカメラの普及に伴い、現在は、デジタル写真が主流となっています。著作権法では、銀塩写真だけでなく、デジタル写真も「写真の著作物」に含まれます（10条1項8号、2条4項）。

これは豆知識になりますが、写真の著作物は、今は他の著作物と同等の扱いです。ただ、過去には、他の著作物よりもレベルが低いなどとして、保護期間が短く設定されていました。明治32（1899）年に制定された旧著作権法では、写真の著作物の保護期間は、原則として発行の翌年から13年でした。詳細は割愛しますが、こうした経緯もあり、1971年1月1日時点で保護期間が満了済みの写真（1956年までに発行された国内写真など）については、著作権が消滅している可能性があります。

また、動画は、いわば（音声付きの）連続写真です。著作権法は、動画を写真とは別の類型としており、媒体への記録などの「物への固定」があれば、「映画の著作物」となり得ます（2条3項）。

◇写真・動画の著作物性

写真は、デジタルカメラ、スマートフォンなどを利用することで、比較的簡単に撮影できます。写真は、

①被写体の選択・組合せ
②シャッターチャンスの捕捉
③シャッタースピード・絞り
④被写体と光線の関係（順光、逆光、斜光等）
⑤アングル
⑥陰影
⑦ライティング
⑧構図
⑨トリミング
⑩色彩の配合
⑪特定部分の強調・省略
⑫機材（レンズ、カメラ、フィルム等）の選択

などの工夫が可能です。こうした点に創作性があれば、写真に著作物性が認められます。

写真は、著作物性が比較的認められやすい類型です。一部例外もありますが（東京地判平成30年6月19日など）、監視カメラでの写真、自動証明写真機による写真、絵画などの忠実な記録写真などを除き、人が撮影した写真の多くは著作物となり得ます。比較的シンプルな写真について著作物性が認められた例をいくつか紹介します。

著作物性が認められた写真①

スメルゲット

知財高判平成18年3月29日

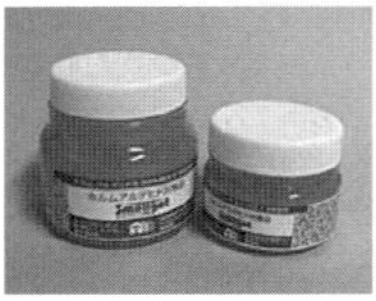

画像：http://smellget.trialmall.com/ranali-log/より

IKEAの商品

東京地判平成27年1月29日

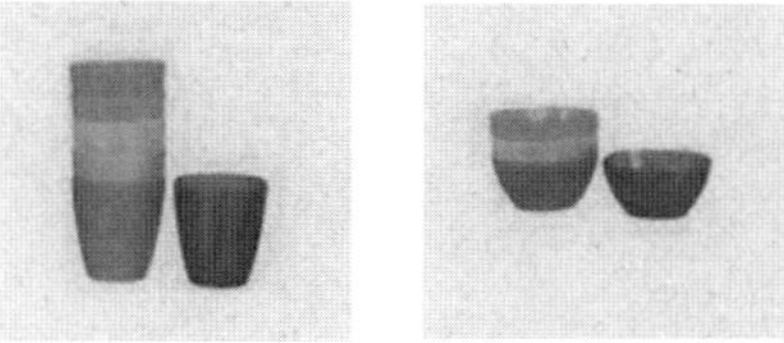

ワイン

東京地判令和4年6月7日

たとえば、商品の写真（知財高判平成18年3月29日、東京地判平成27年1月29日）、スナップ写真（知財高判平成19年5月31日）、建物の写真（大阪地判平成15年10月30日）などのほか、スマートフォンで撮影した写真（東京地判平成27年6月25日、東京地判平成30年4月13日、東京地判平成31年2月28日、東京地判令和2年9月24日）であっても、著作物と認められています。

著作物性が認められた写真②

建物の写真

大阪地判
平成15年10月30日

スマートフォンで撮影した写真

東京地判
平成27年6月25日

東京地判
平成31年2月28日

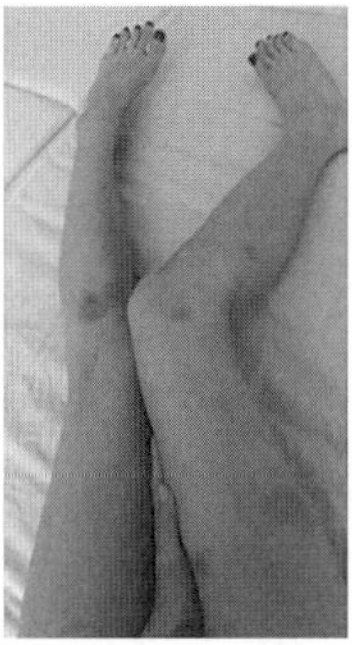

著作権侵害の有無が争われた写真

著作権侵害ではないと判断された例

廃墟写真

知財高判平成23年5月10日

原告写真

被告写真

著作権侵害と判断された例

スイカ写真

東京高判平成13年6月21日

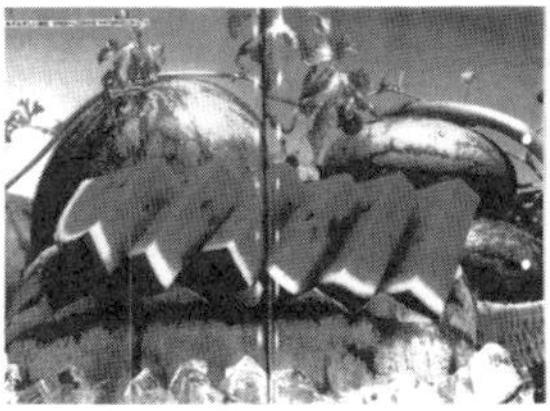

原告写真

被告写真

著作権侵害ではないと判断された例

スティック春巻きの写真

東京地判令和4年3月30日

原告写真

被告写真

写真は、単に同じ場所や被写体を撮影しただけでは、とくに構図、アングルなど他の創作的要素が異なっていれば著作権侵害にはなりません（知財高判平成23年5月10日）。ただ、元の写真と似たような被写体を制作し、これを撮影するような場合には、著作権侵害となる可能性もあります（東京高判平成13年6月21日。著作権侵害の否定例として東京地判令和4年3月30日もあります）。

こうした考え方は、基本的には動画にも当てはまるように思われます。

◇写真・動画の著作権者

写真の著作物については、基本的にフォトグラファーなどの撮影者が著作者となります。ただ、フォトグラファー以外の人が、写真の構成、アングルなどの創作的要素やカメラの具体的な操作を指示していたような場合には、その指示者が著作者となり、またはフォトグラファーとの共同著作者となる可能性があります（否定例として、東京地判平成27年12月9日）。

なお、写真の著作物の著作権は、通常は、まずは撮影者（著作

勘どころ

▶写真は、被写体の選択・組合せ、シャッタースピード・絞り、アングル、ライティングなどに創作性があれば、著作物性が認められる。

者）に帰属しますが、委託者が撮影者に撮影を委託し、委託の条件の一つとして、著作権の譲渡に関する合意が別途あれば、委託者に著作権が譲渡されます。

一方、動画（映画の著作物）については、映画監督などの「映画の著作物の全体的形成に創作的に寄与した者」が著作者となります（同法16条）。ただ、著作権の帰属先は著作者ではありません。著作者が映画の製作への参加を約束している場合には、映画会社、製作委員会などの「映画の著作物の製作に発意と責任を有する」映画製作者に帰属します（同法2条1項10号、29条1項）。

このように、動画（映画の著作物）については、他の著作物と著作者や著作権者に関する取扱いが異なります（詳細は131頁）。

◇写真・動画に関連する諸権利（被写体）

何度も触れていますが、写真や動画については、被写体にも配慮が必要です。被写体が人物である場合には、肖像権への配慮が必要であり、なかでも被写体が著名人

勘どころ

- 写真の著作物の著作者は、基本的には撮影者。
- ただ、フォトグラファー以外の人が、写真の構成、アングルなどの具体的な指示をしていた場合には、その指示者が著作者またはフォトグラファーとの共同著作者となることもある。
- 動画（映画の著作物）については、「映画の著作物の全体的形成に創作的に寄与した者」が著作者。たとえば映画監督など。

である場合には、パブリシティ権への配慮も必要です。

本来は、被写体などから肖像権やパブリシティ権の承諾が必要な写真や動画について、適切な権利処理を怠ると、写真や動画を利用できない事態にもなりかねません。このため、写真や動画の撮影、利用等に際しては、必要に応じて、被写体についても承諾を得ておく必要があります。

人物のほかにも、ポスター、看板、動画、キャラクターグッズ、イラストなど、被写体には、著作権、商標権などの権利が発生している可能性があります。ただ、これらが写り込みまたは写し込み（著作権法30条の2）に該当する場合には、著作権者の承諾は不要です。

とはいえ、この規定により権利処理が不要となるのは、著作権に限られます。先に述べた肖像権やパブリシティ権のほか、商標権などは、この規定の対象外です。このため、人物が写っている場合には、肖像権やパブリシティ権への配慮が必要となりますし、企業や商品のロゴが写っている場合には、商標権や不正競争防止法への配慮も必要となります。

勘どころ

- **写真や動画については、被写体にも配慮が必要。**
- **被写体が人物である場合には、その人物に肖像権が発生している可能性がある。**
- **被写体が著名人である場合には、パブリシティ権への配慮も必要。**

◇写真・動画に関連する諸権利（実演家の権利とワンチャンス主義）

実演家は、自己が出演した映画（※映画の著作物において録音・録画された実演）の利用について、自身の権利（著作隣接権）が大幅に制限されており、映画についての権利処理が行われた場合には、実演家本人との権利処理は不要とされます。

実演家の権利は、映画のサントラ版などの録音物に録音する場合には権利が及びますが、映画がＤＶＤ、ブルーレイなどに複製される際、テレビや有線放送、インターネット等で公衆送信される際などには権利は及ばず、報酬請求権もありません（同法91条2項、92条2項、92条の2第2項）。

実演家の権利は、基本的に、自身が出演した映画のＤＶＤ化、テレビ放送、ネット配信等には及ばず、たとえば、正規版の映画のＤＶＤを放送するには、実演家の承諾は不要なのです。なお、「映画」は、劇場用映画に限らず、記録媒体（物）に記録されていれば、YouTube動画、ＣＧ映像、ゲーム映像なども含む可能性があります。

その背後にある考え方が、「ワンチャンス主義」です。少し独特な呼び方ですが、端的にいうと、実演の最初の利用許諾の際に、それ以降の利用から生じる利益の分配も一括で権利処理させようという考え方です。複数の関係者の著作隣接権が存在する場合には、特定の管理者に権利の管理を集中させ、その他の関係者は管理者との契約を通じて利益を確保するような制度でもあります。

たとえば、映画には、さまざまな俳優が出演し、各々が実演家としての権利を有します。映画の利用に際して、各俳優との権利処理を必要とした場合には、権利処理がとても大変になり、映画が利用されない可能性もあります。ワンチャンス主義は、実演家の権利を制限する側面はあるものの、一面では、著作物や実演の利用促進を図る制度です。

ただ、契約などでワンチャンス主義と異なる取り決めも可能ですので、実演家との契約に別途定めがある場合には、実演家との権利処理が必要となる可能性もあります。

また、放送実演については映画とは異なる取り扱いです。実演家が放送に出演することを承諾しただけでは、別段の定めがなければ、録音・録画の承諾までは含みません（同法103条、63条4項）。

実演の放送について承諾を得た放送事業者は、実演の放送のための録音・録画はできますが、たとえば、音楽番組における実演を他の番組で利用し、また、DVD化して販売するなど、異なる目的での録音・録画もできません（同法93条1項但書、2項）。

このように、ワンチャンス主義は契約等でこれと異なる取扱いも可能である上、映画、放送など、実演の利用方法によっても取扱いが異なります。

また、著作隣接権（実演家の権利）と肖像権やパブリシティ権は、異なる趣旨に基づく制度です。このため、たとえば映画の一場面をCMに利用する場合など、仮にワンチャンス主義により出演者につき著作隣接権（実演家の権利）についての権利処理は不要であっても、肖像権やパブリシティ権についての権利処理が必要な場合もあります。

勘どころ

- ワンチャンス主義とは、実演の最初の利用許諾の際に、それ以降の利用から生じる利益の分配も一括で権利処理させようという考え方。
- たとえば、実演家に対する映画についての権利処理が行われた場合には、その後の映画の利用に際して実演家本人との権利処理は不要。
- 実演家の権利は、自身が出演した映画のDVD化、テレビ放送、ネット配信等には及ばない。

ケーススタディ

画廊（ギャラリー）の所蔵作品を商用目的で写真撮影することになりました。画廊とどのような契約が必要でしょうか。

◇**考え方のポイント**

画廊の所蔵作品であっても、通常、その著作権は作家に帰属します。写真撮影は、複製（著作権法21条）の一環ですので、著作権の保護期間が満了前の作品を、著作権者である作家に無断で写真撮影すると、著作権侵害となり得ます。

ただ、美術の著作物の原作品を公に展示する者は、観覧者のための解説、紹介用の小冊子などに、展示する著作物を掲載できます（同法47条各項）。また、美術の著作物の所有者は、著作権者の利益を不当に害しないための措置を施せば、販売のための紹介画像としてその作品をウェブサイトなどに掲載することも可能です（同法47条の2）。このため、この目的の範囲内であれば、作家などの承諾がなくても、ギャラリーの委託を受けて所蔵作品を写真撮影できる可能性があります。

ただ、その際には、ギャラリーとの間で、写真の利用目的が上記の範囲に留まることを明確にしておくと安心です。その他の契約条件としては、①対価と支払いの時期・方法、②写真の著作権の帰属先、③写真の利用期間と利用方法、④作家等からクレームを受けた場合には、ギャラリーが責任を持って対応することなどが考えられます。

ちなみに、写真の著作権の帰属に関連して、絵画などの平面作品を忠実に正面から撮影するには技術が必要ですが、その写真には創作性がなく、著作権は発生しないと考えられています。

ケーススタディ

日々の暮らしについてエッセイを書き、ブログやSNSに投稿しています。ある書籍（料理本）の料理の味と盛付けに感動したので、該当ページの写真を撮って、それを投稿してもよいでしょうか。

また、おすすめの本として、アマゾンなどから表紙の画像データをコピーして、投稿してもよいでしょうか。

◇考え方のポイント

1 料理の写真の転載

料理のレシピは必ずしも著作物とはなりません。ただ、多くの場合、料理本の文章や写真は著作物となり、その著作権は、作家、写真家、出版社などに帰属します。これらの著作権者の承諾なく、料理本の写真を撮影してSNSなどに投稿すると、著作権侵害となり得ます。なお、投稿の内容次第では、適法な引用（著作権法32条1項）となることもあります。

2 本の表紙画像の利用

デザイン次第ではありますが、書籍の表紙も著作物となり得ます。このため、著作権者の承諾なく、料理本の表紙の画像データをSNSなどに投稿すると、著作権侵害となり得ます。ただ、自分の感想などを投稿する際に、料理本の表紙の画像データを載せることは、場合によっては、適法な引用（同法32条1項）となることもあります。

また、画像データのコピーではなく、該当ページへのリンクを設定する場合には、それがインラインリンクであっても、著作権侵害となる可能性は低くなります。

おいしい
このレシピ紹介したいな
写真使ってもいいかな
レシピ

ケーススタディ

ビジネス雑誌のために撮影をしています。仕事場面のカットを頼まれていますが、Macのパソコン、モンブランの万年筆など、ブランドが一目でわかるものは写り込まないほうがよいでしょうか？

◇考え方のポイント

ブランド品に関係する権利には特許権、意匠権、著作権などがありますが、この事例は、主に商標権の問題と思われます。

他人の登録商標を無断で使用すると、商標権侵害となり得ますが、写真、映像などの表現の一部に他人の登録商標を使用し、それが商標としての使用（商標的使用。62頁）でないとされれば、商標権侵害にはなりません。ただ、商標としての使用（商標的使用）とそれ以外（商標的使用でないもの）との線引きは、必ずしも明確ではありません。

このため、実務的には、雑誌の写真にブランド品を写す場合には、そのブランドの承諾を得ることが多いように思います。逆に、ブランドの承諾を得ることが難しい状況であれば、そのブランド品の露出を控え目にする、ブランド品を写さないなどの対応もあり得ます。

雑誌の写真にブランド品を写す場合には、他の広告主との調整も必要となり得ます。いずれにせよ、ブランド品を写す際には、その可否も含めて、依頼者、出版社などと事前に調整しておくとよいでしょう。

デジタルコンテンツ

イラスト、音楽、映像、写真など、さまざまなコンテンツがデジタル形式で提供及び利用されています。著作権法上、こうしたデジタルコンテンツ特有の規定は限られ、イラスト（美術）、音楽、映像（映画）、写真など、基本的に、これまで述べてきたコンテンツに関する考え方が当てはまります。ただ、オンラインでコンテンツを利用することは、著作権法では複製、公衆送信などとなり、以下のような、デジタル特有の問題も生じます。

◇リンク

インターネットを利用する上で、リンクは便利な機能です。リンク自体の説明は不要と思われますが、リンク先の表示方法として、「通常の方式によるリンク」と「インラインリンク」があります。

「通常の方式によるリンク」とは、リンク先のコンテンツを表示する際に、ユーザーが、リンク元のテキストや画像をクリックする方式です。一方、「インラインリンク」とは、リンク元のウェブページが表示された際に、ユーザーがとくに操作することなく、リンク先のコンテンツが自動的に表示される方式です。インラインリンクは、X（旧ツイッター）のリツイート、Facebookのシェア、スレッズ（Threads）の再投稿などにも利用されています。

日本では、一般的に、リンクの設定は、いわばコンテンツの所在地を示す行為であって、著作権侵害にはならないと考えられています。第三者のコンテンツを自身のサーバーに蓄積し、また、自身のサーバーを経由して送信した場合には、複製権や公衆送信権の侵害になり得ます。ただ、ごく大雑把にいうと、「通常の方式によるリンク」「インラインリンク」とも、「リンク先のコンテンツ」のデータは、ユーザーのコンピュータに直接送信され、リンク元による複製や送信行為はないのです（ツイッターにつき知財高判平成30年4月25日、Facebookにつき東京地判令和4年4月22日）。

ただ、違法コンテンツに対してリンクを設定する行為は、侵害行為を助長（幇《ほう》助《じょ》）しているなどとして、著作権侵害と

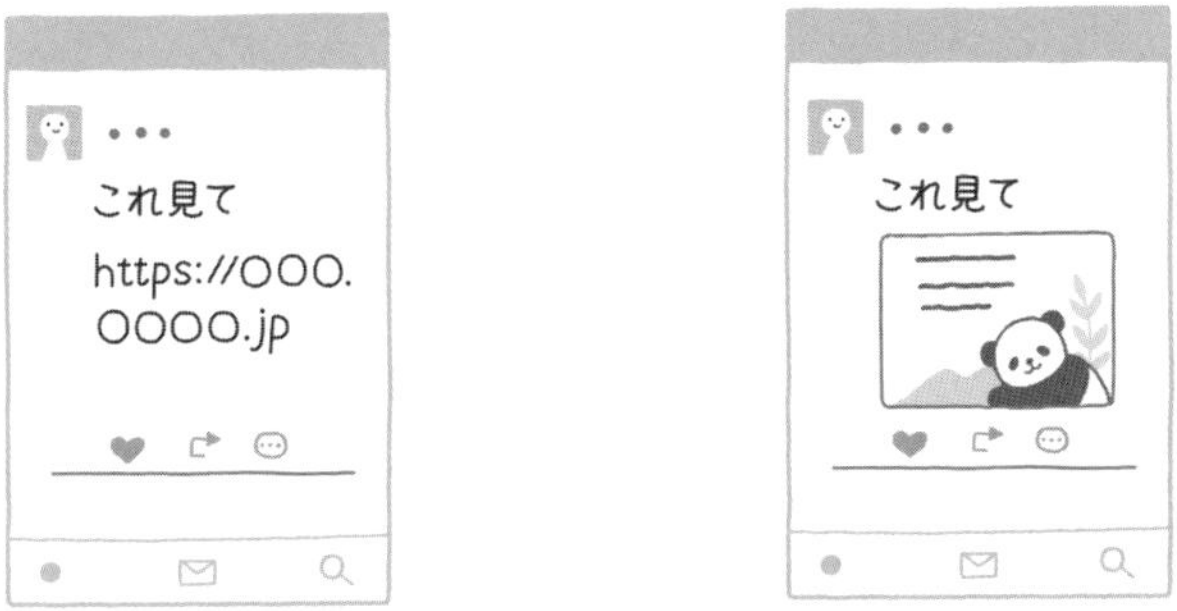

通常の方式によるリンク　　インラインリンク

リンクの設定は、コンテンツの所在地を示す行為に留まり、著作権侵害にはならないと考えられている。
リンク先のコンテンツは、ユーザーのコンピュータに直接送信されており、リンク元による複製や送信行為ではない。

判断される可能性はあります（大阪地判平成25年6月20日、札幌地判平成30年6月15日）。

また、リンクを設定した結果、コンテンツがトリミングされる、コンテンツ上に掲載されていたクレジット（氏名表示）が隠れるといった場合には、著作者人格権（同一性保持権や氏名表示権）の侵害とされる可能性もありますので（知財高判平成30年4月25日、同最判令和2年7月21日）、要注意です。

◇メタバース／ゲーム

メタバースとは、インターネット上に作成された三次元の仮想空間です。メタバースにはさまざまなものがあり、その定義もさまざまです。３Dゲームと似た特徴もありますが、メタバースの特徴として、

①アバターが登場する
②他人とリアルタイムで同一の体験を共有できる（リアルタイム性）
③複数人が同時に参加できる（同時参加性）

勘どころ

▶日本では、一般的に、リンクの設定は著作権侵害にはならないと考えられている。
▶ただし、違法コンテンツに対してリンクを設定する行為は、侵害行為を助長しているなどとして著作権侵害と判断される可能性がある。

④アイテム等を売買できる（経済性）

等が挙げられます。

メタバースは、「バーチャル渋谷」など実在の都市を再現したものもありますが、こうした都市再現型に限らず、多少なりとも、実在する建築物、商品、人物などをモチーフにすることがあります。また、メタバース上で、他人が著作権を有するキャラクターなどの画像を利用することもあります。このようにメタバース上では、さまざまな素材が利用される可能性があり、これに伴い、著作権、商標権、意匠権等との関係も問題となり得ます。

なお、以下では便宜上、メタバースや3Dゲームに焦点を当てますが、そのほかのデジタル空間にも当てはまります。

建築物その他の著作物の再現

メタバースやゲーム空間において、キャラ

勘どころ

- **メタバース空間で他人のキャラクターの画像その他の著作物を無断で利用すると、著作権侵害のおそれがある。そのほか、商標権、意匠権、不正競争防止法などにも配慮が必要。**
- **たとえば、現実のロゴマークや看板などをメタバース上で再現する際には、商標登録されている名称、ロゴマークなどの商標権にも注意が必要。**
- **また、著作物に該当する実用品をメタバース上で再現するには、原則として、著作権者の承諾が必要。合わせて商標権、不正競争防止法なども関係する可能性がある**

クターの画像その他の著作物を無断で利用することは著作権侵害となり得ます。一方、現実の建築物やパブリック・アートをメタバースやゲーム空間に再現するには、著作権者の承諾は不要です（106頁）。

また、その他の著作物をメタバースやゲーム空間に再現することは、写り込みや写し込みといえるような場合は、著作権者の承諾は不要となります（99頁）。ただ、メタバースやゲーム空間では、アバター（ユーザーのキャラクター）の移動に伴って画面が移動するため、特定の著作物に接近するとその著作物が大写しになり、機能的に、その著作物が画面の大部分を占めることもあります。こうした点を捉え、メタバースやゲーム空間の作り方などによっては、著作権者の承諾が必要とされる可能性もあります。

著作物をバーチャル空間に表示

メタバース空間において、他人の著作物を無断で利用すると、著作権侵害になる可能性がある。

ロゴマーク等の再現

現実のロゴマークや看板などをメタバースやゲーム空間で再現する際には、商標登録されている名称、ロゴマーク等との関係で、商標権にも注意が必要です。

デジタル空間上で店舗を開設する、リアルまたはデジタルのグッズを販売するなど、商品の販売やサービスの提供に関連して他人の登録商標を使用することがあります。たとえば、メタバースやゲーム空間に、他社の名称やロゴを使用してお店（オンラインショップ）を開設し、そのお店でリアルまたはデジタルの商品を購入できるような仕掛けです。このような仕掛けを行う場合には、現実世界と同様に、商標権者の承諾がなければ商標権の侵害となり得ます。

一方、街の風景の一部として、ビルの看板などにある企業のロゴを再現するなどの方法で、他人の登録商標を表示することもあります。こうした場合、他人の登録商標の使用がデザインや表現の一環であって、商品やサービスの提供や広告宣伝とは無関係であるなど、商品・役務の出所表示機能を果たす態様でなければ、商標権侵害にはなりません（商標的使用。62頁）。この点は、不正競争防止法の「商品等表示」についても同様です。

商品の再現

グッズ、商品などの実用品は、著作権法では、ある程度のデザイン性のあるものは、応用美術と位置づけられます。ある実用品（応用美術）が著作物に該当する場合には、その実用品をメタバースやゲーム空間に再現するには、原則として、著作権者の承諾が必要です。ただ、応用美術は、イラストや絵画などと比べて著作物と認められる場合が限定されます（２３０頁）。

このため、現実の商品をメタバース上に再現する場合には、著作権よりも、商標権、不正競争防止法などの方が要注意かもしれません。

商標権

まず、商標権については、上記のロゴマークの使用のように、他人の登録商標を、デジタル空間上での商品の販売、サービスの提供などに関連して他人の登録商標を使用すると、商標権侵害となり得ます。

ただ、こうした商標の使用方法のほかにも注意すべき点があります。登録商標の権利は、通常、指定商品・役務として登録した範囲に及び、登録のない商品や役務（サービス）には及びません。

このため、とくに商標権者の視点では、現実の商品（たとえば衣服など）の登録商標が、仮想空間の商品（アバターの衣服など）に使用された場合には、それが商標権侵害と認め

バーチャル空間での商標

仮想空間での役務登録がないと、他人による商標の無断使用を差し止められない可能性がある。

られるためには、その登録商標が（現実の衣服だけでなく）アバターの衣服も指定商品・役務に含んでいることが必要です。

たとえば、現実世界で衣服を展開する場合には、ブランド名やロゴの商標登録する際、指定商品・役務を「被服」（25類）を中心とし、仮想空間に関連した画像（ダウンロードを想定したものは9類、ストリーミングなどダウンロードを想定しないものは41類）、小売サービスに関連した便益の提供（35類）などは含まないことがあります。こうした場合には、仮に、他社によってメタバース上で自社のブランド名やロゴを無断で使用されたとしても、商品やサービスの範囲が違うため、その他社は商標権侵害にはならない可能性があるのです。

このため、商標権者としては、仮想空間上でビジネスを展開する場合や、また、仮想空間上で他社が同じまたは似たブランドを展開することを阻止したい場合には、先に述べたような仮想空間の商品やサービスも指定商品・役務に含むように商標登録しておく必要があります。

不正競争防止法

仮想空間関連の指定商品・役務での登録がない登録商標のほか、そもそも商標登録のない名称やロゴであっても、メタバースやゲーム空間において、よく知られた他人の名称、ロゴマーク（商品等表示）を無断で表示した場合には、不正競争（周知表示混同惹起または著名表示冒用。同法2条1項1号、2号）になる可能性はあります。

また、名称やロゴマークといった「表示」（商品等表示）ではなく、現実の商品の「形態」をメタバースやゲーム空間で再現する際にも、不正競争となり得ます。販売開始後3年といった限定はありますが、2023年の不正競争防止法の改正により、メタバースその他のネットワーク上で、他社商品の形態を模倣した商品を提供すると、不正競争（形態模倣）となるのです（同法2条1項3号）。

意匠権

最後は意匠権です。一般論としては、他人の登録意匠を無断で実施した場合には、意匠権侵害となり得ます。ただ、物に関する意匠であれば、登録意匠された物品が無断実施者の物品と同一または類似であることが意匠権侵害の前提となります。現実空間の「物品」とメタバースやゲーム空間での3Dデータとでは機能や用途が異なることが多いため、現実空間の「物品」の意匠を真似したオブジェクトが、仮想空間上において無断で作成または販売されても、通常は、意匠権侵害にはなりません。意匠登録された「建築物」や「内装」のデザインを仮想空間上に再現する場合も同様です。

意匠権については、制度上、「物品」、「建築物」、「内装」のほか、一部の「画像」も意匠登録が可能です。ただ、意匠登録が可能な画像は、アイコンなどの機器の操作に要する「操作画像」や液晶表示などの操作の結果表示される「表示画像」に限られ、コンテンツの画像は対象外です。つまりは、メタバースやゲーム空間に、他社が意匠登録した操作画像や表示画像を無断で再現した場合には、その再現方法によっては意匠権侵害となり得ますが、コンテンツの画像を表示したとしても、通常は、そもそも意匠登録の範囲外です。著作権侵害等の可能性はありますが、意匠権侵害にはなりません。

コラム

ゲーム実況動画

ゲームは、ユーザーが遊ぶことを想定したものですが、最近では、ゲームをしている状況を撮影し、YouTube、ツイッチ（Twitch）、ニコニコ動画、ミラティブ（Mirrative）などに投稿することもあり、「ゲーム実況」などといわれます。

ゲーム内の映像や動画（ムービーシーン）は、「映画の著作物」となる可能性があり（131頁）、ゲームソフトも「映画の著作物」となり得ます（最判平成14年4月25日など）。このため、ゲーム制作会社などの著作権者の承諾なく、ゲームの実況動画を作成し、YouTubeなどに投稿すると、著作権侵害となり得ます。

ただ、ゲームの実況動画は、ゲーム制作会社にとってもゲームの広告宣伝効果が期待されます。こうしたこともあり、ゲームの実況動画に関するガイドラインを定め、ガイドラインに沿ったゲームの実況動画については著作権侵害を問わないゲーム制作会社もあります。一般論としては、

①アクションやゲーム体験が売りのゲーム
②格闘ゲーム、FPS（プレイヤー視点のシューティングゲーム）、TPS（プレイヤーのキャラクターが見えるシューティングゲーム）などプレイヤーとの対戦がメインのゲーム
③基本プレイが無料のゲーム（とくに無料部分）

などについては、ゲーム実況が認められやすい傾向があり、一方で、

④RPG、アドベンチャーゲーム、ノベルゲームなど、ストーリーが重視されるゲーム

については、ゲーム実況が認められない、ゲーム実況が可能な範囲が限定されやすいといった傾向があるようです。基本的に、ネタバレになり、その結果として、ゲームの売上減に繋がりやすいゲームについては、ゲーム実況が制限されやすいのかもしれません。

ゲーム実況を行う際には、そのゲームに適用されるガイドラインを確認し、ガイドラインに沿った実況動画とすることが重要です。

ゲーム実況をする場合は、提供元のガイドライン、ルールを確認しよう

◇バーチャルユーチューバー（VTuber）／アバター

バーチャルユーチューバー（VTuber）やメタバース上のアバターについても、さまざまな問題が生じます。とくに、他人の肖像やキャラクター画像を利用する場合は要注意です。

これはVチューバーやアバターに限りませんが、アニメのキャラクターなど、他人のキャラクター画像をアバターに利用する、あるいは他人のアバターの画像を自己のアバターに利用するといったことがあるかもしれません。ただ、他人のキャラクターやアバターの画像には、著作権が発生している可能性があり、無断で利用すると著作権侵害になる可能性があります。

他人の肖像の利用／なりすまし

Vチューバーやアバターについては、モチーフにした人物の肖像権やパブリシティ権への配慮も必要です。

たとえば、実在の人物の写真や絵をVチューバーやアバターに利用した場合には、その人物との関係で、肖像権侵害となる可能性があります。自分自身の画像を利用するのであればともかく、当該他人の立場からすると、自分風のアバターが他人の意図に従って操作され、その姿がSNSやメタバースで公開されるとなると、気持ち悪さ（≒心理的な違和感や負担）も少なくないでしょう。アバターによる「なりすまし」については、アイデンティティ権（他人との関係において、人格的同一性を保護する権利）による保護も考えられます。

アバターに関する裁判例ではありませんが、SNS上で別の人物になりすまし、その人物の個人情報を開示し、その人物の名誉を毀損する書き込みを行った場合には、プライバシー権侵害や名誉毀損になるとした裁判例もあります（東京地判平成27年7月9日など）。

また、著名人の肖像をアバターにする場合も、専ら著名人の肖像の有する顧客吸引力が利用されているときは、パブリシティ権侵害とされる可能性もあります。著名人の肖像を利用する目的は、多くの場合、その顧客吸引力を利用して、視聴者を引き付けるためと思われます。著名人の肖像をパロディ的に利用することが肖像権侵害になるか否かについては議論もありますが、著名人か否かを問わず、他人の肖像をアバターに利用することは、肖像権やパブリシティ権の侵害となり得ます。

誹謗中傷

Vチューバーやアバターに対して、批判的なコメントなどの誹謗中傷が行われることもあります。誹謗中傷は、人格権侵害や名誉毀損となり得ますが、人格権を有するのは実在の人物です。このため、アバターへの誹謗中傷が名誉毀損となるには、基本的には「中の人」の客観的評価が低下することや、そのおそれが必要です。Vチューバーやアバターに誹謗中傷を行っても、「中の人」が誰かがわからない状態であれば、名誉毀損にならないといった議論もあります。

ただ、「中の人」の顔写真や本名などの情報を暴露したことがプライバシー権侵害とされた事案もありますし（東京地判令和2年12月22日、東京地判令和3年6月8日）、Vチューバーとして活動するアバターへの誹謗中傷が、実際には「中の人」に向けられたものだとして、名誉毀損とされた事案もあります（東京地判令和3年4月26日、大阪地判令和4年8月31日）。

誹謗中傷が自死などの痛ましい結果につながることもあります。行き過ぎたコメントにならないよう、ぜひとも注意したいものです。

ボーカロイド／ボカロ

Vチューバーに限りませんが、音楽や音源を制作する際には、声優、歌手等の人間の音声のサンプリング音源が組込まれた音楽制作ソフトウェアが利用されることがあります。その代表例がボーカロイド、いわゆるボカロです。

著作権法上、実演を行った実演家やレコード原盤を製作したレコード会社は、その実演やレコード原盤について著作隣接権を有します。ボカロソフトにおいても、実際の声優の声がサンプリング的に利用されている可能性があり、組み込み音源を録音する際に、声優が発声に抑揚をつける、さまざまなフレーズを歌うなどの工夫がある可能性もあります。また、著作権法上、著作隣接権の対象となる「レコード」は、音が物に固定されたものをいい（2条1項5号）、その音が著作物である必要はありません。このため、音楽制作ソフトに音源が組み込まれた声優が実演家となり、また、組込み音源を制作した企業がレコード製作者となり、それぞれ著作隣接権を有する可能性もあります。

ただ、音楽制作ソフトは、他の楽器と同様に、それを利用して音源を制作し、再生等のさまざまな方法で利用することが想定されています。このため、声優や制作会社においても、正規ユーザーに対して、少なくとも著作隣接権についての黙示の利用許諾があるように思えます。現にボーカロイド・ソフトの利用規約にも、「お客様が生成した合成音声を商用／非商用を問わず使用することができます」等と規定されています。

勘どころ

- Vチューバーやメタバース上のアバターに、他人のキャラクターやアバターの画像を無断で利用すると、著作権侵害になる可能性がある。
- モチーフにした人物の肖像権やパブリシティ権への配慮も必要。
- 音楽制作ソフトについては、音楽制作ソフトに音源が組み込まれた声優が実演家、組み込み音源を制作した企業がレコード製作者となって、それぞれ著作隣接権を有する可能性がある。
- ただ、音楽制作ソフトは、それを利用して音源を制作し、再生等のさまざまな方法で利用することが想定されているため、通常、正規ユーザーに対しては利用許諾があると思われる。

◇NFT（Non-Fungible Token）

2021年から2022年にかけて、NFTが話題となりました。NFT（Non-Fungible Token）は、非代替性トークンなどと訳され、ブロックチェーンを利用して、デジタルデータを、代替性のない固有の価値を有するものとして流通させる技術です。

2022年後半あるいは2023年頃から、NFTは冬の時代ともいわれていますが、ブロックチェーン技術を利用して、デジタルデータの権利関係を記録するというコンセプトは有用です。少し時間を要するかもしれませんが、デジタルグッズに限らず、リアルグッズなどの権利の証明、複数企業が連携したサービスなど、NFTの技術はさまざまな分野で利用が広がるように思っています。

デジタルコンテンツは、コピーが簡単です。また、コピーされたデジタルコンテンツは、オリジナルと区別がつき難いことから、希少な「一点もの」とし

NFTの技術とは？

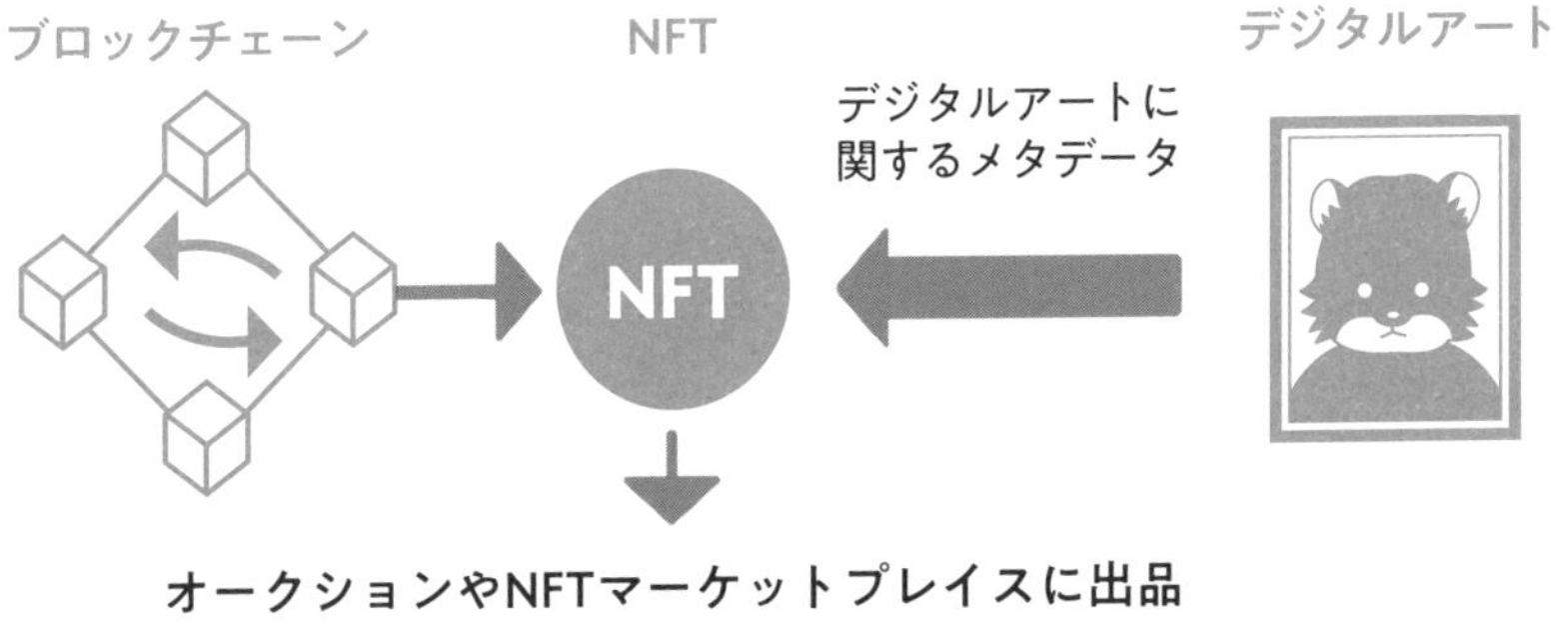

NFTは、ブロックチェーンを利用してデジタルデータに「オリジナル」「一点もの」といった証明を行い、それに伴う価値付けを行う技術

て価値付けることが困難でした。一方、ブロックチェーン技術により、こうしたデジタルコンテンツに「オリジナル」「一点もの」「限定もの」といった個性を与えることが可能となりました。

ＮＦＴは、デジタルデータに「オリジナル」「一点もの」といった証明を行い、それに伴う価値付けを行う技術ともいえます。

コンテンツを対象としたＮＦＴがありますが、その購入者は、必ずしも、その著作権を保有するわけではありません。むしろ、ＮＦＴを購入しても、そのコンテンツの著作権は発行者に残ることが通常です。このため、ＮＦＴの購入者であっても、対象コンテンツを無断で利用すると、そのコンテンツの著作権者との関係で著作権侵害となり得ます。

ただ、ＮＦＴによっては、購入者が対象コンテンツをＸ（旧ツイッター）などのＳＮＳのプロフィール画像に利用できる、グッズなどに二次利用できるといった、コンテンツの利用許諾を伴うものもあります。また、なかには、購入者が、ＮＦＴの購入に伴い、対象コンテンツの著作権の譲渡を受けるものもあります。

このように、ＮＦＴの売買に伴う契約条件は、ＮＦＴの発行者や取引のプラットフォームが決めるのが通常ですが、こうした契約条件によっては、ＮＦＴの購入者が対象コンテンツについて著作権や利用許諾（ライセンス）を取得するといった取扱いも可能です。

ＮＦＴの無断発行

ＮＦＴの発行（ミント〈mint〉などと呼ばれます）自体は、多くの場合、トークンにＩＤ、保有者アドレス、トークンＵＲＩ（メタデータの所在地）などを書き込む行為であって、コンテンツ自体を複製や公衆送信するわけではありません。このため、実は、他人が著作権を保有するコンテンツを対象にＮＦＴを発行したとしても、必ずしも著作権侵害にはなりません。

ただ、ＮＦＴの発行や流通に際しては、通常、ＮＦＴを発行するプラットフォームなどにコンテンツをアップロード等する必要があり、その際に、複製行為や公衆送信（厳密には送信可能化）行為が介在します。

このため、第三者のコンテンツを利用してＮＦＴを発行し、また、これを流通させることは、多くの場合、そのコンテンツの著作権者の承諾がなければ著作権侵害となります。

勘どころ

- **コンテンツを対象としたNFTがあるが、その購入者は、必ずしも著作権を保有するわけではない。**
- **NFTの購入者であっても、対象コンテンツを無断で利用すると、そのコンテンツの著作権者との関係で著作権侵害となる可能性がある。**

◇AI

　2022年以降、生成AIの利用が広がっています。生成AIの代表的なものとして、ミッドジャーニー（Midjourney）、ステイブル・ディフュージョン（Stable Diffusion）、ダリ・ツー（DALL・E2）などの画像生成AI、チャットGPT、バード（Bard）などの言語生成AIなどがあります。巨大なデータセットとディープラーニング技術を用いて構築された言語モデルは、LLM（Large Language Models）ともいわれます。

　生成AIは、アイデア出し、画像その他のアウトプットの作成など、さまざまな場面で利用されています。ただ、生成AIは、開発過程において大量の著作物を利用しているほか、利用の結果、既存の著作物と似たAI生成物が生成され得るなど、既存の著作物の著作権者との関係において利害対立も生じます。

　生成AIに関する権利問題は、AIの「開発・学習」と「生成・利用」に分けられますが、とくにユーザーの視点では、「生成・利用」を2つに分け、

①　AIの開発（開発・学習段階）
②　AIによる生成（生成段階）
③　AI生成物の利用（利用段階）

の3段階で考えるとわかりやすいと思っています。

生成AIの開発と利用の流れ（一般的な例）

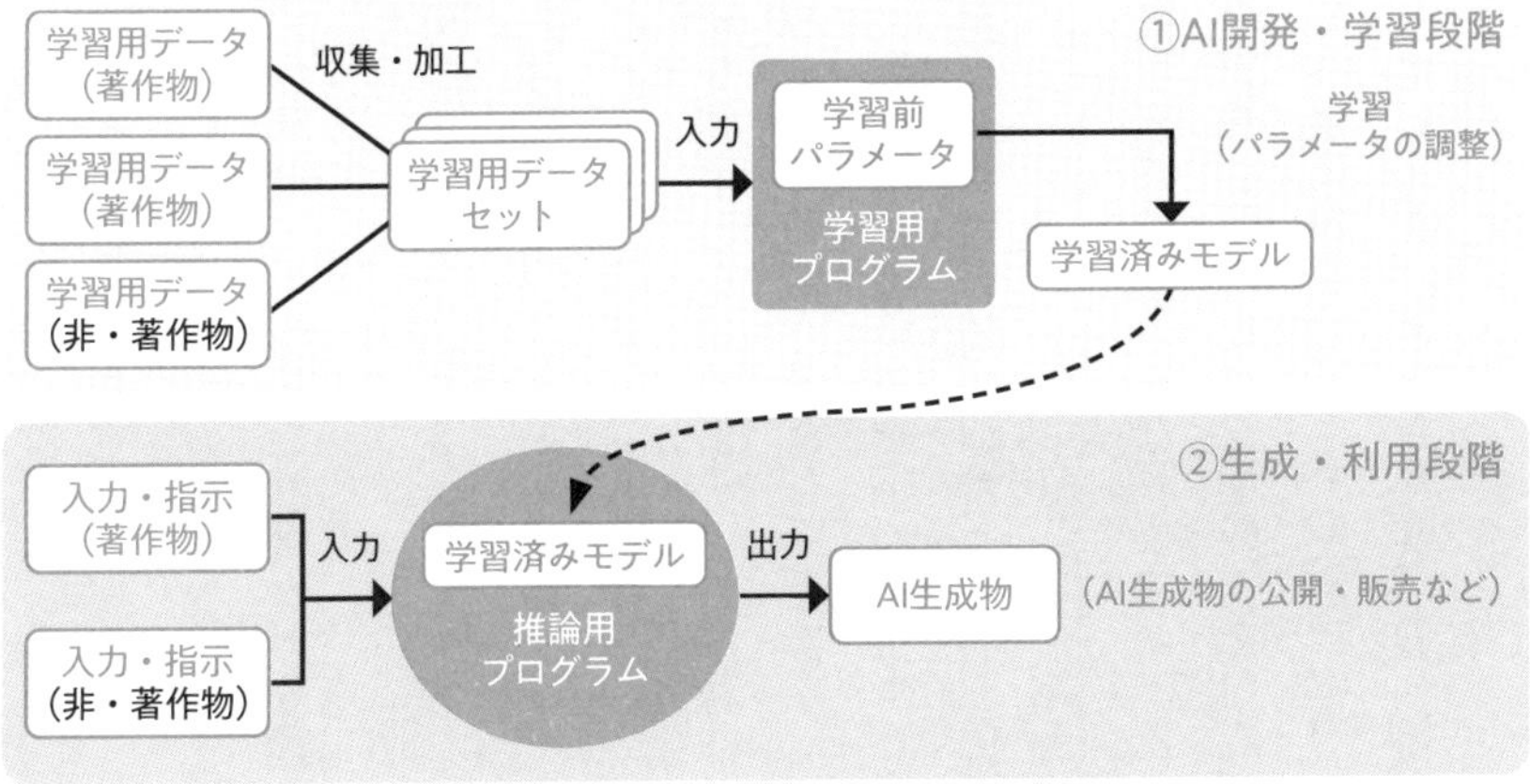

文化庁著作権課作成「AIと著作権」をもとに作成

Ⅰ　ＡＩの開発・学習段階

まずはＡＩの開発・学習段階です。「開発・学習段階」とは、

①大量の文字、写真、イラストなどの生データを収集して学習用データセットを生成した上、

②学習用プログラム（ＡＩプログラム）に入力し、深層学習を行わせることで、学習済みモデルを構築する段階です。

学習用データセットには大量の著作物が含まれることもありますが、「非享受利用」に該当する範囲では、その収集、提供、学習などを含め、必要と認められる限度であれば方法を問わず著作権者の承諾なく利用可能です（著作権法30条の4）。

「享受」とは、著作物を読む、見る、聞く、鑑賞するなど著作物を認識し、知的または精神的な欲求を満たすことを意味します。その反対に「非享受」とは、著作物に触れたとしても知的または精神的な欲求を満たす態様でないことを意味します。

著作物の利用が非享受利用に該当するか否かについては、行為者の主観、利用行為の態様、経緯等の客観的・外形的な状況などを踏まえて総合的に判断されます。AIの開発・学習段階では、

①学習用データの収集及び記録
②AIの開発事業者に対する学習用データセットの提供
③AIによる学習用データの学習

等が非享受利用となり得ます。人が著作物の具体的な内容には関知せず、コンピュータの処理に留まるような利用方法ともいえます。

ただ、著作権者の利益を不当に害する場合は例外で、著作物の利用に際して著作権者の承諾が必要となります（同条但書）。この例外の該当性は、著作権者の著作物の利用市場と衝突するか、あるいは将来における著作物の潜在的市場を阻害するかといった観点から判断されます。事案ごとの判断ともなりますが、たとえば、ディズニー、ジブリなどの特定の作品を学習し、その影響を強く受けた生成物を生成可能なAIを開発またはチューニングすることは、元の作品の作風に留まらず、その表現上の本質的特徴までを有する生成物が生成されるとなると、非享受とはいえず、また著作権者の利益を害するなどとして、著作権侵害とされる可能性があります。

また、著作権者等が単に「ＡＩによる学習禁止」などと反対の意思表示をしていただけでは、ＡＩの開発・学習への利用は妨げられません。しかし、その著作物にＡＩによる学習を防ぐための技術的措置がなされており、将来、その著作物を含むデータベースが販売されるような場合には、その著作物をＡＩの開発・学習に利用すると著作権侵害となる可能性があります。

そのほか海賊版であることを知りつつ、その著作物をＡＩの開発・学習に利用することは避けるべきでしょう。

Ⅱ　生成段階

次が生成段階です。開発されたＡＩの学習済みモデルに、データ、指示等を入力し、ＡＩ生成物を生成する場面です。ＡＩに簡単なプロンプト（ＡＩに命令するための呪文）を入力してＡＩ生成物を生成することもあれば、ＡＩに細かなプロンプトを与えてＡＩ生成物を生成することもあるでしょう。ＡＩの生成段階については、

①ＡＩ生成物がそもそも著作物になるか
②ＡＩ生成物の生成に際して他人の著作物を利用する場合の取り扱い
③ＡＩ生成物が既存の著作物に似ていた場合に、著作権侵害となるか

といった問題があります。

ＡＩ生成物の著作物性

まず、ＡＩ生成物の著作物性については、「著作物」とは、思想または感情を創作的に表現したものであって、文芸、学術、美術または音楽の範囲に属するものとされています（20頁）。

「思想または感情」とは、人の思想または感情を意味しますので、ＡＩによる自律的な生成物は、人の思想や感情がなく著作物になりません。
ただ、ＡＩを道具のように利用して作成した作品は、著作物と認められる可能性があります。ＡＩを道具として利用したといえるには、以下が必要です。
①ＡＩ生成物によって思想または感情を表現しようとする「創作意図」
②創作過程において、人が具体的な結果物を得るための「創作的寄与」
③できあがったＡＩ生成物が、著作物と同等の「創作的表現」であること
デジタルカメラで撮影した写真も、写真を撮りたいという創作意図があり（右記①）、構図やシャッターチャンスを工夫するといった創作的寄与があり（右記②）、かつ、撮れた写真にある程度の創作性があれば（右記③）、著作物となります。これは、デジタルカメラを道具のように利用している場面です。

デジカメとAIに違いはあるか

①写真を撮りたいという創作意図があり、②構図やシャッターチャンスを工夫するという創作的寄与があり、③撮れた写真に創作性があれば著作物となり得る

①思想または感情を表現しようとする創作者の意図があり、②創作の過程で具体的な結果を得るために創作的な働きかけがあり、③生成されたものが創作的表現であれば著作物となり得る

ＡＩを道具として利用しているか否かも、これと似たような考え方です。

また、仮にＡＩ生成物が著作物にならない場合であっても、人がＡＩ生成物に手を加えて創作的に修正し、作品として完成させた場合には、その作品は著作物となり得ます。修正の段階において、人の思想または感情に基づく創作的な表現活動があるからです。

一方、生成ＡＩを利用する場面では、生成されたいくつかのＡＩ生成物を絞込み、調整しながらその作業を繰り返し、最終的なＡＩ生成物を生成するといった作品の生成過程もあります。また、できあがったＡＩ生成物を選択する作業もあるでしょう。こうした一連の作業について、①ＡＩ生成物の生成に際して、表現と同程度の詳細な指示を与えることや、②生成物を確認しながら指示を修正しつつ試行をくり返すことは、創作的行為と評価される可能性があります。一方、③単に試行回数が多いことや、④単なる選択行為自体は、創作的行為とは評価されにくいように思います。

他人の著作物の利用

次に、ＡＩによる生成に際し、ＡＩに対する入力データとして他人の作成したプロンプトや画像などの著作物を利用することがあります。画像についての著作物の考え方は、何度か触れています（第４章など）。一方、プロンプトによってＡＩ生成物の出来・不出来が変わりますので、プロンプトにも創意工夫があり得ます。こうした創意工夫はノウハウでもありますが、創意工夫があるプロンプトについては、一定の長さがある表現であればプロンプト自体を著作物とする考え方もあります。

これらの著作物の表現の利用を目的としていれば、享受利用となりそうですが、単なる入力データとしての利用であって、既存の著作物に似たＡＩ生成物を生成する目的がないような場合には「非享受利用」となる可能性もあります。ただ、生成過程において、推論用に入力する著作物をサーバーに保存することや、既存の著作物を含む生成物をサーバーやＰＣに保存することは、「私的使用のための複製」などにあたらなければ、複製権や翻案権の侵害となり得ます。

他人の著作物と似たＡＩ生成物の生成

３点目が、ＡＩ生成物が既存の著作物に似ていた場合の取り扱いです。さまざまな考え方がありますが、ＡＩの開発段階における著作物の利用と異なり、著作権侵害となる可能性もあります。著作権侵害の類型に、複製権や翻案権の侵害があります。いずれも、既存の著作物を参考に（≒依拠性）、同じまたは似た（≒類似性）著作物の再現、制作等をする行為です。

> 「複製」　既存の著作物を参考に、これと同一または類似のものを再製すること
>
> 「翻案」　既存の著作物を参考に、修正、増減、変更等を加えて同一または類似のものを作成すること

ＡＩ生成物が既存の著作物と似ていた場合には、とくにこの依拠性が問題となります。さまざまな場面があり得ますが、①ＡＩの利用者が既存の著作物を認識し、ＡＩを利用してこれと似たＡＩ生成物を生成した場合には、依拠性が認められる可能性があります。また、②ＡＩ生成物を手直しする際に既存の著作物をイメージしながら修正作業を行った場合、③ＡＩ

を道具のように利用する際に既存の著作物をイメージしていた場合なども同様です。

そのほか、（ａ）ＡＩ利用者が既存の著作物を認識しておらず、かつ（ｂ）ＡＩの開発・学習段階において、その著作物が学習されていなかった場合には、仮に生成ＡＩによってその著作物と似た生成物が生成されたとしても、「偶然の一致である」などとして依拠性は否定される可能性がありますが、（ｂ）ＡＩの開発・学習段階においてその著作物が学習されていると、「その著作物へのアクセスがあった」などとして依拠性が認められる可能性もあります。

Ⅲ　生成物の利用段階

このように、ＡＩの開発段階や生成段階については、他人の著作物を利用しても、著作権侵害にならない場面があります。

一方、ＡＩを利用して生成したＡＩ生成物（画像など）をアップロードして公表する、その複製物を販売するといった場合には、著作権侵害の有無は、基本的に他の著作物の利用と同じように考えられます。既存の著作物と似たＡＩ生成物を、既存の著作物を認識しつつ無許可で利用した場合には、既存の著作物との関係で類似性と依拠性の双方があるため、権利制限規定のような例外がなければ、著作権侵害になり得るのです。

なお、ここまでの話は著作権が中心です。実演、音源などの著作隣接権については、別途検討が必要です。ＡＩ生成物の著作隣接権については、ある程度は著作権と同様の議論となりますが（著作権法102条１項）、ＡＩ生成物に実演や音源そのものが利用された場合には著作隣接権侵害を認めるなど、著作権とは異なる解釈もあり得ます。

また、ＡＩの学習段階及び生成段階では、著作物以外にも商標（例：企業や商品のロゴマーク）、意匠（商品などのデザイン）、肖像（例：人物の写真）など、さまざまな情報が利用されることがあります。これらは、商標権、意匠権、肖像権、パブリシティ権などに関わります。また、他人の個人情報や営業秘密が利用される可能性もあります。

前述の著作隣接権と同様に、著作権法30条の4は、商標権、意匠権、肖像権、パブリシティ権、個人情報、営業秘密などは対象外ですので、これらの権利関係については別途検討が必要です。とくに個人情報や営業秘密をＡＩに入力することには要注意です。個人情報保護法の違反（同法27条など）、営業秘密の漏洩（不正競争防止法2条1項4号以下）、秘密保持契約違反などとなる可能性もあります。

ケーススタディ

ＮＦＴは、作品の著作権保護に役立ちますか。

◇考え方のポイント

ＮＦＴは、作品の著作権保護とは直接関係しません。

勘どころ

- 生成AIは、開発過程において大量の著作物を利用しているほか、利用の結果、既存の著作物と似たAI生成物が生成され得るなど、既存の著作物の著作権者との関係において利害対立が生じる。
- AIによる自律的な生成物は、人の思想や感情がなく著作物にならない。一方、人がAI生成物に手を加えて修正し、作品として完成させた場合には、その作品は著作物となり得る。

むしろ、作品をNFTとして公開することにより、他人による無断利用が増える可能性もあります。また、人気マンガなどの画像を利用して、著作権者以外が無断でNFTを発行していることもあります。

NFTは、ブロックチェーンのトークン上に、作品データの保存場所、保有者のIDなどを記録及び公開するとともに、コンテンツやNFTの移転に伴い、その履歴も記録及び公開する技術です。NFT付きのデジタル作品であっても、通常は他のデジタル作品と同様に、比較的簡単にコピーできてしまいます。

多くのNFTは、トークン上に「権利関係に関する情報」を保有しておらず、また、「NFT付きコンテンツの移転＝著作権の移転又は利用許諾」という図式ではありません。NFT付きコンテンツを購入したとしても、必ずしもコンテンツの著作権の譲渡や利用許諾を受けるわけではないのです。NFTの発行者の立場では、NFTの購入者に対して、コンテンツの利用条件を明確に示すとよいでしょう。

冒頭ではあえて刺激的な言い方をしましたが、NFTは作品の利用促進につながる側面があります。ブロックチェーン上では、あるNFTの保有者が保有している別のNFTも公開されるため、その保有者の趣味嗜好も分かります。たとえば、ある歌手のNFTの保有者に対して、別の企業が、その歌手のファンが好きそうな特典（例：限定グッズ）を販売していくなど、複数企業による事業共創につながる期待があります。

ケーススタディ

生成AIにより、既存の作品と似た生成物が生成されました。偶然作成されたものですが、この生成物を雑誌、SNSなどに利用して大丈夫でしょうか。

◇考え方のポイント

AIの開発・学習段階では、他人の著作物を比較的自由に利用できます（著作権法30条の4）。しかし、AIの生成・利用段階、とくに、AI生成物を利用する段階では、他の著作物の利用と概ね同様の考え方です。既存の著作物と似たAI生成物を、そのことを知りながら出版物に掲載したり、インターネットに配信したりすると、複製権や公衆送信権の侵害となり得ます。AI生成物を生成する段階では、生成結果がわからない場合もありますが、AI生成物を利用する段階では、AI生成物の内容はわかっています。既存の著作物と似たAI生成物を、そのことを知りながら利用すると、類似性や依拠性の要件を満たすのです。

人間がAIを道具として利用したような場合には、そのAI生成物は著作物となり得ます。一方、人間の関与が少なく、AIが自律的に生成したようなAI生成物は、著作物にはならず、そのAI生成物を利用したとしても、既存の著作物との関係で、著作権侵害にはならないといった考え方もあり得ます。ただ、AIが自律的に生成したか、人間がAIを道具として利用して作成したかは程度問題であり、生成者以外の立場では反論が容易でない場合も少なくありません。やはり既存の著作物と似たAI生成物を利用することは、避けておくのが無難と思われます。

第5章

よい創作のために

「この章では、創作活動における契約について取り上げ、契約条件の確認、契約の成立、また、創作活動に関わる主要な契約について説明します。業務委託契約、利用許諾契約／ライセンス契約、著作権等の譲渡契約、作品の譲渡契約、下請法とフリーランス保護法などについて整理しておきましょう。」

契約条件の確認

◇契約書

創作活動は自分自身のために行うほか、個人や企業からの依頼で行うこともあります。逆に依頼する立場となることもあります。相手方とはなるべくよい関係性でありたいものですが、他人と関わる以上、なんらかのトラブルが生じることも珍しくはありません。

依頼を受ける立場の視点では、依頼者から作品の仕様、利用方法、納品スケジュール、報酬などの最低限の条件が示され、それを確認した上で依頼を受けることはよくありますが、それでも予期せぬ事態が起こることもあります。

受注して制作に着手した後、依頼者から「事情が変わった」などとして、作品の変更やキャンセルを要求される、作品の納品後、依頼者から「作品のイメージと違う」などと修正を求められるといったトラブルはよく聞きます。自分の作品が、想定外の期間や範囲で利用されるといった場合もありますし、さらには、支払いの遅延、対価の不払いなどもあり得ます。

トラブルが起きても、話し合いで解決できることもあります。ただ、話し合いに際して、たとえば「納品物の仕様」「著作物を利用可能な範囲」などが争点の場合には、契約書などがなければ、「言った」「言わない」の議論となり、問題解決が進まない事態にもなりかねません。

一方、契約書に条件の記載があれば、その条件を「言った」「言わない」の議論から、「守った」「守らなかった」の議論となるなど、相対的に問題解決は進みやすくなります。契約書は、お互いの権利や義務を示す資料として有益です。

◇契約の成立

契約の成立には、契約書の締結は必須ではありません。受注書、請書などのやり取りでも契約は成立しますし、口頭でも成立します。たとえば、コンビニでの商品の購入、電車の利用なども契約の一つです。契約の成立に、口頭の約束すら不要な場合もあるのです。

ただ、創作活動については、作品の仕様、利用方法、納期、報酬など、さまざまな条件が関係し、これらの条件が事案ごとに異なります。条件を明らかにする観点からも、創作活動に際して、当事者双方で合意した契約条件を契約書や受発注書などの文書に残しておくことが有益です。

また、さまざまな事情により、合意した契約条件

勘どころ

- **トラブルが起きたとき、話し合いで解決できることもあるが、契約書などの根拠があれば、問題解決が前に進みやすくなる。**
- **メールやメッセージのやり取りも契約書の代替となり得る。契約条件は、少しでも記録に残りやすい形で相手方に伝えておくとよい。**

を文書化できない場合であっても、次善策として、主な契約条件をメール、メッセージなどで相手方に伝えておくこともあります。

たとえば、契約条件を伝えられた相手方が、「承知しました」「これで結構です」などと、契約条件に応じる旨を返答した場合には、その契約条件で契約が成立する可能性があります。メールやメッセージのやり取りが、契約書や受発注書などの文書での合意に代替する可能性があるのです。仮に、相手方から返答がなかったとしても、相手方からとくに異論がなければ、その後の当事者の言動次第では、「相手方に伝えた契約条件に基づき契約が成立した」と推察されることもあります。

このように、契約条件は、少しでも記録に残りやすい形で相手方に伝えておくことが有益です。もちろん、相手方に契約条件の詳細を伝えられればより安心ですが、主な内容のみを簡単に伝えるメール等の記載例として、たとえば次のようなものがあります。

契約条件を確認する文例

To　XXX@XXX.XX.XX　●●年●月●日 ☆ ↰ ⋮

件名　●●の作成について

●●様
この度は、●●の作成をご依頼頂き、ありがとうございます。

●●の作成につき、料金は●円（税別）、納期は●年●月●日で承りました。お支払は、●年●月●日までにお願いいたします。なお、著作権はこちらに帰属します。●●のみにご利用頂き、改変を含め、その他の利用はお控えください。

よろしくお願いいたします。

納品物（仕様）、費用、納期、支払期限、著作権の帰属、利用範囲などがわかりやすく記載されていることが望ましい。

創作活動に関わる主な契約

創作活動に関わる契約として、主に以下の4つが挙げられます。もちろんそれ以外の類型もありますし、これらの組み合わせもあります。ただ、本書では、典型的な類型として以下の4つを取り上げます。

①作品の「制作の依頼」に関する契約
②作品の「利用の許諾」に関する契約
③作品に関する「権利の譲渡」に関する契約
④作品自体の「譲渡」に関する契約

まず、①の「作品の『制作の依頼』に関する契約」は、「業務委託契約」「制作委託契約」などと呼ばれます。業務委託契約や制作委託契約には、成果物の納入を主な内容とする「請負契約」、業務の提供を主な内容とする「委任契約」などの要素があります。

次に、②の「作品の『利用の許諾』に関する契約」は、「利用許諾契約」「ライセンス契約」などと呼ばれます。「利用許諾」や「ライセンス」とは、権利は自分に残したまま、いわば作品の中身（コンテンツ）の貸出しを行うようなイメージです。①は、これから作品を制作する場合が典型ですが、②は、完成済みの作品を利用許諾する場合が典型です。作品に関する著作権などの権利は、作家などの権利者に残ります。

一方、作品に関する著作権などの権利を、作家などの権利者から購入者に移すのが、③の「作品の『権利の譲渡』に関する契約」です。②が、作品の中身（コンテンツ）の貸出しのようなイメージでしたが、③は、権利の売買契約です。「譲渡契約」「売買契約」などと呼ばれます。ただ、譲渡の対象を契約書名に含むこともあり、たとえば、譲渡の対象が著作権であれば「著作権譲渡契約」、商標権であれば「商標権譲渡契約」などと呼ぶこともあります。②と同様に、完成済みの作品が対象となる場合が典型です。

最後が、④の「作品自体の『譲渡』に関する契約」です。ギャラリーでの絵画の売買など、作品自体を売買する契約が典型で、「売買契約」「譲渡契約」などと呼ばれます。②や③は、作品の中身（コンテンツ）の利用許諾や売買に関する契約ですが、④での売買の対象は、モノとしての作品です。モノとしての作品の譲渡により、作品自体の権利は、売主から買主に移転します。

ただこの場合、著作権など、作品の中身（コンテンツ）に関する著作権などの権利は、別段の取り決めがなければ、作家などに残ることが通例です。

本書の巻末には、ごく簡単な「ひな型」を掲載しています。イメージを把握していただくことを重視し、記載している条項の種類、書き方などは、最低限に留めています。実際に利用される際には、実際の事案に即し、必要に応じて条項の追記、修正などを行ってください。

また、あまり知られていないかもしれませんが、文化庁も「著作権契約書作成支援システム」※を提供しています。こちらのシステムの準備にあたっては、筆者も検討委員を務めました。
記入欄に従って該当項目を入力していくと、基本的な契約書を無償で作成できます。すべての類型には対応していませんが、こちらも契約条項の参考にはなるように思います。

勘どころ

▶ **創作活動に関わる契約には、**
①「制作の依頼」に関する契約（「業務委託契約」、「制作委託契約」など）
②「利用の許諾」に関する契約（「利用許諾契約」、「ライセンス契約」など）
③「権利の譲渡」に関する契約（「作品の著作権譲渡契約」、「売買契約」など）
④「作品の譲渡」に関する契約（「作品売買契約」「作品譲渡契約」など）
などがある。

※文化庁著作権契約書作成支援システム
https://pf.bunka.go.jp/chosaku/chosakuken/c-template/

◇業務委託契約

ここでは、業務委託契約に定めておきたい基本的事項として、以下を取り上げます。自分で契約書を作成する場合だけでなく、先方が作成した契約書を確認する際にも参考になるかもしれません。

1 業務を委託する旨

委託者が受託者に対して業務を委託し、受託者が業務を受託することを定めます。各当事者の立場や、この契約が業務委託契約であることが明確になります。

2 業務内容

委託側が行う業務の内容を定めます。業務の内容としては、原稿、イラスト、写真、動画など、制作する「作品の概要」のほか、たとえば、イラストを制作する場合には、イラストの「点数」などを記載することもあります。また、受託者と委託者の齟齬を防ぐ観点から、作品のイメージ、要件その他の「仕様」を定めておくとよいでしょう。

3 納入

納入に関する事項には、「納入する物」（納入物）や「納入期限」（納期）のほか、「納入の場所」、「納入の方法」などがあります。納入の場所は、たとえば、委託者の所在地や、指定業者の所在地とされることがあり、また、納入の方法として、メール、USB、CDなどの納入の媒体が指定されることもあります。

委託者が、受託者から作品を受領後、作品を確認（検収）する場合には、「検収の時期」「検収の方法」「不合格の場合の取扱い」などを定めることもよくあります。1のように、業務内容の一環として作品の「仕様」を定めておくことにより、検収に際しても、「作品が好きか嫌いか」といった発注者の主観的な判断ではなく、「作品が仕様に沿っているか否か」といった客観的な判断が行われやすくなります。

4 成果物の利用

成果物の利用方法などを定めます。たとえば、作品の利用目的をチラシ、ウェブサイトなどの一定の範囲に限定する場合には、受託者による作品の「利用可能な範囲」を規定しておくとよいでしょう。これらの「利用期間」を定めることもあります。

また、委託者は、作品の納入を受けた後、同じまたは別の案件において、作品の修正、改変等を行うこともあります。こうした作品の修正、改変等が重要であれば、受託者による「修正や改変の可否」も明記しておきたいところです。

5 報酬

報酬額、支払い時期などを定めます。「消費税の取扱い」（税込／税別）のほか、銀行振込の場合には、「振込手数料の負担者」（例：「振込手数料は、委託者の負担とする」）などを規定しておくこともよくあります。

委託者としては、報酬の支払いは成果物の納入及び検収後にした方が安心ですが、一方で、こうした場合には、受託者としては、委託者による不払い等のリスクを負いやすくなります。成果物の納入を受けたにもかかわらず、報酬を支払わない委託者もなかにはいます。作品の内容について意見の対立が生じ、委託者が支払いを拒否することもあります。受託者としては、契約の締結時点、作品の仕様が確定した時点など、報酬の全額を前払いで受領できれば安心です。ただ、そこまでは難しいとしても、受託者の立場では、少なくとも一部は前払いとしておくことにより、報酬の全額が不払いとなるリスクを回避できます。

また、受託者の立場では、イラスト、デザインなどのビジュアルが納品物である場合には、検収時は、低解像度または透かし入りのデータを提供し、入金後に最終データを納品するといった対策もあるようです。

6 権利の帰属

著作権などの成果物に関する権利は、別段の合意がなければ、制作者（受託者）に残るのが原則です。このため、成果物に関する権利が委託者に帰属するような場合には、基本的には、その旨の明記が必要です。ただ、権利関係を明確にする観点からは、成果物の権利が受託者に残る場合であっても、権利の帰属先について明記しておくことも有益です。

委託者は、契約書に「成果物の著作権が委託者に帰属する」旨の規定がある場合には、契約の締結などに伴い、成果物の著作権を失うことにもなります。「権利の帰属」は、とくに注意したい規定の一つです。

また、受託者が委託者に著作権等を譲渡する場合には、報酬に「権利譲渡の対価」が含まれるか否かを明確にしておくとよいでしょう。報酬に権利譲渡の対価が含まれる場合もあれば、受託者が委託者に対して権利譲渡の対価を別途請求可能な場合もあるのです。また、著作権を譲渡するときは、その条項の記載内容についても留意が必要です。詳しくは、「著作権譲渡契約」の項をご参照ください。

7 一般条項

契約の種類にかかわらず、比較的多くの契約に規定される条項があり、「一般条項」などと呼ばれます。数多くの一般条項がありますが、主な一般条項には、たとえば①契約の解除、②損害賠償、③秘密保持などがあります。

契約の解除や損害賠償に関する規定は、契約書に必須ではありません。契約書に規定がなくても、たとえば、相手方が契約上の義務に違反したような場合には、民法などの法令に従って、解除や損害賠償請求が可能となり得ます。

ただ、民法などの法令は、個別の事案に即した規定ではありません。契約書に、解除や損害賠償請求が可能な場面、その後の取扱いなどを具体的に規定しておくことにより、実際に義務違反などの問題が生じた際に、契約書に基づき、解除や損害賠償請求が行いやすくなることがあります。

また、秘密保持に関する規定は、自己及び相手方の秘密の保護に関わります。相手方から契約書への秘密保持義務の明記を求められることもありますが、自分の秘密情報を相手方に保護してほしいような場合にも、契約書に秘密保持条項を規定しておくとよいでしょう。

なお、一言で「秘密情報」といっても、その内容はさまざまです。実務的には、秘密情報の範囲やその該当性が不明確な場合も少なくありません。秘密情報として保護したい資料などがあれば、契約書に「秘密情報の対象」として明記しておくほか、その資料に「㊙」「秘密」「Confidential」などと付記しておくこともあります。

◇利用許諾契約／ライセンス契約

利用許諾契約では、とくに、利用許諾の対象となる作品と、利用者による利用方法の特定が重要です。ここでは、利用許諾契約に特徴的な規定として、以下の各規定を取り上げます。なお、繰り返しになるためここでは触れませんが、実際の契約書では、業務委託契約で触れた一般条項が規定されることもよくあります。

1 利用許諾

権利者が利用者に対して作品の利用を許諾することを定めます。権利者と利用者は、それぞれライセンサーとライセンシーとも呼ばれます。各当事者の立場や、この契約が、利用許諾契約であることが明確になります。

2 許諾対象

利用者に利用許諾する作品を明記します。当事者間の誤解を防止する観点からは、利用許諾する作品を特定しておくとよいでしょう。事案ごとに異なりますが、作品を特定する際には、作品のタイトルのみで足りる場合もあれば、これに加えて、制作年、素材、大きさ等の補足情報や作品の画像が必要な場合もあります。こうした補足情報や作品の画像は、契約書の本文や別紙に記載するのが通常です。

３　許諾行為

作品の利用方法は、①印刷などの複製、②ネット配信、③翻訳のグッズ制作などの二次利用などさまざまです。イラスト、写真、動画、音楽など、作品の類型によっても異なります。権利者が利用者に対して許諾する利用行為は、作品や利用行為の特徴を踏まえつつ、条項として明確にしておくとよいでしょう。たとえば、印刷物としての利用を想定している場合には、印刷可能な部数を定めておくこともありますし、ネット配信での利用を想定している場合には、配信を先のウェブサイトの名称、ＵＲＬなどを定めておくこともあります。さらには、無償利用に限って許諾するなど、有償利用／無償利用の可否も定めておくこともあります。

４　許諾条件

作品の利用については、利用可能な期間、地域、言語などのさまざまな条件が課される場合もあります。たとえば、「1年間、日本国内における、日本語での利用を許諾する」といった具合です。利用に際してこうした条件が課される場合には、その条件を明記します。ある作品を特定の企業のみに対して許諾し、その他の企業には許諾しないといった、独占的な利用許諾もあります。こうした独占的関係の有無が重要となる場合等には、利用の独占／非独占について明記することもあります。

5 監修

利用許諾契約では、利用者がさまざまな方法で作品を利用することが想定されます。権利者としては作品のイメージを維持する必要もあるため、場合によっては利用者による作品（またはそれを利用した成果物）の利用の前に権利者が利用者による利用方法をチェックすることがあります。監修、クリエイティブコントロールなどと呼ばれます。

6 対価（ライセンス料）

ライセンス料を定めます。ロイヤリティ、利用料、使用料など、さまざまな言い方があります。ライセンス料は「固定額」もありますが、作品を利用する数量、期間等によってライセンス料が加算される「従量制」もあります。出版物の発行部数または販売部数に応じて発生する印税も、従量制の一つです。なかには、契約金を支払った上で従量制のライセンス料を支払うなど、固定額と変動額の組合せのほか、従量制のライセンス料の一部を前払いした上で、従量部分に充当していく「最低保証」（ミニマムギャランティー：Minimum Guarantee。MGなどともいわれます）もあります。

7 著作者人格権の不行使

著作者には、著作者人格権（氏名表示権、公表権、同一性保持権など）があります（34頁）。

著作者人格権は、著作者に帰属し、第三者への譲渡ができません。このため、譲渡の代わりに、利用者は、自己による著作物の利用に際して著作者から制限を受けないよう、著作者に「著作者人格権の不行使」を約束してもらうことがあります。逆に著作者としては、作品や成果物のイメージ保護の観点から、利用者が作品やその名称を変更する際には著作者の承諾を要求しておくこともあり得ます。

◇著作権等の譲渡契約

次が、著作権等の譲渡契約です。譲渡契約では、譲渡の対象、対価等を明確にしておくことが重要です。譲渡の対象は、著作権、商標権、特許権などさまざまです。ここでは著作権を譲渡することを想定し、著作権譲渡契約において定めておきたい基本的事項として、以下を取り上げます。

1　譲渡の合意

著作権者が、利用者等に対して、作品の著作権を譲渡し、利用者等がこれを譲受けることを定めます。著作権者と利用者は、それぞれ譲渡人、譲受人などと呼ばれます。各当事者の立場のほか、この契約が、著作権等の譲渡契約であることが明確になります。

2 譲渡の対象

譲受人に対して著作権譲渡を行う作品などを明記します。利用許諾契約と同様に、当事者間の誤解を防止するため、譲渡の対象を明確化しておくことが重要です。明確化の方法も、利用許諾契約と同様に、作品のタイトルや補足情報の記載、画像の添付など、さまざまな方法があります。

なお、著作物の譲渡を受けた譲受人が、作品の変更等を行う可能性がある場合には、譲渡の対象について、「著作権（著作権法第27条及び第28条に規定する権利）を含む」などと規定しておきます。

この括弧《かっこ》書きに関連して、著作権法27条は、著作物を変更その他翻案する権利を定め、同法28条は、二次的著作物を利用する権利を定めています。著作権の譲渡契約において、これらの権利が譲渡の目的として明記されていない場合には、譲渡されなかったものと推定されます（同法61条2項）。このため、著作物の変更等を予定している譲受人は、上記のように明記（特掲といわれます）しておくと有益です。

3 譲渡の範囲

ある作品の著作権を譲渡する場合には、その作品のさまざまな利用に関する権利を一括で譲渡することがよくあります。ただ、利用許諾契約について触れたように、作品の利用方法は、

① 印刷などの複製

②ネット配信
③翻訳、グッズ制作などの二次利用
などさまざまです。こうした特定の利用に関する権利のみを譲渡することも可能です。実務的にそれほど多くはありませんが、期間、地域、言語などを限定して譲渡することも可能です。こうした点を限定しつつ著作権を譲渡する場合には、その内容を明記しておくとよいでしょう。

4 対価（譲渡料）

譲渡の対価としての金額を定めます。譲渡の対価は、固定額となることが多いようにも思えます。ただ、たとえば、音楽の分野などでは、作品の利用に伴って獲得した金額に基づく従量制とすることもあります。また、金額だけでなく、支払いの時期や方法を定めておくことも重要です。

5 著作者人格権の不行使

お伝えしてきたとおり、著作者には、著作者人格権（氏名表示権、公表権、同一性保持権など）があります。譲受人による著作物の利用に際して、著作者人格権が支障となることがあります。一方、著作権は譲渡できますが、著作者人格権は譲渡できません。その代わりに、著作権の譲受人は、自己による著作物の利用に際して、著作者に「著作者人格権の不行使」を約束してもらうことがよくあります。

◇作品の譲渡契約

最後が、作品の譲渡契約です。権利ではなく、モノとしての作品を譲渡する契約です。著作権の譲渡契約と同様に、譲渡の対象、対価等を明確にしておくことが重要です。作品の譲渡契約において定めておきたい基本的事項として、以下を取り上げます。

1 譲渡の合意

作品の所有者が作品の購入者に対して作品を譲渡し、購入者がこれを譲り受けることを定めます。作品の所有者は、譲渡人、売主などと呼ばれ、利用者は譲受人、買い主などと呼ばれます。各当事者の立場のほか、この契約が、作品の譲渡契約であることが明確になります。

2 譲渡の対象

譲受人に譲渡する作品等を明記します。譲渡の対象の明確化が重要であることは、他の契約と同様です。

3 引渡し

モノとしての作品を譲渡することもあり、作品の引き渡しの時期、方法等を定めておくことが重要です。購入者が、作品の引き渡しを受けた後、作品を確認（検収）する場合には、確認の期間、方法等を定めます。

4 対価（譲渡料）

譲渡の金額を定めます。金額と同様に、支払いの時期、方法なども重要な契約条件です。

5 危険負担

万一、作品が毀損や滅失した場合の対応を定めます。引渡し前に作品が毀損または滅失した場合には、売主負担となり、引渡し後に作品が毀損または滅失した場合には、買主負担となることがよくあります。この場合の「売主負担」とは、たとえば、売主は、買主に対して対価の請求はできず、自らその損失を負担することを意味します。

6 契約不適合責任／保証

作品を売買する際には、作品が本物であり、贋作でないことが重要となります。仮に、贋作と判明した場合に、対価の減額、売買契約の解除等を行うのであれば、その条件や手続きを明記しておくとよいでしょう。

契約書の主なチェックポイント

契約の目的

契約の目的は、業務の提供か、あるいは、作品（コンテンツ）の提供か。また、コンテンツの提供である場合、「作品の利用の許諾」（利用許諾）、「作品の著作権の譲渡」（著作権の譲渡）、「作品の譲渡」のいずれか。

対象となる作品

どういった作品が契約の対象か

対価

対象の金額、支払いの時期・方法、条件など

作品の利用方法

● 利用方法

対象となる作品について、どのような利用が可能か

● 変更、改変

対象となる作品の修正、改変、二次利用等が可能か

権利（著作権など）の帰属

権利の帰属先は、自己か相手方か

下請法／フリーランス保護法

◇下請法

一定規模の事業者は、個人事業主をはじめ、中小規模の事業者と取引を行う際には、下請法（下請代金支払遅延等防止法）が適用される可能性があります。

取引の発注側である親事業者は、下請事業者よりも契約上、有利な立場にあることも多いでしょう。下請法は、親事業者による下請事業者に対する「優越的地位の濫用《らんよう》行為」の取り締まりを目的とする法律です。下請法は、親事業者が、下請事業者に対して、取引関係上の有利な立場を利用して、不当な不利益を与えることを問題視しているのです。

下請法は、すべての取引に適用されるわけではありません。ただ、下請法が適用される場合には、親事業者は、下請法を順守する必要があり、逆に、下請事業者は、下請法によって保護される可能性があります。

下請法は、適用対象となる下請取引の範囲を、①取引当事者の資本金と②取引の内容（製造委託、修理委託、情報成果物作成委託または役務提供委託）の両面から定めています。

コンテンツ制作の分野でいえば、委託の内容が、放送番組や広告の制作、ポスター、商品などデザイン、製品の取扱説明書、設計図面などの「プログラム以外の情報成果物」の作成か、テレビゲームソフト、会計ソフトなどの「プログラム」の作成かによって、資本金の基準が異なります。

たとえば、「プログラム以外の情報成果物」の作成委託については、資本金が5千万円超の会社が、資本金5千万円以下の会社や個人事業主に発注した場合や、資本金が1千万円超5千万円以下の会社が、資本金1千万円以下の会社や個人事業主に外注した場合に、下請法が適用されます。

なお、「下請」というと、発注者が親事業者に発注し、親事業者が下請事業者に再発注するイメージかもしれません。ただ、情報成果物作成委託については、事業者が他の企業や消費者に提供するもの作成を委託する場合や、自社で利用するものの作成を委託する場合も含みます。

下請法が適用される取引においては、発注者である親事業者は、たとえば、①納品物の受領拒否、②下請代金の支払い遅延、③下請代金の減額、④納品物の不当返品、⑤買いたたき、⑥物やサービスの購入・利用の強制、⑦不当な経済的利

下請法の適用範囲

情報成果物作成委託（プログラム作成委託を除く）

親事業者（委託者）		下請事業者（受託者）
資本金5千万円超	→	資本金5千万円以下（個人を含む）
資本金1千万円超5千万円以下	→	資本金1千万円以下（個人を含む）

プログラム作成委託

親事業者（委託者）		下請事業者（受託者）
資本金3億円超	→	資本金3億円以下（個人を含む）
資本金1千万円超3億円以下	→	資本金1千万円以下（個人を含む）

益の提供要請、⑧給付内容の不当な変更・やり直しなどが制限されます（同法4条各項）。たとえば、下請代金については、発注時に決められた金額からの減額が禁止される上、原則として、納品日から60日以内の支払いも必要となります。このため、下請代金の減額、上記の範囲を超えた支払い遅延等があれば、下請法違反となります。

また、親事業者は、発注に際し、受注者である下請事業者に対して、取引内容を記載した発注書面を交付することも必要ですし（同法3条1項）、下請事業者による納品、納品の受領、代金の支払などについて記録しておくことも必要です（同法5条）。発注書面には、たとえば、①給付の内容、②納期、③納入場所、④検査完了期日（検査をする場合）、⑤代金額等の記載が必要です。また、納品物の著作権が発注者側に帰属する場合には、発注書面にその旨の明記も必要となります。

下請法を遵守するためには、契約書の締結までは必須でなく、発注書面の交付で足りますが、親事業者は、発注の際に、下請事業者に対して発注書面を交付しなければ下請法違反となります。

下請法は、下請事業者の保護の観点から、比較的厳格に運用されています。下請事業者としては、下請法違反の事実があれば、親事業者にその旨を指摘し、対応の是正を要求するほか、公正取引委員会、中小企業庁等の相談窓口に連絡することもあり得ます。場合によっては、こうした当局への連絡をほのめかすことによって、対応を是正する親事業者もいます。

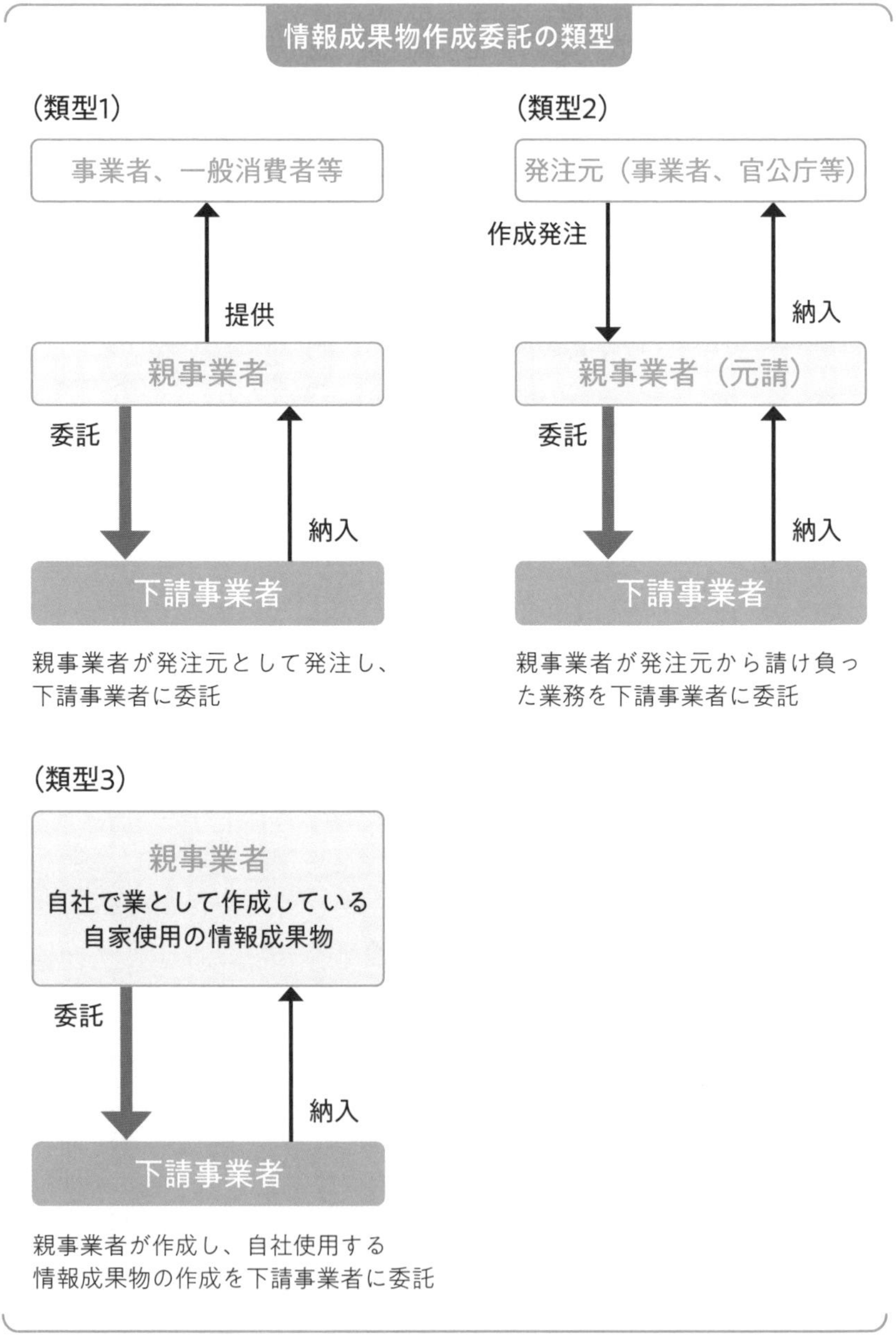
情報成果物作成委託の類型
(類型1)
事業者、一般消費者等
提供
親事業者
委託
納入
下請事業者
親事業者が発注元として発注し、
下請事業者に委託
(類型2)
発注元（事業者、官公庁等）
作成発注
納入
親事業者（元請）
委託
納入
下請事業者
親事業者が発注元から請け負った業務を下請事業者に委託
(類型3)
親事業者
自社で業として作成している
自家使用の情報成果物
委託
納入
下請事業者
親事業者が作成し、自社使用する
情報成果物の作成を下請事業者に委託

◇フリーランス保護法

こうした下請法の考え方を、フリーランス保護に適用したのが「フリーランス保護法」（正式名称：特定受託事業者に係る取引の適正化等に関する法律）です。フリーランス保護法は、個人が事業者として業務を受託した場合の環境整備を目的としています。

フリーランスとして、①従業員を使用しない個人のほか、②他の役員や従業員を使用せず、一人で事業を行っている法人が想定されています（同法2条1項）。個人事業主が典型で、個人のクリエイターなども対象となり得ます。下請法と異なり、法律の適用について資本金の要件がなく、事業者がフリーランスに対して「物品の製造」「情報成果物の作成」または「役務の提供」を委託する取引には、基本的にこの法律が適用されます。

フリーランスにこうした業務を委託する事業者は、①書面での契約内容（納品物、業務などの給付の内容、報酬の額、支払い期日等）の明示（同法3条）、②給付受領後60日以内における報酬の支払い（同法4条）、③募集情報の的確な表示（同法12条）、④出産、育児、介護への配慮やハラスメント対策（同法13条、14条）といった措置を講じる必要があります。

そのほか、委託事業者には、①受領の拒否、②報酬の減額、③納品物の不当な返品、④買いたたき、⑤物やサービスの購入・利用の強制、⑥不当な経済的利益の提供要請、⑦給付内容の不当な変更・やり直しなど、下請法と同様の禁止事項があります（同法5条1項・2項）。

さらには、委託事業者は、あるフリーランスに対して、長期間に渡って継続的に業務を委託していた場合には、フリーランスとの契約の解除や更新拒絶に際して、原則として30日前までの予告が必要ですし（同法16条1項）、フリーランスから契約解除の理由について開示請求があれば、遅滞なく開示することも必要です（同2項）。

委託事業者は、これらの規定に違反した場合には、国から立入検査、必要な措置の勧告、命令等を受ける可能性があります。

下請法と比べても、フリーランス保護法の強制力はそれほど強くはありません。ただ、個人のクリエイターの方々は、必要であれば、この法律に基づき、委託事業者に対して適切な契約条件や就労環境の提供を求めていくことが考えられます。

勘どころ

- **下請法は、親事業者による下請事業者に対する「優越的地位の濫用行為」の取り締まりを目的とする法律。**
- **下請法によって、発注時に決められた金額からの代金減額が禁止され、また納品日から60日以内の支払いが必要となる。**
- **下請法の考え方を、個人事業主などの保護に適用したのが「フリーランス保護法」。**

第6章

トラブルが起きたら

「この章では、権利に関する問題が発生した場合の対応方法をご紹介します。他人が自身の権利を侵害した場合、自身が他人の権利を侵害した場合について、触れていきます。」

他人による権利侵害

◇侵害の有無の検討

作品の制作や利用に関連する最も多いトラブルは、権利侵害に関するものだと思います。権利侵害には、主に、

①自分の作品が他人に無断で利用されたといった「他人に自己の権利を侵害された場合」

②他人の作品を無断で利用したといった「自己が他人の権利を侵害した場合」

があります。著作権、商標権、意匠権などのほか、肖像権、パブリシティ権などの権利も問題となり得ます。これらの対応には重複する部分も多々ありますが、まずは、①「他人に自己の権利を侵害された場合」の対応について触れた上、②「自己が他人の権利を侵害した場合」の対応について触れていきます。

「他人に自己の権利を侵害された場合」には、たとえば、依頼者などの契約関係者が、契約の範囲を超えて自分の作品を利用したような場合もありますし、とくに契約関係のない人が自分の作品を無断で利用したような場合もあります。

自分の作品について著作権などを侵害された場合には、どうすればよいでしょう。自分の権利が侵害されることを予想している人は、あまり多くないように思われます。感情的になっ

て、即座に相手方に抗議したくなる気持ちも分かります。ただ、権利侵害が思い込みであって、実際には権利侵害ではない場合もありますし、相手方に連絡するには、それなりの準備も必要です。相手方に連絡する前の第一歩として、まずは権利侵害の有無の検討をお勧めします。

これまで何度もお伝えしましたが、創作活動に関係しやすい権利として、著作物であれば「著作権」、名称やロゴであれば「商標権」、商品のデザインであれば「意匠権」、写真などの肖像であれば「肖像権」「パブリシティ権」などがあります。各権利によって侵害となる場面は異なりますが、著作権であれば前記の検討手順に沿って考えていくとよいですし（163頁）、商標権（52頁）、意匠権（64頁）、肖像権（84頁）、パブリシティ権（88頁）などについてもその特

侵害の有無の検討

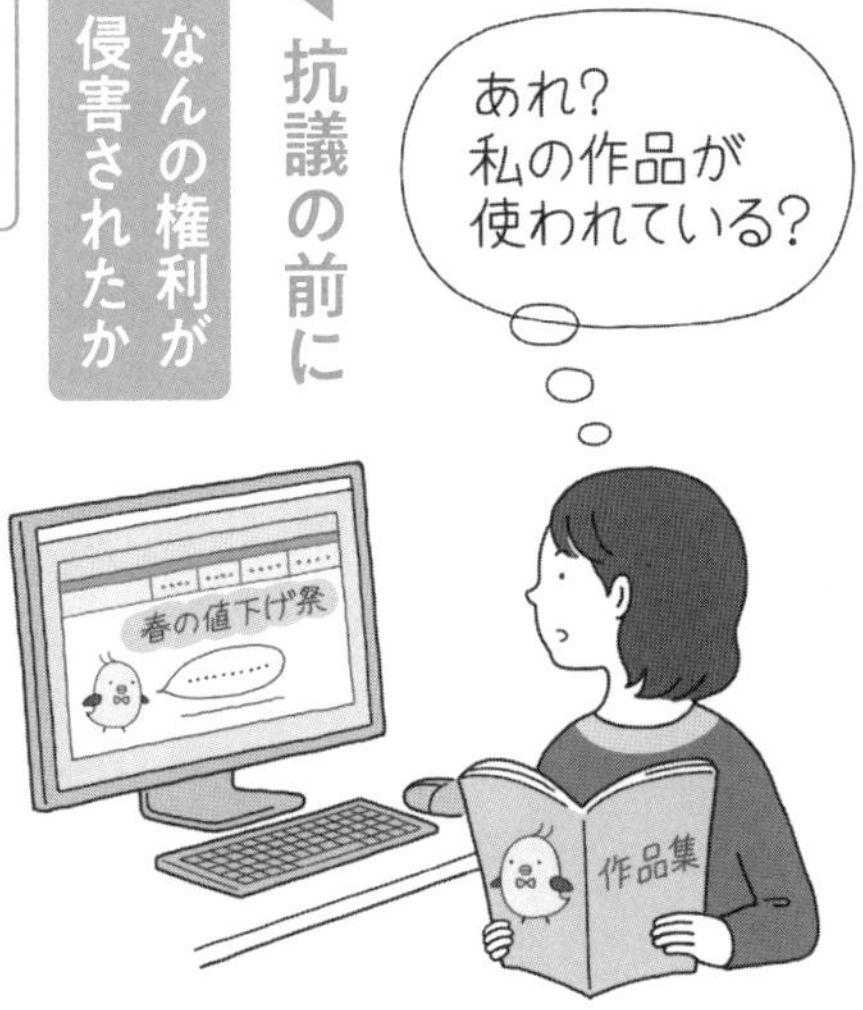
あれ？
私の作品が
使われている？
春の値下げ祭
作品集

◀抗議の前に

なんの権利が侵害されたか

著作権

商標権

意匠権

肖像権

パブリシティ権

相手との間に契約がある場合は、契約書などで契約内容の確認を

徴を踏まえ検討していくとよいでしょう。写真の撮影者の著作権、被写体の肖像権など、一つの作品について、複数の権利が関係することもあります。関係する権利を洗い出し、それぞれの権利について侵害の有無を検討していくとよいでしょう。

契約の相手方による権利侵害が疑われる場合には、契約書などを見て、相手方が契約上、作品の利用可能な範囲、利用条件等を確認することも有益です。

勘どころ

- **著作権の権利侵害には、「他人に自己の権利を侵害された場合」と「自己が他人の権利を侵害してしまった場合」がある。**
- **権利を侵害されたと思った場合は、相手方に連絡する前の第一歩として、まずは権利侵害の有無の検討を。**

◇証拠の保全

検討の上、やはり権利侵害が疑われる状況でしたら、まずは証拠保全をお勧めします。証拠保全といっても、それほど仰々しいものではなく、権利侵害が疑われる対象、態様、日時などを記録しておくのです。

証拠保全の前に侵害者に連絡してしまうと、侵害者である相手方が、該当するウェブサイトを削除するなど、侵害情報を削除してしまうこともあります。

侵害状態の是正が目的であればこれで目的達成ですが、侵害者に損害賠償請求をしたいような場合には、証拠がなければ請求は困難です。

また、侵害者によっては、権利者から連絡を受けた後、侵害状態は是正しないまま、ウェブサイトから住所、電話番号などの連絡先を削除するなど、権利者によるその後の対応を困難にしてくる可能性もあります。

証拠保全の方法は、権利侵害が疑われる媒体によって異なります。

インターネット上の権利侵害に際しては、侵害の特定等に際して、侵害コンテンツが表示されたＵＲＬも必要となることがあります。画面をＰＤＦ化する場合、スクリーンショットを撮る場合、印刷する場合などには、アドレスバーを全て表示しておくなど、ＵＲＬもわかるように記録しておくとよいでしょう。記録の日時も重要な情報となります。ウェブサイトの画面をＰＤＦ化すると、ＵＲＬや日時が記録されることがあって便利です。

証拠の保全

書籍、雑誌などの印刷物

商品を購入するなど、権利侵害が疑われる現物を入手する。

現物の入手が難しい場合には、奥付などの著作物、著者、出版社等が分かる部分とともに、侵害が疑われる部分を（少し広めに）コピーする。

CD、DVDなどの有形メディア

商品を購入するなど、権利侵害が疑われる現物を入手する。ジャケットではなく、コンテンツが問題であれば、音声または録画データで代用することもあり得る。

インターネット上の画像

権利侵害が疑われる画像について、PDF化、スクリーンショットの取得、写真撮影、印刷等を行う（URLは前述）。

インターネット上の動画

権利侵害が疑われる動画のダウンロード、録画等を行う。動画としての記録が難しい場合には、該当する場面等について、スクリーンショットの取得、写真撮影、印刷等を行う（URLは前述）。

ルール違反とならないように注意が必要

また、動画については、侵害が疑われる部分（何分何秒）についてもメモしておくとよいでしょう。

なお、証拠保全の場所、方法等もさまざまですが、書店で立ち読み中の書籍、上映中の映画、撮影禁止の舞台、ショーなどを録音、撮影等した場合には、証拠保全のための行為が権利侵害やルール違反となることがあります。

証拠保全の際には、こうした権利侵害やルール違反とならないための注意も必要です。たとえばYouTubeの利用規約上、YouTubeからの動画のダウンロードも規約違反とされているため、違反しないようにルールを確認することが大切です。

関係者の情報収集

証拠保全の一環でもありますが、侵害状況についての証拠を確保するとともに、相手方の情報も確保します。

相手方とは、ここでは権利の侵害者またはその疑いがある者を意味します。たとえば、自分の作品が無断で他人のウェブサイトに掲載された場合には、ウェブサイトへの投稿者が相手方です。企業のウェブサイトについては、多くの場合には、その企業が主たる相手方と思われます。一方、ＳＮＳ上の投稿については、ＳＮＳの運営者も相手方となり得ますが、主たる相手方は投稿者です。

相手方の情報としては、名称、住所、電話番号、メールアドレスその他の連絡先などがあり得ます。ＳＮＳ上の投稿については、投稿者のアカウント名、ＩＤなども含まれます。

◇救済措置

著作権などが侵害された場合には、侵害された人が不当な不利益を被らないよう、法令に救済措置が定められています。著作権、商標権、意匠権などの侵害された権利によって、可能な救済措置は異なりますが、救済措置は、①民事的措置、②刑事的措置、③行政的措置の3つに整理できます。

「民事的措置」には、①損害賠償請求や不当利得返還請求のような金銭的な請求、②差止請求のような利用停止の請求などがあり、③名誉や信用の回復を請求できる場合もあります。少し視点は異なりますが、④契約関係があれば、契約の解除などもあり得ます。

また、「刑事的措置」に関連して、著作権侵害、商標権侵害、意匠権侵害、不正競争などは、刑事罰の対象となります。法定刑は、10年以下の懲役または1千万円以下の罰金（これらの併《へい》科《か》あり）などで（著作権法119条1項、商標法78条、意匠法69条）、本書で取り上げた不正競争行為については5年以下の懲役または500万円以下の罰金（これらの併科あり）です（不正競争防止法21条2項1号から3号）。

ご参考までに、大麻の違法所持は5年以下の懲役（大麻取締法24条の2第1項）、覚せい剤の違法所持は10年以下の懲役（覚醒剤取締法41条の2第1項）ですので、著作権侵害などの権利侵害に関する法定刑は、これらに匹敵するような比較的重いものです。

「行政的措置」は、国や県、市町村などの行政機関に対して申立てなどを行い、行政指導や処分を要請する手続です。下請法に関する公正取引委員会や中小企業庁に対する申告も、行政的措置の一つです。

なお、行政機関への事実上の「お願い」はさておき、正式な申立て等ができるか否かは法令によって異なります。著作権については、著作権登録が行政手続の一つでもありますが、侵害の場面とは直接的には関連しないように思えます。

ここまで民事的措置、刑事的措置及び行政的措置について触れてきました。たとえば、著作権、商標権、意匠権などの侵害については、刑事的措置もありますが、多くの場合は民事的措置が中心です。その内容として、侵害物の利用差止、損害賠償等の請求のほか、名誉や信用の回復措置の請求などもあります。

肖像権やパブリシティ権などの人格権の

救済措置

民事的措置

① 損害賠償請求や不当利得返還請求などの金銭的な請求
② 差止請求などの利用停止の請求
③ 名誉や信用の回復措置の請求
④ 契約関係があれば契約の解除

刑事的措置

刑事罰（被害届の提出、告訴・告発など）

行政的措置

国や県、市町村などの行政機関に対して申立てを行い、行政指導や処分を要請する。

侵害に際しても、利用差止、損害賠償等の請求があり得ます。以下の各説明では、主に著作権侵害に関する救済措置を念頭に置いていますが、商標権や意匠権などについて侵害を受けたような場合も、概ね同様です。

差止請求

「差止」とは、権利を侵害した者またはそのおそれのある者に対して、侵害の停止または侵害の予防を請求する手続です。請求の一環として、侵害物自体のほか、侵害行為によって作成された物、専ら侵害行為に使用された機械や器具の廃棄等を請求できます（著作権法112条各項）。

ただ、差止の対象は、基本的に、侵害者の所有物に限られます。第三者が所有する対象物は差止の対象とはならず、廃棄請求もできません。第三者が侵害行為を行っているのであれば、その第三者を対象に、差止請求を別途行うことになります。

たとえば、雑誌、書籍などの出版物の差止を行う場合には、その相手方は主に出版社となります。出版物が出版され、書店に流通した以降も、出版社に対して書店からの書籍の回収を促すことはありますが、各書店に対して販売停止を求めるのであれば、各書店に対する個別の請求が必要となり得ます。

損害賠償請求

権利者は、侵害者による権利侵害によって損害を被った場合には、侵害者に対して損害賠償を請求できます。損害賠償請求を行うには、著作権者などの権利者側で、①侵害者によって自己の権利を侵害されたこと、②侵害者の故意・過失、③自己が損害を被ったこと及びその損害額、④権利侵害と損害との因果関係を主張・立証していく必要があります。

①についていえば、著作権を侵害された作品、侵害者の行為などに関する具体的な主張及び立証が必要です。

著作権侵害のうち、複製権や翻案権の侵害に際しては、権利者の著作物を無断で「依拠」したことが前提となります。依拠があるとされれば、既存の著作物に接した上で、侵害行為を行ったことになるため、事実上、故意または過失が認められやすくなります。

また、著作権侵害を理由とする損害賠償請求においては、損害額の算定がしばしば問題となります。損害額の算定を容易にするための規定もありますが（同法114条各項）、裁判の実情として、決められる損害額が数万円から数十万円などの比較的低額となる場合も少なくありません（損害額の算定については353頁）。

名誉回復措置

故意または過失により、著作者や実演家の人格権（著作者人格権、実演家人格権）が侵害された場合には、侵害者に対して、名誉または声望を回復するための措置を請求できます（同法

第115条）。

この名誉回復措置は、上記のとおり、著作者人格権や実演家人格権などの、人格権の侵害が前提となります。著作権のみが侵害された場合には、名誉回復措置の請求はできません。ちなみに、商標権、意匠権及び不正競争は、人格権の侵害ではありませんが、信用回復措置の請求に関する規定があります（商標法39条、意匠法41条、不正競争防止法14条）。また、肖像権などについても名誉回復措置が認められる可能性があります（東京地判平成2年5月22日など）。

名誉回復措置の内容としては、クレジット（氏名表示）の記載漏れのような氏名表示権侵害については、クレジット表示の請求などが挙げられます。また、著作物を無断で改変されたような同一性保持権（36頁）侵害については、訂正広告、謝罪広告等が挙げられます。商標権、意匠権、肖像権等の侵害についても同様です。ただ、裁判上は、謝罪広告は認められにくいのが実情です。

刑事告訴

著作権や著作隣接権を侵害した場合には、民事責任だけでなく、刑事罰の対象にもなり得ます。上記のとおり、刑事罰は、最長で10年の懲役、最高で1千万円の罰金で、懲役刑と罰金刑の双方が科せられる可能性もあります（著作権法119条1項）。企業には懲役はありませんが、罰金額は最高で3億円です（同法124条1項1号）。

そのほか、著作者人格権の侵害などについては、刑事罰は最長で5年の懲役、最高で500万円の罰金で、懲役刑と罰金刑の双方が科せられる可能性があります（同法119条2項1

号）。

環太平洋パートナーシップ（ＴＰＰ）協定の締結に伴い、非親告罪とされる範囲が「海賊版の提供」などに広がりましたが、著作権に関する刑罰の多くは依然として親告罪です（同法第１２３条各項）。検察官による公訴の提起には、被害者の告訴が要件となっています。

侵害者に対する刑事罰を求めたい場合には、警察や検察への告訴も手段となります。ただ、著作権、商標権などの権利侵害が生じたとしても、警察や検察による刑事手続にまで発展する事案は多くはありません。刑事罰は、故意に基づく違法行為が対象ですし、刑事手続にまで発展する事案は、海賊版、違法グッズなどの販売目的での無断複製といった悪質なものが多い印象です。

勘どころ

- **民事的措置には、①損害賠償請求や不当利得返還請求のような金銭的な請求、②差止請求、③名誉回復措置の請求などがある。**
- **刑事的措置としては、警察への告訴などがある。**

◇相手方への連絡

侵害の可能性を確認した上、証拠を保全し、主張を整理したら、相手方への連絡、裁判など、具体的な対応に移行していくことが考えられます。

ただ、裁判となれば、費用と時間もかかります。理論的には、訴訟を提起した場合には、その事実や内容も公開となります。訴訟の提起については、より慎重さが必要になるでしょう。また、侵害者が契約の相手方や業界関係者であるなど、それなりの関係性（≒しがらみ）がある場合もあります。こうしたことから、一般的な傾向としては、相手方に連絡したとしても、訴訟を提起まではせず、裁判外の話合いで解決を図ることが多いように思われます。

相手方に対して連絡する内容としては、たとえば

①自身が著作権、商標権などの権利者であること
②相手方の行為によって、自身の権利が侵害されたこと
③利用差止、損害賠償などを求めることなど

が挙げられます。

メールや書面で連絡する場合には、こうした事項を、ある程度具体的な理由や根拠とともに記載すると説得力が出てきます。場合によっては電話での連絡もあり得ます。

なお、そもそもの問題として、相手方に連絡するためには、相手方の連絡先が必要です。相手方が企業であれば比較的すぐに調べられますが、相手方が個人の場合はすぐにわからないこ

ともあります。

相手方に直接コンタクトをとる場合には、相手方のメールアドレスがわかれば、氏名が不明であっても、相手方にメールを送付できます。ただ、相手方に内容証明郵便を送付したり、また、訴訟を提起するには、基本的には、相手方の住所、氏名などの情報が必要となります。

相手方の連絡先が不明な状況において、裁判を行う場合には、相手方の連絡先情報を取得するための手続きを行うこともあります。このように、相手方への対応を検討する際には、相手方の連絡先情報の有無や、入手の難易度等も考慮すべき要素となり得ます。

なお、侵害者ではなく、プロバイダに対して削除要請を行う際には、相手方（侵害者）のメールアドレスや住所は必須ではありません。

勘どころ

- **まずは訴訟は提起せず、相手方に連絡し、裁判外の話合いで解決を図ることが多い。**
- **著作権侵害が問題となる場合には、相手方へは、典型例としては、①自身が著作権者であること、②相手方の行為によって、自身の著作権が侵害されたこと、③差止、損害賠償などを要求する旨などを連絡する。**

◇連絡先の選択は慎重に

相手方に連絡する際には、基本的には、相手方自身への連絡をお勧めしています。第三者に連絡することにより、必要以上にトラブルが拡大または、複雑になることを避けるためです。たとえば、侵害品がデパート、小売店等で販売されている場合には、侵害者だけでなく、デパート、小売店等にも侵害者の不当性を伝えたくなるかもしれません。その気持ちもわかります。ただ、侵害者以外への連絡は避けておくのが無難です。

競争関係にある他人の営業上の信用を害する虚偽の事実を告知または流布した場合には、不正競争として不正競争防止法違反になることがあるのです（同法2条1項21号）。侵害者以外に「侵害者による侵害品が販売されている」と伝えた場合には、万一、権利侵害の指摘が誤りだと判明すれば、「虚偽の事実」を告知したなどとして、侵害者とされた側から、反論や損害賠償請求を受ける立場となり得ます。

たとえば、デパートや小売店は、権利者から「ある企業の商品は侵害品である」との通知を受けた場合には、その企業の商品の販売を停止するかもしれません。ただ、自分では、その企業の商品が自己の権利を侵害していると思っていても、結果的に、裁判などで権利侵害を否定されることもあり、その結果、逆に、その企業から損害賠償請求等を受ける立場にもなり得るのです。

権利者は、権利侵害を主張する場面では、通常、侵害者との関係では「攻め」の立場です。

ただ、上記のような通知を行い、侵害者から不正競争であるとの指摘を受けてしまうと、その指摘に反論するといった「守り」の必要も生じます。

また、裁判ではなく侵害者との話合いで解決できたような事案であっても、デパートや小売店などに通知することにより、侵害者側との間で、裁判で権利侵害の有無について白黒つけざるを得なくなるなど、事態が複雑化することもあります。

コラム

SNSの投稿にも要注意

最近では、「第三者によって自分の作品が無断で利用された」、「自身の作品をパクられた」など、権利侵害に関するSNS上の投稿も見られます。こうした権利侵害に関する投稿は、怒りのはけ口だけでなく、フォロワーの共感を得る、世論を味方に付けるといった戦略的な目的もあるかもしれません。

ただ、こうした投稿は、仮に、事実関係や法解釈の誤りにより、権利侵害がなかったと判明すれば、逆に社会的に非難の対象となりますし、前述のように不正競争にもなり得ます。また、投稿した内容が事実であり、実際に権利侵害があったとしても、投稿によって相手方の社会的評価を毀損《きそん》した場合には、信用毀損などになるかもしれません。トレース疑惑をブログなどで公表したことが、名誉棄損にあたるとした裁判例もあります（東京地判令和5年10月13日）。

さらには、相手方と契約関係にあり、相手方に対して守秘義務を負っているような場合には、SNSへの投稿が守秘義務違反となる可能性もあります。

戦略的にSNSで情報公開をしていくこともあり得ますが、SNSへの投稿により、逆に、自身が批判を受ける立場ともなり得るのです。不用意なSNSへの投稿は避けておくのが無難です。

◇プロバイダへ等の「削除要請」

「削除要請」とは、侵害コンテンツを掲載しているサービス提供者などに対して、侵害コンテンツの削除を求める手続です。請求先は、侵害行為を行った侵害者ではなく、そのコンテンツを掲載しているプロバイダです。削除要請は、アメリカのデジタルミレニアム著作権法（Digital Millennium Copyright Act。DMCA）に基づく制度で、「削除要請」のほかに、「削除依頼」、「テイクダウンノーティス（Take Down Notice）」などとも呼ばれます。

削除要請は、比較的簡単な手続です。プロバイダには書面やメールでも要請できますが、請求フォームを設けているプロバイダも少なくありません。

たとえばYouTubeには、「著作権侵害による削除通知を提出する」という請求フォームがあ

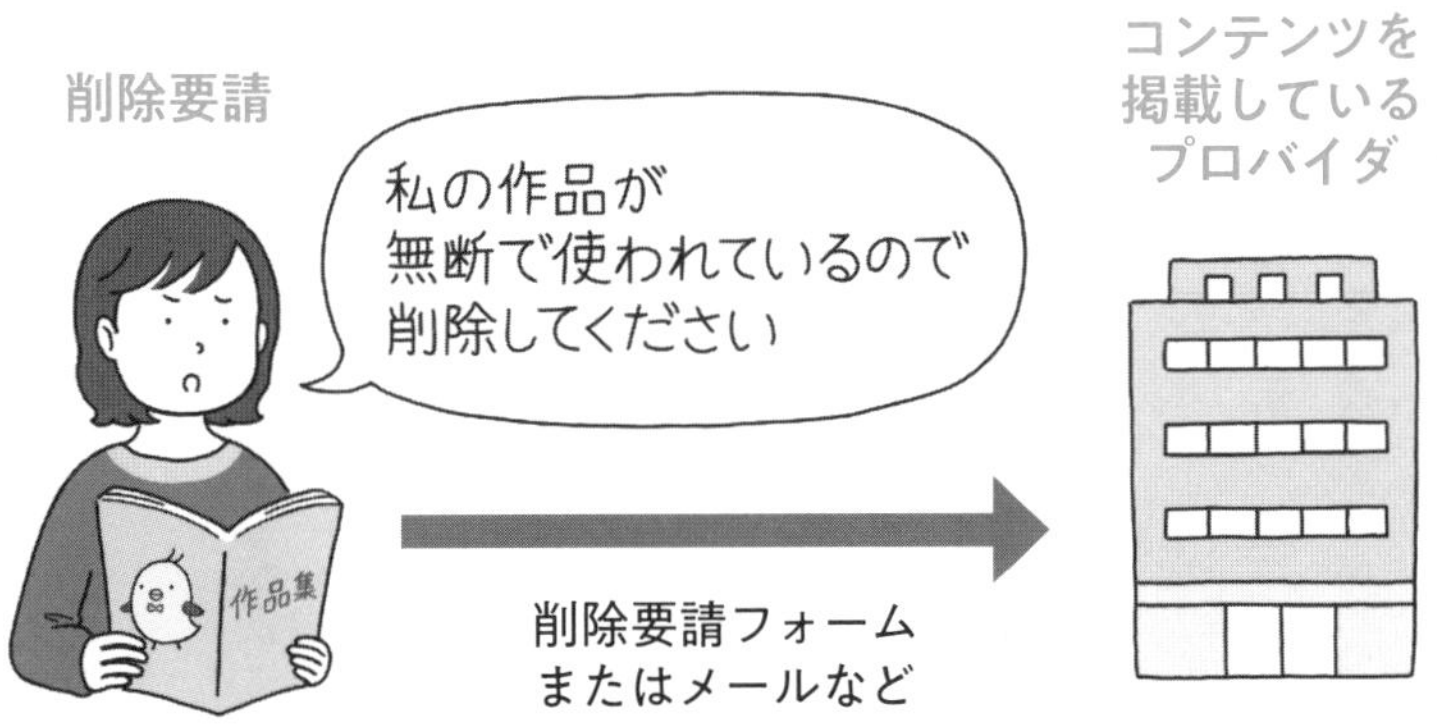

ります。この請求フォームに、①削除したい動画、②著作権者の情報（氏名、住所、メールアドレス、著作権者との関係）、③削除オプション、④同意事項等を記載及び送信して削除要請を行います。

削除要請を受けたプロバイダは、DMCAの制度上、その削除要請が、必要事項の記載などの形式的要件を満たしていれば、「実際に権利侵害があるか否か」といった実体的要件の判断を行うことなく対象コンテンツを削除できます。

プロバイダは、投稿されたコンテンツを投稿者に無断で削除すると、投稿者の「表現の自由」などの制限にはなりますが、DMCAに基づく削除については、法的責任は問われないのです。ただ、実際には、形式的要件のほかに、実体的要件をある程度慎重に判断しているプロバイダも少なくありませんので、根拠の乏しい削除要請は削除に繋がらない可能性もあります。

プロバイダは、コンテンツを削除した場合には、そのコンテンツの投稿者に対して、削除された事実を連絡します。コンテンツを削除された投稿者は、削除に異論があれば、プロバイダに対して異議申立ができます。異議申立があれば、権利者側が一定期間内に訴訟を提起し、その旨をプロバイダに通知しなければ、コンテンツは元に戻ります。

なお、権利者は、削除要請を行うことにより、コンテンツの投稿者に自分の連絡先などが伝わることもあります。こうした点が心配であれば、自分では削除要請を行わず、弁護士などの代理人に依頼することもあり得ます。

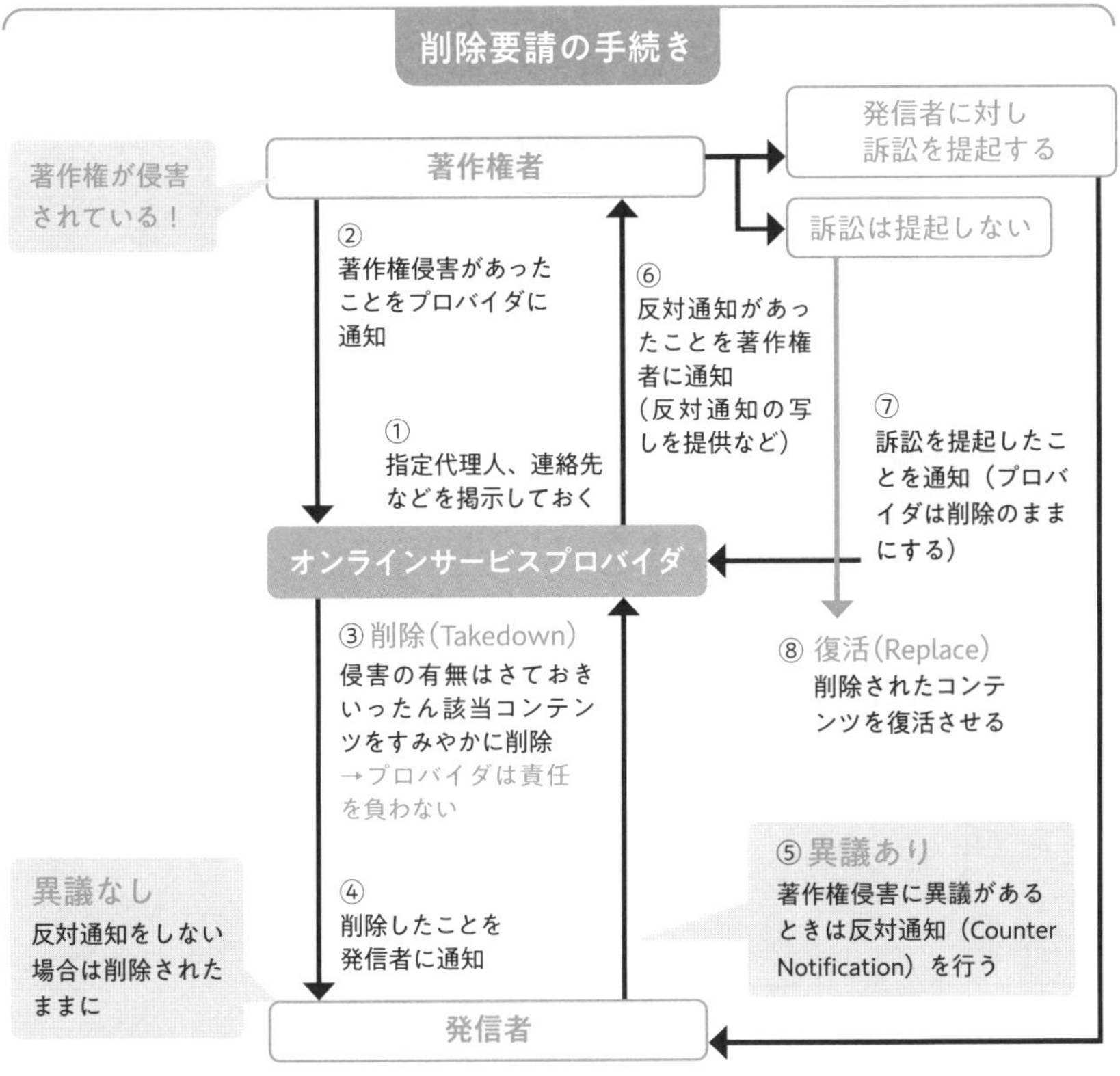
削除要請の手続き
著作権が侵害されている！
著作権者
発信者に対し訴訟を提起する
訴訟は提起しない
②著作権侵害があったことをプロバイダに通知
①指定代理人、連絡先などを掲示しておく
⑥反対通知があったことを著作権者に通知（反対通知の写しを提供など）
⑦訴訟を提起したことを通知（プロバイダは削除のままにする）
オンラインサービスプロバイダ
③削除（Takedown）
侵害の有無はさておきいったん該当コンテンツをすみやかに削除
→プロバイダは責任を負わない
⑧復活（Replace）
削除されたコンテンツを復活させる
④削除したことを発信者に通知
⑤異議あり
著作権侵害に異議があるときは反対通知（Counter Notification）を行う
異議なし
反対通知をしない場合は削除されたままに
発信者
総務省「ノーティスアンドテイクダウン手続について」をもとに作成

勘どころ

▶「削除要請」とは、侵害コンテンツを掲載しているサービス・プロバイダに対して、侵害コンテンツの削除を求める手続き。

▶削除要請を受けたプロバイダは、その削除要請が、必要事項の記載などの形式的要件を満たしていれば、対象コンテンツを削除可能。

◇発信者情報開示請求／発信者情報開示命令の申立て

前述のとおり、侵害者に対して訴訟提起等をするためには、侵害者の住所、氏名などの連絡先の情報が必要となりますが、これらが不明な場合も少なくありません。こうした場合に、裁判所を介して連絡先情報の開示を求める手続が「発信者情報開示請求」や「発信者情報開示命令の申立て」です。

これらの手続の前提として、ごくごく簡単に、インターネットプロバイダの仕組みについて触れておきます。インターネットプロバイダは、大きく、①インターネット・サービスプロバイダ（経由プロバイダ）と②コンテンツプロバイダとに分けられます。

「経由プロバイダ」とは、ＰＣなどの端末をインターネットに接続させるサービスを提供するプロバイダです。「ＩＳＰ（Internet Service Providerの略称）」、「接続プロバイダ」などともいわれます。ＯＣＮ、ビッグローブ（Biglobe）、ソネット（So-net）、ニフティ（Nifty）などの通信事業者のほか、ＮＴＴ Docomo、ａｕ、ソフトバンクなどの携帯電話事業者、ワイモバイル（Y-mobile）、ユーキューワイマックス（UQ Wimax）などのモバイル回線事業者も、経由プロバイダです。

一方、「コンテンツプロバイダ」とは、ポータルサイトの運営、検索サービスの提供、ニュース配信、動画配信、音楽配信など、情報の提供を行うプロバイダです。いわゆるサイト管理者です。Yahoo、楽天、Amazonなどのほか、ＬＩＮＥ、YouTube、Ｘ、Facebookなどの

SNSの運営者も、コンテンツプロバイダです。

発信者情報を特定するための主なルートの概要は、次のとおりです。

発信者情報を特定する主なルート

①IPアドレス

コンテンツプロバイダからIPアドレス、タイムスタンプなどの情報を取得した上で、IPアドレスから判明した経由プロバイダから氏名、住所等の契約者情報を取得する

②電話番号

サイト管理者（コンテンツプロバイダ）が保有する電話番号またはキャリアメールを取得し、電話会社から回線契約者の氏名、住所等の契約者情報を取得する

③コンテンツプロバイダへの請求

コンテンツプロバイダ（例：Yahoo、楽天、Amazon）が保有する利用者の氏名、住所等の利用者情報を取得する

④経由プロバイダへの請求

経由プロバイダ（例：まとめサイト、トレンドブログ）から、サーバ契約者の氏名、住所等の契約者情報を取得する

ヤフオク、楽天、Amazonなどのように、コンテンツプロバイダに住所や氏名を登録して利用するサイトについては、そのコンテンツプロバイダに対して投稿者の氏名、住所等の開示請求を行います（前頁③）。しかし、匿名投稿ができるサイトでは、コンテンツプロバイダは、投稿者が行った投稿のＩＰアドレスの情報は保有しているものの、そのＩＰアドレスに関する具体的な情報（投稿者の氏名、住所等）は保有していないことがよくあります。このため、投稿者の氏名、住所等を調べるには、コンテンツプロバイダが保有するＩＰアドレスなどの「通信ログの情報」（第1段階）に基づき、経由プロバイダが保有するＩＰアドレスの「使用者に関する情報」（第2段階）を得ていく必要があるのです（前頁①）。

ただ、プロバイダは、電気通信事業法において、通信に関して知り得た他人の秘密を守る義務を負っています（同法4条2項）。このため、プロバイダに情報開示請求を行うためには、一定の手続に則る必要があります。

開示請求の手続には、国内事業者を対象とした、裁判外で行うテレサ書式（発信者情報開示請求書）を用いる方法もありますが、なかなか応じて貰えないのが実情です。このため、（a）コンテンツプロバイダに対する発信者情報開示請求（第1段階として、投稿者のＩＰアドレス、タイムスタンプ等の開示を求めるもの。仮処分）と、（b）経由プロバイダに対する発信者情報開示請求（第2段階として、投稿者の氏名、住所等の開示を求めるもの。訴訟）を行うのが通常です。その際、経由プロバイダは、ログ情報を3ヵ月程度で削除してしまうこともありますので、ログの保存請求（発信者情報消去禁止命令の申立て）も行うこととなります。

以前はこれらは別個の手続きでしたが、手続の簡略化や迅速化を目的として、２０２２年10月から、これらを一つの手続内で行うことが可能となりました。その概要は、次頁のとおりです。

無事に発信者の氏名、住所等が開示されたら、開示された氏名、住所等に基づき、発信者に対して損害賠償請求等を行っていくことになります。

なお、プロバイダ責任制限法の発信者情報開示請求や発信者情報開示命令の申立ては、著作権、商標権などのほか、名誉毀損などの権利侵害にも利用可能です。

勘どころ

- コンテンツプロバイダ（サイト管理者）は、投稿者が行った投稿のIPアドレスの情報は保有しているが、その投稿者の氏名、住所などは保有していないことも多い。
- 投稿者の氏名、住所等を調べるためには、サイト管理者が保有するIPアドレスなどの通信ログの情報（第1段階）に基づき、経由プロバイダ（接続プロバイダ）が保有するIPアドレスの使用者に関する情報（第2段階）を得ていく必要がある。
- 2022年10月から、これらを一つの手続内で行うことが可能になった。

発信者情報開示命令の手続（概要）

申立て

①コンテンツプロバイダに対する
発信者情報開示命令の申立て
＋
提供命令の申立て
（経由プロバイダの名称等の提供を求めるもの）

裁判所の決定

②申立人に対する経由プロバイダの名称等の提供

申立て

③経由プロバイダに対する
発信者情報開示命令の申立て
＋
消去禁止命令の申立て

④コンテンツプロバイダの経由プロバイダに対する保有発信者情報の提供

裁判所の決定

⑤申立人に対する発信者の住所氏名等の開示

自身が権利侵害をしたら

◇権利侵害の警告

これまで、自分の作品が無断で使われるなどの「他人に自己の権利を侵害された場合」について触れてきました。ただ逆に、他人の作品を無断で利用したといった「自己が他人の権利を侵害した場合」もあり得ます。

他人の作品を参考にしていた場合など、ある程度は権利侵害の指摘を予期していた場合もあるかもしれません。一方、突如として、権利者から権利侵害の指摘を受けて、作品の利用停止、損害賠償等を求められることもあり得ます。また、ＳＮＳなどに投稿していた作品が、権利者による削除要請の結果、削除されることもあり得ます。

このように、権利者から権利侵害の指摘を受けた場合には、権利侵害の有無を含め、事実関係の確認を行うことが第一歩です。確認事項としては、たとえば以下があります。

①主張の相手方が本当に権利者であるか
②権利侵害である旨の指摘を受けた作品が、自身が制作したものであるなど、自身の関与によるものか
③相手方の主張どおり、権利侵害があるか
④（権利侵害がある場合に）どのように解決を図るか

この③につき、権利侵害があるか否かを検討する際には、著作権侵害が問題であれば、自身の権利が侵害された場合と同様に、判断に関する検討手順（163頁）を参考にするとよいでしょう。

また、④につき、侵害状態の是正策としては、コンテンツ全体の削除と、侵害部分のみの修正があります。たとえば、インターネットにマンガを公開していて、一部に権利侵害がある場合は、マンガ全体を削除するほか、該当部分のみを修正または削除することもあり得ます。また、コンテンツ全体を削除するとしても、削除する媒体などの検討も必要となり得ます。出版物などについては、侵害が作品全体のごく一部の場合に、作品全体の利用停止が必要なこともあれば（東京高判平成12年4月25日など）、損害賠償責任は負うものの作品自体の利用は可能なこともあり得ます（那覇地判平成20年9月24日など）。

これらの検討の結果、自身による権利侵害の疑いがなければ、端的に、その旨を相手方に伝えればよいでしょう。相手方が悪質なクレーマーである場合などには、意図的に無視することもあるかもしれません。相手方と何度かやり取りした後、双方が納得に至らないまま、連絡が途絶えることもあります。

一方、自身による権利侵害の疑いがある場合には、相手方への回答を含め、何らかの対応が必要となる可能性があります。たとえば、作品の公開日や発売日が近い場合などには早期に解決を図るほか、逆に、戦略として、相手方への回答や対応に時間をかけることもあります。ただ、侵害期間が長ければ、その分、負担する損害賠償額が増える可能性もありますし、相手方がプロバイダに対する削除要請など、第三者を介した対応を図ってくる可能性もあります。このため、とくに自身による権利侵害の疑いがある場合には、一般論としては、相手方への対応は早い方が得策かもしれません。

勘どころ

- 権利者など人から権利侵害の指摘を受けた場合には、権利侵害の有無を含め、事実関係の確認を行うことが第一歩。
- 検討の結果、権利侵害の疑いがなければ、端的にその旨を権利者側に伝えるなどの対応がある。
- 権利侵害の疑いがある場合には、なんらかの対応が必要となる場合が多い。一般論としては、相手方への対応は早い方が得策。

◇ 裁判

双方の話し合いで解決しない場合などには、相手方から訴訟を提起される可能性があります。相手方は、話し合いなどの際に訴訟を予告することもありますが、予告なく、突然に訴訟提起に至ることもあります。相手方から訴訟提起を受けた場合には、裁判所から訴状が届きます。

当事者が行う裁判は、通常は民事訴訟です。弁護士を介さない本人訴訟も可能ですが、著作権、商標権などの分野は、裁判としては特殊な分野の一つです。本人が対応することにより、本来は勝てたはずの裁判に負けてしまうこともあります。基本的には、弁護士などの専門家に相談することをお勧めします。

訴訟費用

弁護士への依頼には、費用がかかります。自身が訴訟を提起する場合だけでなく、自身が訴訟を提起された場合も同様です。弁護士費用は、事案だけでなく、依頼する弁護士によっても異なります。相手方へのまたは相手方からの請求額などに応じて弁護士費用が決められる場合もあれば、対応に必要な所要時間に応じて弁護士費用が決められる場合もあります。1時間あたりの時間単価も弁護士によってさまざまです。ちなみに、為替の影響もありますが、欧米では、1時間あたりの時間単価が10万円相当額を超える弁護士も少なくありません。

判決では、訴訟費用は敗訴者負担とされることもありますが、弁護士費用は、この訴訟費用には含まれません。「訴訟費用」は、訴状、申立書等に貼付される収入印紙代（裁判所手数料）

のほか、書類を送るための切手代（郵便料）、証人の旅費日当などをいいます。訴訟費用のうち、収入印紙代は、裁判における相手方への請求額によって異なります。ただ、裁判における費用の多くは、通常は、裁判所に支払う訴訟費用ではなく、弁護士費用です。

弁護士費用は、基本的に自己負担となりますが、不法行為を理由とする損害賠償請求については、裁判所は、認容額の5～10％程度を弁護士費用として認めることもあります。著作権や商標権の侵害を理由とする損害賠償請求も、不法行為を理由とする損害賠償請求の一つです。

損害額の算定／推定

訴訟における請求の一つに、損害賠償請求があります。損害賠償請求は、相手方（侵害者）に対して権利侵害によって被った損害の賠償を求める手続です。「権利侵害の有無」も重要な争点となりますが、「損害の有無」や「損害額」も重要な争点の一つです。これらは、権利者などの損害賠償の請求側が主張立証するのが原則です。

たとえば、自動車事故で自動車が破損した場合の損害額としては、自動車の修理代などが考えられます。一方、著作権、商標権、意匠権、肖像権、パブリシティ権などは無形の情報であるため、物的な毀損はありません。このように、無形の情報に関する損害額は算定が難しい側面があり、たとえば、著作権については、次のような算定または推定の方法が用意されています（著作権法114条）。

①「侵害者による販売数」×「権利者の単位あたり利益の額」－「権利者が販売等を行えない事情に応じた金額」

②侵害者が侵害行為によって得た利益の額
③ライセンス料相当額

この③については、たとえば、イラストを無断利用された場合の損害額は、「イラストの通常の利用料」×「利用点数」×「利用期間」などとなります。

通常の利用料については、イラスト、写真などの同種等を提供しているサービス事業者があれば、その料金表なども参考になるかもしれません。

なお、海賊版等からの被害救済を図る目的で、2023年の著作権法改正により、

（a）著作権者の販売能力を超える部分についてもライセンス料相当額を損害の算定基礎に加えることができる

（b）ライセンス料相当額の算定に際して、著作権侵害を前提とした交渉額を考慮できる

など、ライセンス料相当額（前述③）の高額化が図られました。

勘どころ

- **弁護士を介さない本人訴訟も可能であるが、著作権、商標権などの分野は、弁護士を介して行われることが多い。**
- **弁護士費用は自己負担。**
- **判決では、訴訟費用は敗訴者負担とされることもあるが、弁護士費用は、この「訴訟費用」に含まれない。**

コラム

ネットなどで炎上したら

パクリなど、著作権侵害に関する事案がインターネット上で炎上することがあります。侵害自体よりも、当事者の発言が炎上の原因になっている場合もあります。炎上商法の場合はさておき、通常はネット炎上は避けたいものです。ネット炎上の回避策に唯一絶対のものはなく事案ごとの対応となります。ただ、多くの事案では、①事実関係や権利侵害の有無などを適切に把握し、②適宜のタイミングで、③適切に情報提供その他の対応を行うことがポイントとなります。その後の対応を検討する上でも、やはり、事実関係の把握が基本となります。対応については、適時に情報提供を行うことが典型的とも思われますが、情報提供ありきではなく、静観を決め込むことや、最終的な結果のみを開示することもあり得ます。いずれにせよ、軽々しく情報開示を行い、後から撤回するような事態は避けたいものです。情報開示を行う場合であっても、「状況の把握に努めている」「相手方と交渉中」など、内容には触れず、状況に焦点を当てることもあり得ます。

また、炎上のきっかけとなった侵害コンテンツを削除することも方策の一つですが、直ちに削除することが常に得策とは限りません。削除しただけでは事態が収拾せず、むしろ、自身の非を認めたことにもなり得ます。また、仮に侵害コンテンツを削除するとしても、前の状態を記録しておくことが有益です。記録がないと炎上の原因等を把握することが難しくなるためです。

コラム

専門家への相談

著作権などの権利侵害が問題となった事案において、実際に訴訟が提起され、判決にまでなるものは一部です。訴訟が提起されたとしても、判決には至らず、和解で終結する事案も多いのです。また、そもそも、訴訟の提起にはも至らず、当事者間の交渉で解決が図られることが大半です。

裁判所のウェブサイト※では、過去の裁判例を検索できますが、たとえば、同サイトでは、2021年の裁判のうち「著作権」を含むものは僅か115件であり、2022年は140件でした。そのうち一定数を、発信者情報開示請求の事案が占めています。

著作権その他の権利侵害に関する問題が生じた場合には、初動が大切です。万一、権利者から権利侵害に関するクレームを受けたとしても、当初から適切に対応することにより、容易に解決が図られることもあります。この分野に詳しい弁護士等への相談をお勧めしますが、ご参考までに、クリエイター向けの無料相談窓口として、たとえば以下があります。

①「Arts & Law」(https://www.arts-law.org/)
弁護士や弁理士、会計士などの専門家による非営利団体で、筆者もメンバーの一人です。

② デザイナー法務小僧(https://d-kozo.com/)
弁護士、クリエイターなどによるクリエイター向けの相談窓口です。

③ Law and Theory(https://law-and-theory.com/)
音楽分野に特化した相談窓口です。

④ fashionlaw tokyo(https://fashionlaw.tokyo/)
ファッション分野に特化した相談窓口です。

※https://www.courts.go.jp/app/hanrei_jp/search1

裁判例について知りたい方は

本書では、みなさんの判断の一助となるよう裁判例をご紹介しました。本書でご紹介した裁判例について詳しく知りたい方は、以下の裁判所ウェブサイト内の裁判例検索などをご活用ください。

■ 裁判所／裁判例検索

https://www.courts.go.jp/app/hanrei_jp/search1

東京地判平成22年1月29日 … 187
知財高判平成22年3月25日 … 36, 37
東京地判平成22年7月8日 … 146
知財高判平成22年7月14日 … 186, 187
知財高判平成22年10月13日 … 103
大阪地決平成22年12月16日 … 250
知財高判平成23年3月28日 … 68
知財高判平成23年5月10日 … 255, 256
大阪地判平成23年6月30日 … 63
最判最判平成24年2月2日 … 88
東京地判平成24年2月28日 … 222
東京地判平成24年7月2日 … 237
知財高判平成24年10月25日 … 134
大阪地判平成25年6月20日 … 268
知財高判平成25年6月27日 … 79
大阪地判平成25年9月6日 … 242
知財高判平成25年9月30日 … 186, 187
知財高判平成26年3月27日 … 69
東京地判平成26年7月30日 … 184
知財高判平成26年8月28日 … 44
知財高判平成26年10月22日 … 97
東京地判平成26年10月30日 … 191
東京地判平成27年1月29日 … 253, 254
東京地判平成27年2月26日 … 81
知財高判平成27年4月14日 … 191, 233
東京地判平成27年4月15日 … 174
知財高判平成27年6月24日 … 146
東京地判平成27年6月25日 … 254
東京地判平成27年7月9日 … 278
大阪地判平成27年8月10日 … 193
大阪地判平成27年9月24日 … 190, 191, 233
知財高判平成27年10月6日 … 35
津地四日市支判平成27年10月28日 … 85
知財高判平成27年11月10日 … 181
東京地判平成27年11月30日 … 182
東京地判平成27年12月9日 … 256
東京地判平成28年2月25日 … 122
知財高判平成28年6月29日 … 36, 189
知財高判平成28年10月13日 … 234
知財高判平成28年11月30日 … 234
知財高判平成28年12月8日 … 212
東京地判平成28年12月15日 … 34
東京地決平成28年12月19日 … 74, 249
知財高判平成28年12月21日 … 234
知財高判平成28年12月26日 … 188, 189
大阪地判平成29年1月19日 … 63, 234
大阪地判平成29年2月7日 … 81
知財高判平成29年10月13日 … 241, 242
知財高判平成30年1月25日 … 80
知財高判平成30年3月29日 … 74
東京地判平成30年3月29日 … 151
東京地判平成30年4月13日 … 254
知財高判平成30年4月25日 … 267, 268
東京地判平成30年4月26日 … 77
札幌地判平成30年6月15日 … 268
東京地判平成30年6月19日 … 253
東京地判平成30年7月30日 … 77
東京地判平成30年8月30日 … 77
大阪地判平成30年9月20日 … 222
大阪地判平成30年10月18日 … 234
知財高判平成30年10月23日 … 239
東京地判平成31年2月28日 … 236, 254
東京地判平成31年3月13日 … 190, 191
知財高判平成31年3月26日 … 79
大阪地判平成31年4月18日 … 143, 144
東京地判令和元年6月18日 … 74
奈良地判令和元年7月11日 … 205
東京地判令和2年1月29日 … 233
最判令和2年7月21日 … 268
東京地判令和2年9月24日 … 254
東京地判令和2年10月14日 … 192
東京地判令和2年12月22日 … 278
大阪高判令和3年1月14日 … 204, 205
東京地判令和3年4月26日 … 278
東京地判令和3年6月8日 … 278
大阪地判令和3年6月24日 … 234
知財高判令和3年6月29日 … 234
大阪地判令和3年9月27日 … 63
知財高判令和3年9月29日 … 27
東京地判令和3年10月29日 … 77
知財高判令和3年12月8日 … 231, 234
東京地判令和4年3月30日 … 255, 256
東京地判令和4年4月22日 … 191, 267
大阪高判令和4年5月13日 … 239
東京地判令和4年5月27日 … 122
東京地判令和4年6月7日 … 253
知財高判令和4年7月14日 … 186
大阪地判令和4年8月31日 … 278
知財高判令和4年9月27日 … 237
最判令和4年10月24日 … 226
知財高判令和4年11月2日 … 103
東京地判令和4年11月25日 … 242, 243
東京地判令和4年12月8日 … 90
知財高判令和4年12月26日 … 90
知財高判令和5年3月14日 … 212
知財高判令和5年4月13日 … 26, 103, 184
大阪高判令和5年4日27日 … 234
東京地判令和5年10月13日 … 340

判例日付が表示されているページを示しています。

判例索引（判決日順）

最判昭和43年10月29日 … 60
東京高判昭和45年4月28日 … 74
大阪地判昭和46年12月22日 … 70
長崎地佐世保支決昭和48年2月7日 … 233
最判昭和53年9月7日 … 146, 147,212
神戸地姫路支判昭和54年7月9日 … 233
最判昭和55年3月28日 … 101, 156
東京高判昭和58年4月26日 … 236
東京地判昭和59年9月28日 … 134
東京地判昭和60年3月8日 … 134
東京地判昭和60年6月10日 … 135
名古屋地判昭和62年3月18日 … 148
最判昭和63年2月16日 … 84
東京地判平成元年6月15日 … 233
東京地判平成元年10月6日 … 209
大阪地判平成元年12月27日 … 85
大阪地堺支判平成2年3月29日 … 135
東京地判平成2年5月22日 … 334
東京地判平成2年7月20日 … 234
東京高判平成3年12月19日 … 36
東京地判平成4年11月25日 … 200, 201
東京高判平成5年11月8日 … 236
東京高決平成5年12月24日 … 235
東京地判平成6年1月31日 … 134
東京地判平成6年4月25日 … 148
京都地判平成7年10月19日 … 202, 203
東京地判平成7年12月18日 … 25, 184
東京高判平成8年1月25日 … 237
東京高判平成8年4月16日 … 149
大阪高判平成9年5月28日 … 201
東京地判平成9年9月5日 … 209
東京地判平成10年2月20日 … 209
東京高判平成10年5月28日 … 36
東京高判平成10年7月13日 … 37
東京地判平成10年11月20日 … 222
東京地判平成11年3月26日 … 37
大阪地判平成11年9月21日 … 237
東京高判平成11年9月30日 … 182
東京地判平成12年2月29日 … 34
東京高判平成12年2月29日 … 60
東京高判平成12年4月25日 … 350
東京高判平成12年5月30日 … 191, 192
大阪地判平成12年6月6日 … 234
最判平成12年9月7日 … 235
東京地判平成12年9月19日 … 202, 203
東京高判平成12年9月27日 … 60
東京地判平成12年9月28日 … 237
東京高判平成13年1月23日 … 191
最判平成13年2月13日 … 36
東京高判平成13年6月21日 … 255, 256
最判平成13年6月28日 … 141, 143, 145, 157,186, 188, 189
東京地判平成13年7月25日 … 107
大阪地判平成13年8月30日 … 36
東京高判平成13年10月24日 … 59
最判平成13年10月25日 … 128
東京地決平成13年12月19日 … 156
東京地判平成14年4月15日 … 184
東京高判平成14年6月18日…59
仙台高裁平成14年7月9日 … 234
東京高判平成14年9月6日 … 148, 212
東京地判平成14年11月21日 … 37
福岡高判平成14年12月26日 … 222
東京地判平成15年1月20日 … 132
名古屋地判平成15年2月7日 … 226
東京高判平成15年3月20日 … 59
東京地判平成15年6月11日 … 241, 242
東京地判平成15年7月11日 … 190, 191, 233
最判平成15年9月12日 … 82
東京地判平成15年10月22日 … 36
大阪地判平成15年10月30日 … 254
東京地判平成15年11月12日 … 201
最判平成16年2月13日 … 89
東京高判平成16年2月25日…59
大阪地判平成16年6月25日 … 146
東京高判平成16年11月24日 … 27
大阪地判平成16年11月25日 … 233
大阪地判平成17年1月17日 … 36, 122
知財高判平成17年6月14日 … 27
最判平成17年11月10日 … 85
知財高判平成18年2月27日 … 35
知財高判平成18年3月29日 … 253, 254
知財高判平成18年5月10日 … 60
知財高判平成18年5月31日 … 59
大阪地判平成18年12月21日 … 60
東京地判平成19年1月18日 … 35
東京地判平成19年4月18日 … 68, 69
知財高判平成19年5月31日 … 254
大阪高判平成19年12月4日 … 250
東京地判平成20年7月4日 … 192, 193
知財高判平成20年7月17日 … 25, 184
那覇地判平成20年9月24日 … 350
東京地判平成20年12月26日 … 74
大阪地判平成21年3月26日 … 192, 193
知財高判平成21年7月2日 … 60
東京地判平成21年8月28日 … 222
大阪地判平成21年11月5日 … 69

主要参考文献

■著作権関連

加戸守行（著）『著作権法逐条講義（７訂新版）』（著作権情報センター、2021年）

中山信広（著）『著作権法—Copyright Law（第４版）』（有斐閣、2023年）

文化庁『著作権法入門』（著作権情報センター、2023年）

小泉直樹（著）『知的財産法（第２版）』（弘文堂、2022年）

前田健、金子俊哉、青木大也（編）『図録 知的財産法』（弘文堂、2021年）

半田正夫、松田政行（編）『著作権法コンメンタール1～3 第2版』（勁草書房、2015年）

小倉秀夫、金井重彦（編著）『著作権法コンメンタールI～III　<改訂版>』（第一法規出版、2020年）

■著作物の類似性判断

福井健策、二関辰郎（著）『ライブイベント・ビジネスの著作権(第2版)』（著作権情報センター、2023年）

内藤篤、升本喜郎（著）『映画・ゲームビジネスの著作権（第2版）』（著作権情報センター、2015年）

福井健策（編）、前田哲男、谷口元（著）『音楽ビジネスの著作権（第2版）』（著作権情報センター、2016年）

福井健策（編）、桑野雄一郎、赤松健（著）『出版・マンガビジネスの著作権（第２版）』（著作権情報センター、2018年）

福井健策（編・著）、池村聡、杉本誠司、増田雅史（著）『インターネットビジネスの著作権とルール（第２版）』（著作権情報センター、2020年）

骨董通り法律事務所（編）『エンタテインメント法実務』（弘文堂、2021年）

安藤和宏（著）『よくわかる音楽著作権ビジネス 基礎編 6th Edition』（リットーミュージック、2021年）

安藤和宏（著）『よくわかる音楽著作権ビジネス 実践編 6th Edition』（リットーミュージック、2021年）

早稲田祐美子（著）『そこが知りたい著作権Q&A100（第2版）』（著作権情報センター、2020年）

南部朋子、平井佑希（著）『著作権侵害の判断と法的対応』（日本法令、2021年）

金井重彦、髙橋淳、宮川利彰（著）『デジタル・コンテンツ著作権』（ぎょうせい、2021年）

福井健策（監修）、数藤雅彦（責任編集）『権利処理と法の実務』（勉誠社、2019年）

福井健策『改訂版 著作権とは何か』（集英社新書、2020年）

福井健策『著作権の世紀』（集英社新書、2010年）

山本隆司（著）『アメリカ著作権法の基礎知識 第２版』（太田出版、2008年）

マーシャル・A.リーファー（著）、牧野和夫（監訳）『アメリカ著作権法』（レクシスネクシス・ジャパン、2008年）

■商標法その他知的財産権

田村善之（著）『商標法概説（第2版）』（弘文堂、2000年）

茶園成樹（編）『商標法（第2版）』（有斐閣、2018年）

櫻木信義『商標の類否（改訂版）』（発明推進協会、2017年）

中村合同特許法律事務所（編著）『Q&A 商標法律相談の基本』（第一法規出版、2019年）

茶園成樹（編）『意匠法（第2版）』（有斐閣、2020年）

日本工業所有権法学会『意匠法改正の検討』（日本工業所有権法学会、2020年）

峯唯夫『33のテーマで読み解く意匠法』（勁草書房、2023年）

経済産業省知的財産政策室（編）「逐条解説 不正競争防止法」（https://www.meti.go.jp/policy/economy/chizai/chiteki/pdf/20190701Chikujyou.pdf）

■その他

公正取引委員会・中小企業庁「下請取引適正化推進講習会 テキスト」（https://www.jftc.go.jp/event/kousyukai/R4tekisuto.pdf）

神田知宏（著）『インターネット削除請求・発信者情報開示請求の実務と書式（第２版）』（日本加除出版、2023年）

中澤佑一（著）『令和3年改正法対応　発信者情報開示命令活用マニュアル』（中央経済社、2023年）

清水陽平（著）『サイト別ネット中傷・炎上対応マニュアル第4版』（弘文堂、2022年）

巻末付録

「

ここではみなさんの創作に役立つ資料、文書例等を紹介します。本文とあわせてご利用ください。
契約書例は、実際の契約内容に合わせて適宜変更してご使用ください。

」

肖像権ガイドライン

デジタルアーカイブ学会「肖像権ガイドライン～自主的な公開判断の指針～」をもとに一部改変

フローチャート

（1）ステップ1（被写体の判別）

知人が見れば誰なのか判別できるか？
（デジタル拡大すれば判別できる場合も含む）

→ 判別できない → 公開に適する

↓ 判別できる

（2）ステップ2（被写体の同意）

その公開について写っている人の同意はあるか？
（撮影の同意だけでは足りない）

→ 同意あり → 公開に適する

↓ 同意なし

（3）ステップ3（ポイント計算）

公開によって一般に予想される本人への精神的な影響を
ポイント計算すると何点か？
※詳しい採点基準は別途「ステップ3のポイント計算リスト」

↓

結果

0点以上　ブルー	公開に適する
マイナス1点～マイナス15点 イエロー	下記のいずれかの方法であれば公開に適する ・公開範囲を限定 （例：館内、部数限定の研究誌など） ・マスキング
マイナス16点～マイナス30点 オレンジ	下記のいずれかの方法であれば公開に適する ・厳重なアクセス管理 （例：事前申込の研究者のみ閲覧） ・マスキング
マイナス31点以下　グレー	下記の方法であれば公開に適する ・マスキング

※なお文化・宗教的な理由でアーカイブに適さない例もあることや、遺体・重傷者等の写真を表示する際のゾーニングの設定に留意されたい。
※いわゆるオプトアウトの方法（事後的に本人からの申し出を受けて、公開範囲の限定や、マスキング、公開取り下げ等を行うこと）も検討に値する。

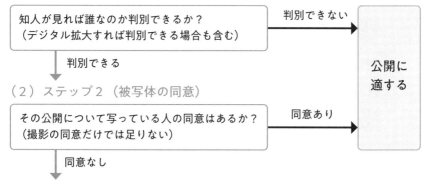

ステップ３のポイント計算リスト

※以下、点数はデジタルアーカイブ機関における自主的なガイドライン作りの参考・下敷きにして頂くためのものであり、何らの法的アドバイスでも見解の表明でもないことに留意されたい。
※以下の項目及び点数は、一義的に固定するものではなく、ガイドライン利用者ごとの判断により、公開目的や写真の性質に応じて、項目又は点数の増減等のアレンジを行うことを想定しており、また当学会としてもそのようなアレンジを推奨している。

1 被撮影者の社会的地位（以下、複数該当の場合は合算する。不明な場合は0点と入力）
- □公人（例：政治家）（+20）
- □著名人（例：俳優、芸術家、スポーツ選手）（+10）
- □16歳未満の一般人（-20）
  ※ただし保護者の撮影に対する同意が推定できる場合は減点しない
- □有罪確定者（+5）
- □元被疑者で逮捕・摘発の報道から10年経過（-10）
- □被疑者・刑事被告人の家族（-10）
- □事件の被害者とその家族（-5）点

2 被撮影者の活動内容

2-1 活動の種類
- □公務、公的行事（+10）
- □歴史的事件、歴史的行事（例：オリンピック、万博）（+20）
- □社会性のある事件（歴史的とまでは言えないもの）（+10）
- □公開イベント（例：お祭り、運動会、ライブ、セミナー）（+5）
- □公共へのアピール行為（例：街頭デモ、記者会見）（+10）
- □センシティブなイベント（例：宗教、同和、LGBTQ）（-5）

2-2 被撮影者の立場
- □業務・当事者としての参加（例：出演者、コンパニオン等のイベントスタッフ）（+5）
- □私生活・業務外（-10）
- □社会的偏見につながり得る情報（例：風俗業・産廃業への従事、ハンセン病関連）（-15）点

3 撮影の場所
- □公共の場（例：道路、公園）（+15）
- □撮影を予定している場所（例：相撲の升席）（+5）
- □管理者により撮影が禁止されている場所（例：コンサート会場、寺社）（-5）
- □自宅内、ホテル個室内、避難所内（-10）
  ※ただし立ち入りを承諾していると推定できる場合は減点しない
- □病院、葬儀場（-15）点

4 撮影の態様

4-1 写り方

□多人数（+10）
□特定の人物に焦点を当てず（+10）
□大写し（-10）
□画質が悪く容ぼう・姿態を判別しづらい（+10）

4-2 撮影状況

□撮影承諾の意思を推定可能（例：カメラにピースサイン、笑顔）（+5）
※プロカメラマンによる取材のように、撮影者と被写体の関係性から承諾を推定できる場合も含む
□撮られた認識なし（-10）
□撮影拒絶の意思表示（例：手でカメラを遮ろうとする）（-20）
□公開を前提としないプライベート撮影（例：家族、友人同士等による撮影）（10）

4-3 被写体の状況

□遺体、重傷（-20）
□水着など肌の露出大（-10）
□性器、乳房（-20）
□身体拘束（例：手錠・腰縄）（-10）
□一般的に羞恥心をおぼえる状況（例：泥酔、喧嘩、悲嘆、事故の最中）（-5）点

5 写真の出典

□刊行物（例：新聞、書籍、公的文献）等で公表された写真（+10）
□作品として展示・公表された写真（+5）
□被写体本人または遺族から提供されたもの（+15）
□遺族が存在しない故人に関する写真（+30）
□代替性のない写真（+10）点

6 撮影の時期

□撮影後50年以上経過（+40）
□撮影後40年経過（+30）
□撮影後30年経過（+20）
□撮影後20年経過（+10）
※撮影後50年を超える場合は、ガイドライン利用者の判断でさらに加点を設けることを妨げない（例：撮影後70年以上で+60等）点

合計点 ＿＿＿＿＿点

肖像権については、第1章をご覧ください。

著作権の権利制限規定

文化庁のウェブサイト『令和5年度著作権テキスト』※をもとに作成

日常的な利用

私的使用のための複製（30条）

✎侵害コンテンツのダウンロード違法化

付随対象著作物の利用（写り込み／写し込み。30条の2）

検討の過程における利用（30条の3）

引用・行政の広報資料等の転載（32条）

非営利・無料の場合の著作物利用（38条）

教育

教科書等への掲載（33条、33条の2、33条の3）

学校教育番組の放送等やそのための複製（34条）

学校その他の教育機関における複製・公衆送信等（35条）

試験問題としての複製・公衆送信（36条）

障害者保護

視覚障害者向けの著作物利用（37条）

聴覚障害者等向けの「字幕」の作成等（37条の2）

※https://www.bunka.go.jp/seisaku/chosakuken/seidokaisetsu/pdf/93908401_11.pdf

報道

新聞の論説等の転載（39条）

政治上の演説、裁判での陳述の利用（40条1項）

国等の機関での公開演説等の報道のための利用（40条2項）

時事の事件の報道のための利用（41条）

立法・司法・行政

立法・司法・行政のための内部資料としての複製（42条1項）

特許審査、薬事に関する事項等の行政手続のための複製（42条2項）

情報公開法等に基づく開示等のための利用（42条の2）

公文書管理法等に基づく保存・利用のための利用（42条の3）

図書館

図書館等での複製・インターネット送信等（31条）

国立国会図書館におけるインターネット資料・オンライン資料の収集・提供のための複製（43条1項）

美術

美術品等の展示（45条）

屋外設置の美術品、建築物の利用（46条）

美術展における作品の解説・紹介のための利用等（47条）

インターネット販売等での美術品等の画像掲載（47条の2）

技術との調整

著作物に表現された思想又は感情の享受を目的としない利用（30条の4）
放送事業者等の一時的固定（44条）
プログラムの所有者による複製等（47条の3）
電子計算機における著作物の利用に付随する利用等（47条の4、47条の5）

（　）内は著作権法の条文番号

著作権の権利制限規定については、94頁をご参照ください。

第５条（表明保証）
乙は、甲に対して、本作品が第三者の著作権を侵害しないことを表明及び保証する。

第６条（解除／損害賠償）
1. 甲及び乙は、相手方が本契約に違反し、催告を受領したにもかかわらず、催告を受領後●日以内に当該違反を是正しない場合には、本契約を解除できる。
2. 甲及び乙は、相手方による本契約の違反により損害を被った場合には、相手方に対してその損害の賠償を請求できる。

第７条（秘密保持）
甲及び乙は、本契約の締結又は履行に関連して知得した相手方の秘密情報（本契約の内容を含む）を厳に秘密に保持するものとし、第三者に開示してはならず、かつ、本契約の履行以外の目的で使用してはならない。

第8条（一般条項）
1. 本契約に定めのない事項又は本契約の解釈について疑義が生じたときは、甲乙誠意をもって協議の上、解決を図る。
2. 甲及び乙は、本契約に関する甲乙間の一切の紛争については、●●地方裁判所を第一審の専属的合意管轄裁判所とする。

本契約締結の証として、本書２通を作成し、甲乙記名押印の上、各１通を保有する。

●●年●月●日

甲　住所

氏名　印

乙　住所

氏名　印

●の部分および詳細は、該当する文言等に書き換えてください。なお、全体としてクリエイター側（乙）に有利な規定となっています。業務委託契約については303頁をご覧ください

制作委託契約書

__________（以下「甲」という）と__________（以下「乙」という）とは、甲が乙に対して●●の制作を委託することに関して、以下のとおり制作委託契約（以下「本契約」という）を締結する。

第１条（委託）
本契約の締結をもって、甲は、乙に対して、以下の●●（以下「本作品」という）の制作を委託し、乙はこれを受託する。
（１）種類：[●●のイラスト]
（２）点数：
（３）仕様：別紙のとおり

第２条（納入）
1. 乙は、本作品を制作の上、甲に対して、●年●月●日までに、本作品を●●の形式で納入する。
2. 甲は、乙から本作品の納入を受けた後、●日以内に本作品を検査し、本作品に仕様との不一致がある場合には、乙に対してその旨を通知する。乙は、当該通知を受けたときは、速やかに甲と協議の上で対応する。

第３条（対価）
甲は、本作品の制作及び利用許諾の対価として、●年●月●日までに、乙が別途指定する銀行口座に金●円（消費税別）を振込支払う。振込手数料は甲の負担とする。

第４条（権利の帰属）
1. 本作品の著作権（著作権法第27条及び第28条に規定する権利を含む）その他の知的財産権は、乙に帰属する。
2. 乙は、甲に対して、●年●月●日まで、本作品を●●の方法で利用することを許諾する。
3. 甲は、本作品又はその題号に変更（拡大、縮小、色調等の変更を含む）を加える場合には、事前に乙の承諾を得る。
4. 甲は、本作品の利用に際して、乙について©●●の表示を行う。

第６条（解除／損害賠償）

1. 甲及び乙は、相手方が本契約に違反し、催告を受領したにもかかわらず、催告を受領後●日以内に当該違反を是正しない場合には、本契約を解除できる。
2. 甲及び乙は、相手方による本契約の違反により損害を被った場合には、相手方に対してその損害の賠償を請求できる。

第７条 （秘密保持）

甲及び乙は、本契約の締結又は履行に関連して知得した相手方の秘密情報（本契約の内容を含む）を厳に秘密に保持するものとし、第三者に開示してはならず、かつ、本契約の履行以外の目的で使用してはならない。

第８条（一般条項）

1. 本契約に定めのない事項又は本契約の解釈について疑義が生じたときは、甲乙誠意をもって協議の上、解決を図る。
2. 甲及び乙は、本契約に関する甲乙間の一切の紛争については、●●地方裁判所を第一審の専属的合意管轄裁判所とする。

本契約締結の証として、本書２通を作成し、甲乙記名押印の上、各１通を保有する。

●●年●月●日

甲　　住所

　　　氏名　　　　　　　　　　　　　　印

乙　　住所

　　　氏名　　　　　　　　　　　　　　印

●の部分および詳細は、該当する文言等に書き換えてください

利用許諾契約／ライセンス契約については308頁をご覧ください

利用許諾契約書

__________（以下「甲」という）と__________（以下「乙」という）とは、甲が乙に対して●●の利用を許諾することに関して、以下のとおり利用許諾契約（以下「本契約」という）を締結する。

第１条（利用許諾）
本契約の締結をもって、甲は、乙に対して、以下の期間中、乙が、以下の地域において、以下の●●（以下「本作品」という）を以下の方法で利用することを[独占的に/非独占的に]許諾する。
（１）作品名：
（２）利用方法：
（３）許諾地域：
（４）利用期間：

第２条（監修）
乙は、本作品を利用した●●を作成後、甲に対して●●を提供し、甲の承諾を得る。乙は、甲の承諾なく、本作品及び●●を利用してはならない。

第３条（対価）
乙は、本契約に基づく本作品の利用許諾の対価として、●年●月●日までに、甲が別途指定する銀行口座に金●円（消費税別）を振込支払う。振込手数料は乙の負担とする。

第４条（著作者人格権）
1. 乙は、本作品又はその題号に変更（拡大、縮小、色調等の変更を含む）を加える場合には、事前に甲の承諾を得る。
2. 乙は、本作品及び●●の利用に際して、甲について©●●の表示を行う。

第５条（表明保証）
甲は、乙に対して、本作品が第三者の著作権を侵害しないことを表明及び保証する。

第６条（秘密保持）
甲及び乙は、本契約の締結又は履行に関連して知得した相手方の秘密情報（本契約の内容を含む）を厳に秘密に保持するものとし、第三者に開示してはならず、かつ、本契約の履行以外の目的で使用してはならない。

第７条（一般条項）
1. 本契約に定めのない事項又は本契約の解釈について疑義が生じたときは、甲乙誠意をもって協議の上、解決を図る。
2. 甲及び乙は、本契約に関する甲乙間の一切の紛争については、●●地方裁判所を第一審の専属的合意管轄裁判所とする。

本契約締結の証として、本書２通を作成し、甲乙記名押印の上、各１通を保有する。

●●年●月●日

甲	住所		
	氏名		印
乙	住所		
	氏名		印

●の部分および詳細は、該当する文言等に書き換えてください
著作権等の譲渡契約については311頁をご覧ください

著作権譲渡契約書

●●（以下「甲」という）と●●（以下「乙」という）は、甲が乙に対して著作権を譲渡することに関して、以下のとおり著作権譲渡契約（以下「本契約」という）を締結する。

第１条（著作権の譲渡）
本契約の締結をもって、甲は、乙に対して、以下の著作物（以下「本作品」という）に関する著作権（著作権法第27条及び第28条に規定する権利を含む。以下「本著作権」という）を譲渡し、乙はこれを譲受する。
（１）作品名：
（２）媒体：

第２条（対価）
乙は、本著作権の譲渡の対価として、●年●月●日までに、甲が別途指定する銀行口座に金●円（消費税別）を振込支払う。振込手数料は乙の負担とする。

第３条（著作者人格権の不行使）
甲は、乙及び乙が指定する者による本作品の利用に関して、著作者人格権を行使しない。

第４条（表明保証）
甲は、乙に対して、本作品が第三者の著作権を侵害しないことを表明及び保証する。

第５条（解除／損害賠償）
1. 甲及び乙は、相手方が本契約に違反し、催告を受領したにもかかわらず、催告を受領後●日以内に当該違反を是正しない場合には、本契約を解除できる。
2. 甲及び乙は、相手方による本契約の違反により損害を被った場合には、相手方に対してその損害の賠償を請求できる。

2. 甲は、本契約締結後●年以内に、本作品が贋作であると判明し、乙からその旨の通知を受けた場合には、乙に対して第3条の対価を払戻す。

第６条（秘密保持）
甲及び乙は、本契約の締結又は履行に関連して知得した相手方の秘密情報（本契約の内容を含む）を厳に秘密に保持するものとし、第三者に開示してはならず、かつ、本契約の履行以外の目的で使用してはならない。

第７条 （解除）
甲及び乙は、相手方が本契約に違反し、催告を受領したにもかかわらず、催告を受領後●日以内に当該違反を是正しない場合には、本契約を解除できる。

第８条 （一般条項）
1. 本契約に定めのない事項又は本契約の解釈について疑義が生じたときは、甲乙誠意をもって協議の上、解決を図る。
2. 甲及び乙は、本契約に関する甲乙間の一切の紛争については、●●地方裁判所を第一審の専属的合意管轄裁判所とする。

本契約締結の証として、本書２通を作成し、甲乙記名押印の上、各１通を保有する。

●●年●月●日

甲　住所

　　氏名　印

乙　住所

　　氏名　印

●の部分および詳細は、該当する文言等に書き換えてください
作品の譲渡契約については314頁をご覧ください

作品売買契約書

●●（以下「甲」という）と●●（以下「乙」という）とは、甲が乙に対して作品を販売することに関して、以下のとおり作品売買契約（以下「本契約」という）を締結する。

第１条（作品の譲渡）
本契約の締結をもって、甲は、乙に対して、以下の作品（以下「本作品」という）を売渡し、乙はこれを買受ける。
（１）作品名：
（２）媒体：

第２条（引渡し）
甲は、乙に対して、第3条に基づく乙の甲に対する売買代金の支払と引換えに、乙が別途指定する場所において本作品を引渡す。引渡しの費用は甲の負担とする。

第３条（対価）
乙は、甲に対して、本作品の売買代金として、●年●月●日までに、甲が別途指定する銀行口座に金●円（消費税込）を振込支払う。振込手数料は乙の負担とする。

第４条（所有権の移転／危険負担）
1. 本作品の所有権は、第３条に基づく売買代金の支払をもって、甲から乙に移転する。
2. 第２条に基づく引渡しより前に発生した本作品の毀損、滅失、汚損その他の危険は、乙の責に帰さない限り、甲の負担とする。また、第2条に基づく引渡し以降に発生した本作品の毀損、滅失、汚損その他の危険は、甲の責に帰さない限り、乙の負担とする。

第５条（保証）
1. 甲は、乙に対して、本作品が鑑定書どおりの物品であって、真作であることを保証する。

著者

岡本 健太郎（おかもと けんたろう）

弁護士、米国ニューヨーク州弁護士、証券アナリスト。

岐阜県生まれ。慶應義塾大学経済学部卒業。一橋大学法科大学院及びペンシルバニア大学法学修士課程修了。ロイター通信（当時）勤務を経て、弁護士登録。現在は骨董通り法律事務所（東京）パートナー。神戸大学客員教授、JCBI（ブロックチェーン・コンソーシアム）著作権流通部会部会長などのほか、著作権、Web3などに関する関係省庁の委員も務める。趣味はリズムタップと茶道（松尾流）

著作・創作にかかわる法律
これでおさえる勘どころ

2024年1月28日　第1刷発行

著　　者　岡本健太郎
発 行 者　東島俊一
発 行 所　株式会社 法 研

〒104-8104　東京都中央区銀座1-10-1
http://www.sociohealth.co.jp

印刷・製本　研友社印刷株式会社　0103

小社は㈱法研を核に「SOCIO HEALTH GROUP」を構成し、相互のネットワークにより"社会保障及び健康に関する情報の社会的価値創造"を事業領域としています。その一環としての小社の出版事業にご注目ください。

ISBN978-4-86513-727-9 C0077　定価はカバーに表示してあります。